数字经济时代的创业前沿系列

# 商业模式创新实践的
# 组织基础与理论挑战

叶竹馨 杨 俊 韩 炜 周冬梅 著

国家自然科学基金面上项目"疾风知劲草：过程视角下创业团队韧性的形成机制与影响因素研究"（72272059）、国家自然科学基金重点项目"新创企业商业模式形成与成长路径"（71732004）与国家自然科学基金面上项目"创业企业职能型高管的设置、行为整合与企业成长研究"（72172049）联合资助

科 学 出 版 社

北 京

# 内 容 简 介

作为为公司提供关于如何设定界限、如何创造价值、如何组织其内部结构和治理等答案的重要理论，商业模式早已成为学术界和实践界共同关注的前沿热点话题。本书聚焦于商业模式创新的组织基础与管理挑战这一时代命题，依托"中国创业企业成长动态跟踪数据库"展开理论分析，探究企业组织架构如何服务于商业模式创新进而影响企业经营，旨在勾勒我国新兴企业商业模式创新实践的理论素描，凝练有价值的科学问题并深入推动商业模式研究，为企业的组织架构设计与商业模式创新提供管理建议。

本书适合正在或打算从事创业管理、战略管理等领域的研究人员阅读，也适合创业者等正在开展商业模式创新的实践人士参考。

**图书在版编目（CIP）数据**

商业模式创新实践的组织基础与理论挑战 / 叶竹馨等著. —北京：科学出版社，2024.4

（数字经济时代的创业前沿系列）

ISBN 978-7-03-077129-2

Ⅰ.①商… Ⅱ.①叶… Ⅲ.①商业模式－研究 Ⅳ.①F71

中国国家版本馆 CIP 数据核字（2023）第 232726 号

责任编辑：邓 娴 / 责任校对：贾娜娜
责任印制：张 伟 / 封面设计：有道文化

**科 学 出 版 社** 出版
北京东黄城根北街 16 号
邮政编码：100717
http://www.sciencep.com
固安县铭成印刷有限公司印刷
科学出版社发行 各地新华书店经销
\*
2024 年 4 月第 一 版 开本：720×1000 1/16
2024 年 4 月第一次印刷 印张：10 3/4
字数：220 000
定价：**118.00 元**
（如有印装质量问题，我社负责调换）

# 总　序

　　党的十八大以来，创新驱动发展战略不断深化实施，高质量发展已成为我国经济社会发展的主旋律，党的二十大进一步将高质量发展与中国式现代化建设融合，高质量发展是新时代中国产业和企业未来发展的必由之路。创新驱动显然是企业实现高质量发展的客观要求，但驱动企业高质量发展的创新内涵具有很强的时代性。

　　回顾人类经济社会发展历史，技术变革是推动产业和企业转型发展的根本力量，产业和企业转型发展在很大程度上主要表现为组织和管理创新，每轮技术变革都会催生出组织和管理范式变革。以蒸汽机和铁路为代表的技术革命让人类告别手工作坊时代，以"直线职能制"为典型的现代企业迅速登场；以电力和钢铁为代表的技术革命让企业告别经验式管理逻辑，以"科学管理"为代表的现代工厂管理逻辑快速普及；以汽车与石油为代表的技术革命让企业逐渐放弃"直线职能制"的组织形式，以"战略—结构"为核心组织逻辑同时容纳多个事业部的现代公司成为主导，也是在这一时期，企业与公司之间才有了组织和管理含义上的根本区别。

　　20世纪90年代以来，我们正在经历以"信息、通信和数字技术"为核心的新一轮技术革命，尽管关于"什么是信息数字时代赋予的公司属性，或者说信息数字时代赋予了公司什么新的时代烙印"这一关键问题的理论和实践探索还在继续，但企业价值创造逻辑从封闭走向开放、从组织内走向组织间、从边界管理到跨边界管理的变化逐渐成为共识，这一变化根植于互联网、信息和数字等新兴技术的基本属性，同时又超越技术本身诱发了复杂而系统的管理挑战。正是在这一背景下，与其他新兴管理概念一样，商业模式在21世纪初迅速成为理论界和实践界探索并归纳新兴公司实践的重要概念，商业模式成为分析并理解企业间行为和绩效的新分析单元，这一判断开始得到主流学者的普遍认同。因为融合了时代之新，商业模式研究富有很强的挑战性，这一前沿话题还没有在创业领域特别是组织和战略领域获取充分学术合法性，不少学者还在争论商业模式与经典组织和战略概念之间的差别，同时尽管商业模式研究文献增长迅猛，但因难以被观测和测度等基础性难题，研究问题宽泛、理论积累高度零散等问题非常突出。2017年，我设计的研究课题"新创企业商业模式形成与成长路径"获得国家自然科学基金重点项目资助，在研究过程中不断向专家同行请教学习，努力独辟蹊径来克服商业模式研究面临的理论挑战，决定从解决商业模式难以被观测和测度这一基本问题入手来破题，设计并组织建设了中国创业企业成长动态跟踪数据库（Chinese Panel Study of Entrepreneurial Development，以下简称为CPSED Ⅱ数据库），从最初设计至今，组织研究团队持续七年多不断建设并完善数据库。数据库建设为课题研究提供了支持，更为重要的是为我们了解并洞察中国新兴企业的商业模式创新实践并从中进一步凝练和探索有价值的科学问题提供了重要基础。

结合数据库建设和开发，2018年7月5～6日，我邀请中国人民大学郭海教授、中山大学李炜文教授、西南政法大学韩炜教授、暨南大学叶文平教授、华中科技大学叶竹馨副教授等在天津召开了国家自然科学基金重点课题专家论证会暨CPSED Ⅱ数据联合开发学术研讨会，基于数据库联合开发的合作机制达成共识，组建创业研究青年学术联盟。随后，上海大学于晓宇教授、中国科学技术大学乔晗教授、浙江大学沈睿研究员、电子科技大学周冬梅副教授等加入创业研究青年学术联盟。我们每年召开两次研讨会，聚焦数据库开发讨论研究想法和设计、交流并相互启发基于数据库形成的工作论文……直到2020年初因新冠疫情而被迫暂停线下研讨，但线上讨论和交流一直在持续。结合不断的交流和研讨，我们不断在追问的是除了互联网和数字技术等技术因素，还有些什么是驱动企业商业模式创新的根本基础？因为互联网和数字技术等新技术应用固然重要，但我们仍可以发现不少新商业模式脱生于工业时代，商业模式创新可能并非简单的技术应用问题，而是管理问题，甚至可能是驱动组织和管理范式转变的重要问题。于是，我们决定结合CPSED Ⅱ数据库的统计分析，"四维一体"地讨论企业商业模式创新的根本基础：以企业领导班子如何驱动商业模式创新为核心的微观基础；以组织间网络如何驱动商业模式创新为核心的网络基础；以组织内结构如何驱动商业模式创新为核心的组织基础；以技术创新如何驱动商业模式创新为核心的技术基础。

基于这些想法，我们在分工协作基础上共同完成呈现在各位朋友面前的四部专著。我主导执笔完成《商业模式创新实践的微观基础》，聚焦于企业领导班子如何驱动商业模式创新；西南政法大学韩炜教授主导执笔完成《商业模式创新实践的网络基础与理论挑战》，聚焦于组织间网络与商业模式创新的互动机制；电子科技大学周冬梅副教授主导执笔完成《商业模式创新实践的技术基础与理论挑战》，核心是技术创新驱动商业模式创新的可能机制；华中科技大学叶竹馨副教授主导执笔完成《商业模式创新实践的组织基础与理论挑战》，主要从组织结构特别是顶层设计角度讨论诱发商业模式创新的组织基础。这四本专著角度不同但又相互关联，我们希望能借此更加系统地勾勒商业模式创新的微观机制与管理挑战，更希望能结合数据库的事实分析与学术讨论，进一步发现并提出值得研究的有价值的问题，对商业模式研究特别是基于中国企业实践的相关研究起到一定的推动作用。

在书稿设计、写作和修改过程中，得到了不少朋友和同行的指导和帮助，他们建设性的意见和建议已经体现在书稿的设计中，在此一并表示感谢！书稿的出版也得益于科学出版社老师在编校、出版过程中给予的大力支持和帮助！更为重要的是，特别感谢南开大学张玉利教授、加拿大约克大学谭劲松教授、新加坡管理大学王鹤丽教授、美国圣路易斯大学汤津彤教授等资深专家在 CPSED II 数据库建设中给予我们的学术指导！

我总体设计了数据库架构并牵头组织互联网和相关服务（行业代码为 I64）与软件和信息技术服务业（行业代码为 I65）的新三板企业编码和问卷调查，西南政法大学韩炜教授牵头组织制造业（行业代码为 C1*、C2*）新三板企业的编码。特别感谢参与编码和问卷调查工作的老师和同学：云乐鑫、迟考勋、薛鸿博、何良兴、李艳妮、张咪、马文韬、李好、王心妍、于颂阳、叶詠怡、陈梦尧、高子茗、郝若馨、胡晓涵、李思琦、李一诺、梁智欣、曲帅鹏、任雅琪、孙羽杉、唐语崎、童强、万怡、王巍、王勇、王博文、王霄汉、王庄岚、温馨、肖雯轩、闫锦、张淇、张云、张媛媛、赵凯悦、赵煜豪、朱紫琪、赵伟、马文韬、常淼、胡新华、邓渝、李苑玲、戴中亮、姜筱琪、郑智文、黄小凤、喻毅、王寒、刘东梅、冯媛、彭靖、李磊、郑梦、姜娜、刘士平、刘夏青、杨瑞晗、廖书豪、黄小毅、任小敏、程荣波、张兢、崔海洲、李唐鑫、苟颖、蔡振博、蔡梓奇、程沂铌、代小云、邓静怡、杜梦强、甘振华、何泓烨、胡鸿渐、黄岩森、黄一洋、黎雨杰、李璐、李小晴、李雪珺、李垚鑫、李易燃、刘津宜、刘新宇、沈梦菲、孙聪、孙铭英、唐林、汪燎原、王伶鑫、王芮、王宇、翁树弘、向栩毅、谢菲、徐鑫、杨倩、杨星、应丹迪、游玉莹、张婷、赵莹、周科、周如林、邹朋、邹旭瑞！特别感谢陈登坤先生、戴元永先生、李源林先生、谢运展先生、张文彬先生、张炎德先生等企业家在问卷调查方面给予的大力支持和帮助！

杨 俊

浙江大学管理学院

2022 年 11 月 30 日于杭州

# 前　言

步入 21 世纪以来，商业模式创新实践在全球范围内掀起一股强劲热潮，不少新创企业借助新商业模式实现了快速的颠覆式成长，商业模式创新问题迅速成为理论界和实践界共同关注的热点问题。早期研究主张商业模式创新为宏观环境变化诱发的商业现象，突出技术或制度环境变化、经济风险等因素在引发商业模式创新中的作用，却忽视了企业高管团队在推动商业模式创新中的重要作用，导致已有研究对于实践中普遍存在的"自发式"商业模式创新现象及其前因后果的认识仍然非常匮乏，因而难以充分解释"在相似的宏观环境中为什么有的新创企业能够成功创新商业模式，而有的企业却不能"这一重要而基础的问题。事实上，尽管互联网和信息技术蓬勃发展，部分企业受外部宏观环境变化的驱动设计出了创新水平较高的商业模式，但部分企业却仍墨守成规地沿循行业主导的既定路线，这意味着商业模式创新不仅是"被动式"的商业现象，更是一个优化或突破传统商业逻辑的"主动式"的战略决策行为，而高管团队作为商业模式的主要设计者，恰恰是影响商业模式创新相关决策的关键主体。

近年来，理论界关于商业模式的研究开始将研究焦点转向高管团队，探索高管团队对商业模式创新的影响及其作用机制，尽管涌现了不少启发性研究，但这些研究主要强调高管团队的背景特征以及行为特征在诱发并促进商业模式创新中的重要作用。然而，对于高管团队职能型结构如何影响商业模式创新进而影响企业经营结果尚缺乏深入探讨。为此，本书依托 CPSED II 数据库展开统计分析，并在统计分析基础上开展理论归纳和讨论，试图勾勒我国新兴企业商业模式创新实践的一般状况，同时探索并提炼企业高管团队职能型结构如何影响企业内部组织结构，以及二者如何服务于企业战略并最终影响商业模式创新的微观机制。

基于对数据的统计分析和理论讨论，本书发现如下结论。

第一，基于对企业设置的职能型高管进行分析，发现高管团队职能型结构（职能型高管和职能组合）会导致企业经营业绩和创新成果存在差异。从企业部门设置、资源配置以及组织正式结构三个方面刻画企业的内部组织结构，发现高管团队职能型结构不同会带来企业内部门设置、资源配置以及组织正式结构的差异，并且不同的内部组织结构也会导致企业经营结果存在差异。

第二，商业模式创新意味着企业与外部利益相关者的交易结构的全局性而非局部差异化，存在着两个可以并行的战略方向。一个是效率维度创新，重塑企业与外部利益相关者的交易结构，谋求全局性的成本领先，挑战行业内的成本规则；另一个是新颖维度创新，重塑企业与外部利益相关者的交易结构，谋求价值创新，挑战行业内的价值规则。数据分析从商业模式效率维度创新、新颖维度创新和创新平衡三个方面刻画商业模式创新的现状，揭示了新三板 IT 企业高管团队职能型结构和内部组织结构对商业模式创新的影响，发现高管团队设置首席技术官（chief technology officer, CTO）的企业更偏好于进行适度的效率维度创新和新颖维度创新；设置集中型职能结构的企业更倾向于进行高度的效率维度创新和新颖维度创新；更多地将资源配置于研发业务中的企业倾向于在商业模式效率维度方面进行适度创新和低创新。

第三，商业模式创新意味着破坏和重构企业战略能力，商业模式效率维度创新意味着打破并重构企业内部战略能力，而商业模式新颖维度创新意味着打破并重构企业外部战略能力。不同的商业模式创新会影响高管团队职能型结构和企业内部组织结构对企业经营业绩与创新绩效的作用效果。

基于这些发现，本书对企业高管团队职能型结构与企业商业模式创新研究产生了重要启示。第一，商业模式研究的最大诟病是缺乏系统性和严谨性理论检验的实证研究，小样本和案例研究会带来研究效度的问题，甚至会因为情境过于独特而产生结果偏差。基于大样本数据的统计分析，本书为企业内部组织结构如何形成提供了更加真实、客观的事实证据，这是对已有商业模式研究文献不足的重要补充。第二，本书结合中国新兴企业的商业模式创新实践，探究了高管团队职能型结构对企业内部组织结构的影响，并探讨了二者对企业经营结果的共同作用以及二者构成的企业组织架构如何服务于企业战略，最终影响企业商业模式创新，为未来的理论发展和检验提供了重要的知识基础。第三，本书结合对商业模式创新与企业经营结果作用关系的分析，发现在不同的商业模式情境下，企业的组织架构对企业经营结果的影响存在差异，揭示了商业模式创新会影响企业高管团队职能型结构和内部组织结构对企业经营业绩与创新成果的作用效果，有助于扭转商业模式研究过分拘泥于挖掘创新行为过程的状况，推动未来研究进一步检验和验证商业模式创新的组织基础及其影响组织架构对企业经营结果作用效果的机理，进而丰富我们对新经济时代企业高质量发展的优势来源的深层理论认识。

# 目　　录

# 第 1 章

# 研究背景、关键问题与理论框架

自 Hambrick 和 Mason（1984）关于高阶理论的开创性文章发表以来，关于高管团队（top management teams，TMT）的研究已经发展成为管理学领域中最突出的领域之一。然而现有大多数企业高管团队研究主要关注高管团队的构成，考虑的是个体高管团队成员的人口统计数据的总和，而非他们的角色（Beckman and Burton，2011；Finkelstein et al.，2009）。事实上，由于特定的职能型企业高管团队成员角色决定了该角色所选择的个体高管的人口统计特征，企业高管团队的角色构成不仅影响这些角色之间的关系，而且还影响高管团队的人口构成，进而影响群体过程，如行为整合和共识（Beckman and Burton，2011）。因此，职能型高管团队的研究可能在个体和集体层面的分析都有助于关于高管团队构成的研究。

职能型高管团队成员是指企业高管团队中负责一个或多个职能领域的成员（Menz，2012）。虽然职能型高管团队成员类型多样，如有首席财务官（CFO）、CTO、首席营销官（chief marketing officer，CMO）、首席运营官（chief operating officer，COO）等，但他们承担的角色通常有两个方面。一方面，职能型高管团队成员作为高管团队中的一员，需要参与企业战略决策的制定，会影响企业战略；另一方面，职能型高管团队成员在各自负责的职能领域承担着不同的角色，从而影响所在职能部门的结构设计。例如，CFO 作为企业财务的最高负责人，一方面需要在制定决策时提供财务方面的专业意见，另一方面需要经营股东资本，运作企业资金，监督企业财务状况，评价企业绩效，为企业实现价值增值（Walther and Johansson，1996；杜胜利和张杰，2004）。CTO 作为企业技术领域的最高负责人，一方面需要在企业制定战略决策时提供专业性的意见，参与重大决策尤其是技术相关决策的制定；另一方面，在技术领域，CTO 对内需要识别企业技术空白，把握企业技术发展方向，协调各部门之间的技术资源，并推动技术实现商业化，对外则需要与外部主体如科研院所、联盟伙伴、竞争对手、顾客等建立外部联系，进而获取技术资源，传递产品技术细节等信息（Adler and Ferdows，1990；Smith，2003；Cetindamar and Pala，2011；Medcof and Lee，2017；吴彦俊等，2014）。

对高管团队职能型结构的研究关键在于分析高管团队中职能型高管以及所形成的整体团队职能结构所带来的影响。已有研究指出，组织结构是为了达成组织目标，以责任、权力、职能角色为基础所形成的结构体系，是一个组织的基本框架（薛红志，2011）。Sine 等（2006）以专业化、规范性和管理强度三个特征定义组织正式结构。其中，角色规范性是组织正式结构的一个关键属性，是指组织内部行为规范化的程度，包括组织内部的员工行为准则、规章制度、工作程序和标准化程度等。一般来说，组织中的部门越多，表明任务划分越为清晰，有利于对共同工作进行协调，也就意味着角色规范性水平越高。职能专业化则是指分配给职能型高管的任务类型的集中度，反映职能型高管将努力集中于狭窄或宽泛任务组合的程度（Sine et al.，2006）。管理强度则是用企业员工总人数与职能型高管团队成员数量的比例来衡量，反映了企业高管团队对员工的可控及管理程度。可见，内部组织结构在一定程度上受到高管团队职能结构的影响，二者共同构建了企业的组织架构。

商业模式作为为公司提供关于如何设定界限、如何创造价值、如何组织其内部结构和治理等答案的重要理论（Doz and Kosonen，2010），在一定程度上反映了企业组织架构。一方面，一些学者认为商业模式创新始于高管团队的认知，管理者的认知能力影响了企业下一步是否进行创新以及如何创新的战略决策，高管可以根据以往的认知结构识别潜在的价值机会，进而诱发商业模式创新（Mezger，2014）；同时，管理者的认知是影响企业创新最具关键性的一个要因，管理者持续对相关概念进行推理和分析，才能够落实这样的创新目的（Martins et al.，2015）。另一方面，在执行商业模式创新过程中，资源与能力的整合也至关重要（Mezger，2014）。商业模式创新涉及企业运营系统和营销系统的各项创新，是对新知识、技术以及资产的重新整合与配置（Battistella et al.，2017）。因此，企业资源与资产的灵活性以及内部整合能力的强弱决定了商业模式创新的成功概率。Teece（2018）指出，在面对动荡的外部环境时，特定的能力（感知机会、威胁的能力，获取能力，整合能力，重构能力等）有利于企业进行商业模式创新。企业内部能力的整合与资产合理配置离不开内部组织结构的配合，商业模式创新是企业不断做出战略决策的过程，组织结构的调整能够帮助企业尽快地对外部环境变化做出反应，增强组织和战略的灵活性与敏感性。

基于这些认识和判断，本书聚焦"企业组织架构如何服务于企业战略进而影响企业经营"这一基础性问题，将商业模式创新视为企业战略行动，依托 CPSED Ⅱ 数据库展开统计和理论分析，旨在回答如下四个基本问题。

新三板 IT 企业构建职能型高管团队的基本情况如何？存在哪些异同？

新三板 IT 企业的内部组织结构呈现出哪些特征规律？高管团队职能型结构是否影响其内部组织结构？

新三板 IT 企业的组织架构（即职能型高管团队和内部组织结构）如何服务于组织战略（即商业模式创新）？

新三板 IT 企业的组织架构在不同商业模式情境下的影响效果是否存在差异？

基于研究问题，本书后续章节的内容安排如下。

第 2 章介绍了 CPSED Ⅱ 数据库的设计、建设和拓展情况，CPSED Ⅱ 数据库是本书依托的数据来源，也是本书聚焦中国新兴企业特色的集中体现。系统介绍数据库，不仅是为了阐述本书的分析数据来源，也是欢迎感兴趣的同行共同开发数据库，联合开展相关研究。

第 3 章聚焦 CFO、CTO、COO、CMO 和首席行政官（chief administrative officer，CAO），考察职能型高管和职能型高管组合的设置、分布情况及其对新三板企业经营业绩、创新方面的影响，揭示职能型高管团队对新三板 IT 企业成长的重要性。基于对职能型高管和职能型高管组合在不同地区、行业、企业年龄与规模的影响效果的研究，进一步挖掘不同特征下何种职能型高管和职能型高管组合能够更有利于新三板 IT 企业的成长，从而回答不同职能型高管团队在不同分布特征下影响效果的异同，指导新三板 IT 企业合理构建职能型高管团队。

第 4 章以企业部门设置、资源配置刻画企业的内部组织结构，对企业内部组织结构基本情况以及地区、行业、企业年龄与规模等分布特征进行描述，并分析高管团队职能型结构对企业内部组织结构的影响，即设置不同职能型高管和职能组合的企业倾向于设置何种复杂程度的部门以及将资源配置到何种业务等问题。进一步地，探讨不同的内部组织结构对企业经营业绩和创新的影响，回答在不同分布特征下什么样的内部组织结构能够更好地发挥其作用效果。

第 5 章从商业模式效率维度创新、新颖维度创新和创新平衡三个方面刻画企业商业模式创新的现状，考察新三板 IT 企业职能型高管团队和内部组织结构对商业模式创新的影响，从而回答不同的高管团队职能型结构和内部组织结构如何为企业进行效率维度创新、新颖维度创新以及在两个方向上同时进行高度或适度创新等而发挥作用。

第 6 章讨论不同的组织架构因其在职能型高管设置、职能组合设置、部门设置、资源配置和组织正式结构等方面的差异，导致新三板 IT 企业在不同商业模式情境下经营绩效和企业创新出现差异，借此揭示在不同商业模式情境下什么样的高管团队职能型结构和内部组织结构更有利于新三板 IT 企业的成长，为新三板 IT 企业的组织架构设计与商业模式创新提供管理建议。

第 7 章概括了主要结论和管理启示。企业高管团队职能型结构将影响其内部组织结构，高管团队职能型结构和内部组织结构共同形成了企业不同的组织架构，这一组织架构服务于企业战略即商业模式创新的实施，并会在不同的商业模式创新情境下对企业经营产生影响。

本书构建了以"高管团队职能型结构—内部组织结构—经营结果"为基本链条的理论模型（如图 1-1 所示），并基于此模型结合 CPSED Ⅱ 数据库展开统计和理论分析，以期洞察我国新兴企业组织架构与商业模式创新的基本态势、理论问题和管理挑战。

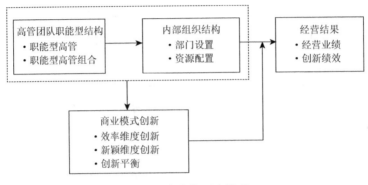

图 1-1　本书的理论模型

相较于以往研究，本书的理论贡献主要体现在以下三个方面。第一，在原有的高层梯队理论的基础上，系统考察了高管团队职能型结构的重要作用。已有研究主要侧重于高管异质性、多样性等方面的作用，较少关注高管团队职能型结构对企业行为的影响。本书以职能型高管和职能型高管组合刻画企业高管团队职能型结构，探究其对企业内部组织结构的影响，并探讨了二者对企业经营结果的共同作用。第二，拓展了商业模式创新的研究视野。本书基于已有的认知和资源视角提出企业高管团队职能型结构和内部组织结构会对商业模式创新产生影响，同时商业模式创新也会影响企业的经营绩效和创新成果，本书挖掘了基于商业模式创新的影响因素及其绩效启示并提出了重要的新命题，有助于拓展未来立足于增添企业绩效差异来源的新解释的研究。第三，相关研究建议和启示有助于纠正国内商业模式研究存在的问题并推动国内研究进一步深化。

# 第 2 章

# CPSED II 数据库

　　CPSED II 数据库是以 1675 家 2013～2016 年的新三板挂牌企业为研究对象、采用文本编码和问卷调查相结合的研究设计，以公开转让说明书为时间起点（$T_0$）、以年度报告为时间序列（$T_n$）构建的动态跟踪数据库。借用实验研究中实验组和对照组的设计思路，将 1675 家企业分成两组，一组是实验组，包括 969 家隶属于互联网和相关服务行业（行业代码为 I64）和软件和信息技术服务业（行业代码为 I65）的新三板挂牌企业（以下简称为新三板 IT 企业），这是主要的研究对象，也是理论构建和检验的主要情境；另一组是对照组，包括 706 家隶属于制造业（行业代码为 C1*、C2*）的新三板挂牌企业，这是研究发现和结论对传统行业情境的进一步补充检验和拓展。本书主要采用 CPSED II 数据库中 969 家新三板 IT 企业挂牌当年年底的年度报告展开分析，因为有 14 家企业挂牌当年年底的年度报告缺失，故本书共涉及 955 家新三板 IT 企业。

## 2.1　理论模型与基本架构

　　什么因素推动新创企业成长？Sandberg 和 Hofer（1987）的研究很有代表性，他们提炼了影响新创企业绩效（new venture performance，NVP）的基本模型：NVP = $f\{IS \times S, IS, S\}$。其中，IS 为产业结构；S 为企业战略。

　　后续有关新创企业成长的研究基本遵循该思路，基本假设是新创企业成长取决于创业者或高管团队依据环境和产业特征制定恰当的战略，注重挖掘企业战略及其影响因素（创业者或高管团队）、产业结构、环境特征等对创业企业成长的影响。

　　互联网和信息技术等应用的普及已经深刻地改变了商业环境及其竞争逻辑。首先，工业社会清晰的产业边界已经变得模糊，传统的核心资源和能力假设开始遭遇强劲挑战，跨界经营开始成为常态；其次，创造竞争制胜的必然性是战略的基本逻辑，跨界成为常态意味着难以清晰界定并分析竞争对手，价值创造已成为重点；最后，企业边界越来越模糊，更注重以合作和共赢为逻辑的价值创造系统构建。近年来，不少学者也开始意识到这一问题并指出商业模式构建及其与战略互动已成为驱动新创企业成长的重要途径，这一观点迅速得到认同并诱发大量理论探索（Zott and Amit, 2007；Teece，2010；Zott et al., 2011）。基于此，我们修正并提出影响新创企业绩效的基本理论模型：NVP = $f$ {BM，BM×S，S}。其中，BM 为商业模式；S 为企业战略。

依据这一模型，CPSED Ⅱ以新三板挂牌企业为研究对象开展数据库建设，主要关注（但不限于）以下四个问题：①如何定义并测量商业模式？②商业模式是否以及如何推动成长？③特定商业模式约束下，企业资源和能力等其他因素起到什么作用？④商业模式特别是新商业模式从何而来？

之所以选择新三板挂牌企业为主要研究对象，主要是因为：①新三板挂牌企业具有成长性，同时具有更强的波动性；②作为挂牌标准和政策规定，新三板企业的商业模式已经确立而不是设计过程中；③新三板挂牌企业数量庞大，截至 2017 年 1 月底，总共有 10 454 家挂牌企业分布在互联网和相关服务行业、信息技术相关行业、制造业、服务业等多个行业领域，更适合开展行业分类比较研究。

我们采用实验研究中实验组和对照组的思路，从行业分类角度，选择互联网和相关服务和软件和信息技术服务业的新三板挂牌企业为主要研究对象，选择制造业的新三板挂牌企业（以下简称为新三板制造企业）为比较研究对象。互联网和相关服务与软件和信息技术服务业是重要的新兴行业，是新兴技术探索和应用最为活跃，同时又更注重商业模式创新的行业，这两个行业也得到不少商业模式相关的主流研究关注（Zott and Amit，2007）。

针对新三板 IT 企业样本，选择 2013 年 1 月 1 日至 2016 年 3 月 31 日的挂牌企业为对象展开研究。在上述时间范围内，新三板官网即"全国中小企业股份转让系统"网站发布的挂牌企业为 1146 家，进一步查阅公开转让说明书逐一核对其行业类型，发现有 31 家企业在公开转让说明书中提供的行业信息并不属于 I64 与 I65 两个行业类别，因此可用于研究的总体样本数量为 1115 家企业。在此基础上，我们随机从中选择了 10 家企业用于试验性编码，剩余的 1105 家企业进入正式编码，在正式编码过程中，因商业模式等关键信息缺失或错漏、编码人员工作失误等原因，剔除了 136 家企业样本，数据库最终包含 969 家有效企业样本。针对剔除样本和有效样本，我们以 10 项企业基本特征指标为标准对剔除样本和有效样本做了统计比较[①]，发现在这些指标方面并不存在显著差异，可以基本认定剔除的 136 家企业不会对总体样本产生偏差。

---

① 这些特征指标主要包括：挂牌时生存年限、所在地区、挂牌前一年总资产、挂牌前一年资产负债率、挂牌前一年每股净资产、挂牌前一年营业收入、挂牌前一年净利润、挂牌前一年毛利率、挂牌前一年基本每股收益、挂牌前一年净资产收益率等。除了挂牌时生存年限、所在地区，其余都是衡量企业是否具备挂牌资格的重要指标。

针对新三板制造企业样本，以 2013 年 1 月 1 日至 2016 年 12 月 31 日挂牌并隶属于制造业的新三板企业为研究对象。在上述时间范围内，"全国中小企业股份转让系统"网站发布的挂牌企业共有 5582 家，根据企业成立时间与挂牌时间间隔在 8 年以内的标准，剔除不符合这一时间要求的企业 3845 家，剩余 1737 家。本书从中随机选择了 4 家企业用于试验性编码，截至 2018 年 6 月 30 日，有 286 家企业退市，23 家企业停牌，因此将这些企业剔除，剩余 1424 家企业。考虑到与新三板 IT 企业样本的比较以及编码工作量问题，我们按照 50%随机抽取 712 家企业进入正式编码。在正式编码过程中，因商业模式等关键信息缺失或错漏、编码人员工作失误等，剔除了 6 家企业样本，数据库最终包含 706 家有效企业样本。同理，我们对有效样本和剔除样本进行了统计检验，结果显示 706 家企业具有很好的代表性。CPSED II 数据库的基本架构与建设工作如图 2-1 所示。

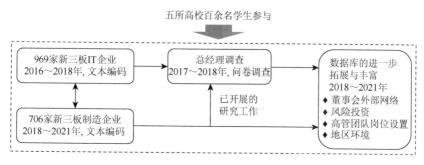

图 2-1　CPSED II 数据库的基本架构与建设工作

基于数据库设计的理论模型，以样本企业挂牌的公开转让说明书为时间起点（$T_0$）、以年度报告为时间序列（$T_n$）针对每家编码企业构建动态跟踪数据库。例如，企业 A 于 2013 年在新三板挂牌，以公开招股书为依据，2013 年是编码时间起点，后续根据企业年度报告（2013 年、2014 年、2015 年、2016 年、2017 年……）作为时间序列分别编码。在编码数据库中，总共包含所包含 1600 多个变量，涉及企业基本情况、企业治理结构、企业高管特征、企业财务情况、企业主营业务与资源情况、企业商业模式特征、企业年度报告等信息。

## 2.2　编码过程与可靠性检验

样本企业文本编码的二手数据来源包括：公开转让说明书、年度报告、其他重要的公司公告以及公司网站信息等资料。这些是在"全国中小企业股份转让系统"网站公开发布的文本资料，总共涉及 1675 份公开转让说明书、4689 份年度报告以及其他重要的公司公告。

我们分别针对公开招股书和年度报告设计了编码问卷并反复修正和调整，针对公开招股书的编码问卷侧重于高管团队、治理结构、资源状况、商业模式、人口统计等内容，年度报告侧重于财务绩效及其变化、高管团队变化、商业模式变化等内容。依据其客观程度，可以将编码问卷中的变量分为三类：第一类是直接提取的客观变量，即可以直接从上述文本资料中复制的数据和信息，如企业财务信息；第二类是间接提取的客观变量，即可以在上述文本资料中找到客观数据和信息，但需要依据一定标准予以判别，再转化为赋值的变量；第三类是依据文本描述的主观判定变量，即编码人员阅读文本资料并在进一步查阅补充资料的基础上，进行综合性评判打分的变量，主要涉及商业模式特征部分有关效率和新颖维度的 26 个题项。在此基础上，我们设计了编码手册，明确编码问卷中各项题目的填写规则与打分准则。

2016 年 8 月，969 家新三板 IT 企业编码工作正式启动，我们组建了由 7 位编码人员和 1 位编码组长构成的编码工作小组，7 位编码人员均是战略与创业方向的年轻教师、博士研究生和硕士研究生，编码组长是创业管理方向的教授，也是项目的设计者，编码工作小组具备相关的理论和商业知识来支撑编码工作。具体而言，编码工作遵循如下流程展开：结合编码手册，编码组长对 7 位编码人员进行了编码培训，在培训基础上针对 10 家新三板 IT 企业进行试验性编码，核对编码结果和过程，并对编码过程中存在的问题进行了充分讨论，并进一步修正了编码手册，包括对容易产生歧义和误解的题项进行修订、对部分间接提取的客观变量赋值标准进行修订等。在确定编码人员充分了解编码规则之后，启动正式编码。

在正式编码过程中，编码工作划分为三阶段进行，在每一阶段开始时，编码组长随机给每位编码人员分配编码企业名单，在编码小组完成这一阶段的企业编码后，再针对主观判定变量（商业模式创新的效率和新颖维度）进行交互验证，由编码小组随机选择编码人员进行两两配对验证，特别需要指出的是，编码人员事先并不知道配对分配。同时，为了确保主观判定变量两两配对编码验证的整体信度，在每个阶段的两两配对均不相同，以"编码员 1"为例，他在每个阶段的配对验证编码人员各不相同（分别为编码员 3、编码员 6 和编码员 7），同时他在事先并不知道谁是其配对验证人。

基于上述流程，我们的编码工作总共花费 70 天，2016 年 10 月 27 日完成初始编码。在第一阶段完成了 320 家企业编码；第二阶段完成了 352 家企业编码；第三阶段完成了 297 家企业编码，共计 969 家企业。2018 年 3 月，组织研究团队补充完成了 969 家新三板 IT 企业 2016~2017 年的年度报告的编码工作。

2018 年 7 月，针对 706 家新三板制造企业的编码工作启动，工作流程与 969 家新三板 IT 企业的编码工作流程完全相一致，组建了由 1 位编码组长、2 位副组长、22 名编码人员的编码工作组，共花费 30 天完成初始编码工作。2021 年 4 月，组织 42 名编码人员完成了 706 家新三板制造企业 2013～2020 年的年度报告编码工作。

二手数据编码的重点和难点在于数据的可靠性和准确性。基于不同的变量类型，我们采用了相应的措施来确保数据编码的可信度和可靠性。

第一，针对直接提取或间接提取的客观变量，我们采用逻辑抽检、极端值抽检和随机抽检三个步骤来逐步开展各个模块的核查、校验工作，目的是确保编码数据的可靠性和准确性。因为样本量和变量数庞大，我们总共花费了接近一年的时间进行数据核查和校验工作，总体上看，客观变量编码具有较高的可靠性和准确度。具体工作步骤是：①逻辑抽检工作，即核查数据信息是否符合基本逻辑，在编码问卷中，一些题目之间存在着逻辑验证，如股份比例之和是否等于 100%、董事会成员数量与后续董事之间是否匹配等。我们针对逻辑抽检中发现的错误信息，采用重新编码的方式予以修正。②极端值抽检，即针对题项的极大值和极小值样本进行复检，对复检企业进行重新编码和验证。以 969 家新三板 IT 企业样本为例，针对挂牌前两年的企业财务信息模块，进行上述两个步骤，总共涉及 134 家企业需要进行编码复检，占总体样本的 13.8%，其中，发现有 98 家企业的信息出现了填写错误，随即进行了修正，占总体样本的 10.1%。在完成上述两个步骤之后，我们进行了随机抽检，以编码员为标准，按照 20%的比例随机抽取样本企业进行复检，一旦发现随机抽取样本的错误率[①]高于 30%，我们就对该编码员处理的企业样本进行全额复检。总体上看，仅在"企业高管信息"部分，出现了 2 位编码员的随机抽检错误率高于 30%而进行全额复检的情况。

第二，针对商业模式效率和新颖维度的主观判定变量的一致性检验，我们在编码过程中采用配对检验的方式进行，总体上看，商业模式效率和新颖维度的测量具有较好的信度和一致性。针对 969 家新三板 IT 企业样本，13 项商业模式效率维度题项的信度系数是 0.902，13 项商业模式新颖维度题项的信度系数是 0.720，26 项整体量表题项的信度系数是 0.883。在两两配对检验的一致性方面，13 项商业模式效率维度题项的信度系数是 0.772，13 项商业模式新颖维度题项的信度系数是 0.730，26 项整体量表题项的信度系数是 0.802。针对 706 家新三板制造企业样本，13 项商业模式效率维度题项的信度系数是 0.855，13 项商业模式新颖维度题项的信度系数是 0.788，26 项整体量表题项的信度系数是 0.851。在两两配对检验的一致性方面，13 项商业模式效率维度题项的信度系数是 0.764，13 项商业模式新颖维度题项的信度系数是 0.749，26 项整体量表题项的信度系数是 0.791。

必须指出的是，鉴于这部分主要改编自 Zott 和 Amit（2007）的研究，相关统计检验与 Zott 和 Amit（2007）报告的结果相一致：一方面，我们的整体一致性系数为 0.802，

---

① 错误率的计算方法：所核查部分信息出现错误的样本/抽取样本。"出现错误的样本"指的是在所核查部分信息出现一处及以上错误的样本。

Zott 和 Amit（2007）的整体一致性系数为 0.81；另一方面，与 Zott 和 Amit（2007）的研究一样，本书编码工作三个阶段的一致性系数也呈稳步上升趋势。

## 2.3 总经理调查的设计与实施

2017 年底，我们面向 969 家新三板 IT 企业开展了总经理调查。从调查方法角度来看，尽管调查总体是确定的 969 家企业，但这仍是一项很有挑战性的工作。第一，969 家企业的地理分布很广，涉及全国 28 个省（区、市），并且各个省（区、市）之间的企业数量差异巨大①，如何设计调查方法来避免抽样误差就显得非常重要。第二，这次调查的调查对象为 969 家企业的总经理，但我们并不掌握这些总经理的任何个人联系信息，如何有效接触到被调查者并说服其参与调查，就是调查研究必须要解决的重要问题。事实上，这并非这次调查研究所面临的特殊问题。这次调查尝试克服已有调查的缺陷和不足，在调查设计方面做出大胆尝试，采用社会调查的方法论开展调查设计②，以期用真实来揭示客观。具体设计和思路如下所述。

第一，明确调查研究的总体。调查研究的本质是用获得的不完全样本信息去描述更加抽象的、更大的总体。样本描述总体的基本前提，就是在抽样之前尽最大的可能描述并刻画总体特征。在调查实施之前，我们登录"全国中小企业股份转让系统"网站逐一核查 969 家企业的资料，核对每家企业是否仍处于挂牌状态，总共有 104 家企业处于停牌状态③。尽管企业停牌的原因有多种，也有可能过一段时间会恢复挂牌，但我们没有办法去核实具体的停牌原因，因此我们统一将 104 家停牌企业剔除，剩余的 865 家企业构成调查的总体。那么，剔除停牌企业是否会带来系统性的误差呢？针对 104 家停牌样本和 865 家挂牌样本，我们以 10 项企业基本特征指标为标准对剔除样本和有效样本做了统计比较④，发现除了总资产和净利润指标，其他指标方面并不

① 969 家企业涉及北京、广东、上海、浙江、江苏、山东、四川、福建等 28 省（区、市），地理分布相对零散。数量最多的北京共涉及 268 家企业；数量较少的贵州、海南和云南等仅有 3 家企业。北京、广东和上海的企业数量超过了 100 家，但重庆、吉林、新疆等 11 个省（区、市）的企业数量少于 10 家。

② 总经理调查主要参考的调查方法论工具书为 *Survey Methodology*。

③ "全国中小企业股份转让系统"网站会定期披露挂牌企业的公告和重要事项信息，停牌信息就是其中一项重要信息，停牌意味着企业股票停止转让或交易，从某种程度上说，停牌企业就不再是新三板挂牌企业。一般来看，新三板企业停牌可以分为主动和被动两种情况：主动情况指的是企业因自身经营变动或存在其他重大事项（如更名、经营业务变更、升级到创业板上市等）主动向系统提交申请并发布停牌公告；被动情况是企业因业绩或违规等被系统发布停牌公告。无论哪种情况，尽管都有复牌的可能性，但至少在停牌期间，可以认定企业不再是新三板挂牌企业。

④ 这些特征指标主要包括：挂牌时生存年限、所在地区、挂牌前一年总资产、挂牌前一年资产负债率、挂牌前一年每股净资产、挂牌前一年营业收入、挂牌前一年净利润、挂牌前一年毛利率、挂牌前一年基本每股收益、挂牌前一年净资产收益率等。除了挂牌时生存年限和所在地区，其余都是衡量企业是否具备挂牌资格的重要指标。

存在显著差异，可以基本认定剔除的 104 家企业不会带来系统性的误差。

第二，确定调查问卷设计。鉴于调查的难度和独特性，2017 年 2 月至 2017 年 9 月，研究团队对设计的调查问卷进行了反复测试，以提高被调查者在调查过程中的参与度，避免被调查者因误解或不解问卷内容而产生误差。首先，我们在研究团队内部进行了第一轮的问卷试测，由项目组学术指导张玉利教授通读问卷，并对问卷中题项的表达进行了审核，确保问卷题项的达意与原量表一致；其次，邀请 15 位 MBA（master of business administration，工商管理硕士学位）学员扮演企业总经理角色对问卷进行第二轮试测，根据学员在填写中的疑惑和反馈，进一步修正调查问卷的表述；再次，邀请从事二十余年社会调查的朋友及其团队进行问卷的第三轮试测，组织不具备管理经验的普通员工和普通访问员阅读并试填问卷，理清问卷中存在歧义或语义混淆的地方，根据专业社会调查人士的意见，进一步修改和完善问卷表述，确保普通人能准确理解问卷题项所表达的含义；最后，邀请 10 位不属于调查总体的新三板挂牌企业总经理进行问卷试填，一方面针对调查数据进行信度分析，另一方面进一步获取总经理对调查问卷的反馈，进一步修正问卷。基于上述四个步骤，我们最终定稿了调查问卷。

第三，采用线下接触与线上问卷相结合的方式开展调查。基于"全国中小企业股份转让系统"网站发布的信息，我们可用于推动调查的资源包括：公司基本联络信息（包括公司注册地、办公地等）、公司现任总经理姓名、公司信息披露人[①]的联系信息（电子邮箱、邮寄地址、联系电话）等。最关键的是，我们并不掌握被调查公司总经理的任何个人联系信息。基于已有的资源，我们设计了"邮寄邀请函—电话接触推动—发送问卷链接"的基本调查思路：①利用公司基本联络信息，向公司总经理邮寄正式的纸质调查邀请函，如果总经理看到邀请函，愿意参加调查，可以通过扫描二维码或拨打电话方式联系到项目团队；②利用公司信息披露人的电子邮箱信息，向公司信息披露人发布正式的电子调查邀请函，这一邀请函所传达的信息非常简单明确，邀请公司信息披露人向总经理传达调查信息，并邀请和说服总经理参与调查；③利用公司信息披露人的电话信息，拨打电话努力直接接触到被调查公司总经理，说服总经理参与调查[②]；④在有效接触到被调查公司总经理并说服其同意参与调查的条件下，再给总经理的个人电子邮箱发送在线问卷链接，每位总经理有专属的问卷填写密码，在成功回

---

[①] 在调查之前，我们详细整理了被调查公司的联络信息以及公司信息披露人的详细信息。公司信息披露人在公司担任的职务包括董事长/总经理、副总经理、董事、董事会秘书、财务负责人与其他等。基于这些职务，我们判断，公司信息披露人在公司与总经理之间的职位以及空间距离非常近，在难以直接接触到被调查公司总经理的情况下，通过公司信息披露人有可能间接接触到被调查公司总经理。

[②] 在公司年度报告中信息披露人一栏公布的电话，可以划分为以下四类：前台电话、总经理/总助电话、公司信息披露人电话、部门电话。针对总经理/总助电话，我们的策略是说服邀请总经理参与调查；针对前台电话，我们的策略是利用沟通技巧请前台转接总经理；针对公司信息披露人电话，我们的策略是邀请其帮忙联系总经理推动调查，同时争取能拿到总经理的邮箱或电话等个人联系方式；针对部门电话，我们的策略是直接放弃，因为这种电话难以转接到任何其他部门，更难以有效接触到总经理。

收问卷之前，定期对总经理进行追访，尽可能地降低成功样本的流失率。调查工作的基本逻辑，见图 2-2。

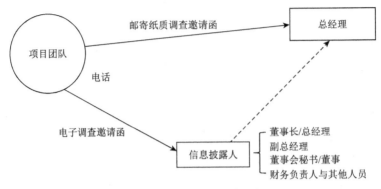

图 2-2　调查工作的基本逻辑

实线箭头表示项目团队直接联系企业人员；虚线箭头表示企业人员间接联系到总经理

第四，调查员培训与调查实施的关键要点。基于调查的基本思路，杨俊牵头组织了由 4 位同学组成的调查团队，并对调查员就调查实施的基本原则和关键要点进行了系统性培训。这些关键要点包括：①等效接触原则，在有效接触到总经理或公司信息披露人之前，每家公司至少电话接触 3 次以上，目的是保证调查总体中的每家企业有均等的机会参与调查。②有效反馈原则，对应调查研究中的应答率问题。对于所接触的每家被调查企业，只有在有效接触到总经理或公司信息披露人并给予明确反馈的前提下，才可以判断该企业在调查中所处的状态（成功或拒绝），若 3 次以上均未能接触到总经理或公司信息披露人，将该公司判断为失联状态。③有效追访原则，对于已经同意接受调查的被调查企业，定期追访总经理并提醒其填写问卷，降低成功样本的流失率。

第五，关于样本量和抽样问题。2017 年 11 月 1 日至 11 月 7 日，我们在 865 家被调查企业中按照系统抽样原则随机选择了 29 家企业进行了试调查，目的是检验调查设计和方案的可行性，结果表明，有 3 家企业的总经理成功接受了调查，应答率为 10.3%。基于试调查的结果，我们设定了样本量不得低于 100 份，尽可能达到 300 份的调研目标，即应答率为 12%～35%。关于抽样问题，这次调查是对总体的全样本调查，故不存在抽样的设计问题。

2017 年 11 月 8 日至 2018 年 1 月 31 日，问卷调查工作全面展开，共成功接触到 293 家企业的总经理、总经理助理或董事会秘书（占比 33.9%），其中，136 家企业总经理愿意接受调查（占比 46.4%），157 家企业的总经理拒绝接受调查（占比 53.6%）。对于剩余的 572 家企业（占比 66.1%），我们未能成功接触到公司的总经理、总经理助理或董事会秘书。针对 136 家愿意接受调查的企业，成功回收 101 份有效问卷，有效问卷回收率为 74.3%[1]，共 35 家愿意接受调查的企业总经理因各种原因未能成功提交问卷（占比 25.7%）。

我们针对每家被调查企业采用标准调查流程推进调查工作。借助调查公司将正式的纸质版邀请函邮寄给被调查公司的总经理，这封邮件在外包上标注两点重要信息，一是总经理本人亲启，二是标注南开大学，目的是提升总经理收到并阅读纸质邀请函的可能性，借助这一流程，我们判断会有被调查公司的总经理愿意接受调查，并会主动联系我们。在邮寄纸质版邀请函之后，利用南开大学教工邮箱给被调查公司在年度报告中的公司信息披露人电子邮箱发送电子版邀请函，目的是邀请公司信息披露人帮忙邀请或推动公司总经理接受问卷调查。在上述两项工作的基础上，我们拨打被调查公司在年度报告中的公司信息披露人电话，尝试通过该电话联络被调查公司的总经理或公司信息披露人，进一步邀请并说服公司总经理接受问卷调查。

为了确保总经理本人亲自填写问卷，我们在调查实施过程中采取了如下措施：①在得到总经理的私人电话、私人邮箱或私人微信确认参与调查后，我们才将调查问卷链接和填写密码通过邮件回复或微信回复的方式提供给被调查者。②在某些情况下，被调查公司总经理愿意接受调查，责成公司董事会秘书或其他高管来负责联络工作，我们会将问卷链接和填写密码发送给总经理授权联络人，并要求联络人将问卷链接和填写密码转发给总经理的同时将邮件抄送给专门用于调查联络的南开大学教工邮箱。③某些情况下，在邮件、电话或微信沟通中，被调查公司的总经理表示倾向于填写纸质版问卷，我们会在沟通中明确表示要求总经理在填写纸质版问卷后，签署确认是本人亲自填写，在收到问卷后，我们又利用电话进行回访确认。④在调查问卷中，我们要求被调查公司总经理填写名字、手机（电话）和电子邮箱等信息，利用这些信息与我们掌握的总经理手机（电话）或电子邮箱进行核对来交互验证。同时，调查团队针对被调查企业的上述关键联络信息进行了证据留存。

图 2-3 概括了调查工作实施的基本情况以及 101 份有效问卷的来源和渠道[2]。值得一提的是，865 家被调查企业年度报告中公布的公司信息披露人电话中，有 169 家企业发布的是错误电话号码，51 家企业发布的是公司部门电话，这 220 家公司我们无法

---

[1] 问卷回收率远低于乐观的预期目标，主要原因是调查的时机不适宜，调查期间恰好处于财务年尾和农历年尾，不少被调查公司的总经理都在外出差，我们多次电话联系均没有联系上，部分同意接受调查的公司总经理因过于忙碌等原因，尝试登录问卷链接填写一部分后就放弃了。如果在 2017 年 9 月启动调查，成功率很有可能会达到 30%，有效问卷回收率也很可能会达到 90%。

[2] 对主动联系和电话联系的有效样本回收率进行统计比较发现，两者之间的有效样本回收存在着显著差异，造成这一事实的原因可能有两个：一是两者之间参与意愿的差异，主动联系的总经理看到了调查团队邮寄的纸质邀请函，具有更高的参与意愿；电话联系则是调查团队推动实施的调查，意愿相比主动联系的总经理更低。二是主动联系大约集中发生在 2017 年 11 月中旬至 12 月中旬，这段时间总经理的时间相对更加充裕，电话联系成功样本的流失集中发生在 2017 年 12 月底至 2018 年 1 月底，这段时间总经理非常忙碌，2018 年 1 月的成功样本流失率最高，占到流失成功样本的 85%。

通过电话途径来接触到公司总经理或董事会秘书①。这意味着，调查所可能接触到的样本总量仅为 645 家，按照这个总量进行测算，调查的成功率为 21.1%，有效问卷回收率为 15.7%。依据我们调研对象的特殊性来看，成功率和回收率已经达到了不错的水平，也在一定程度上证实了我们设计的调查方案的有效性。

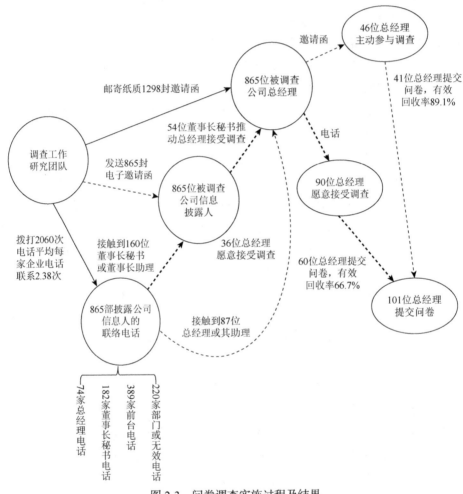

图 2-3　问卷调查实施过程及结果

实线箭头表示项目团队直接联系企业人员的路径；虚线表示直接联系后产生的间接联系及其结果（其中粗箭头表示电话联系；细箭头表示电子或纸质邀请函联系）

调查团队自 2017 年 11 月 8 日至 30 日，先后邮寄了 865 封正式的纸质邀请函，

---

① 在这里，我们表达的不可接触性是根据我们设计的调查方案而言，同时据调研团队的判断，这一调查方案是用于解决被调查企业地理分布广以及调查对象独特性两个重要问题的可行方案。尽管我们可以通过面访等途径去接触220 家企业，但考虑到时间、成本等因素的制约，这一方案的可行性其实非常低，至少有两个原因：第一，面访很可能会被挡在公司前台；第二，即便没有被挡在前台，突兀的拜访反而会引起被调查企业总经理的反感。

2018 年 1 月 3 日至 7 日，我们又针对电话联系中判定的失联企业邮寄了 433 份正式的纸质邀请函，共计邮寄了 1298 份纸质邀请函。在 24 个工作日内，调查团队总共拨打 2060 次电话，平均每个工作日拨打 85.8 个电话，平均每家企业拨打电话 2.38 次，从不同样本状态的电话拨打数量分布来看，在剔除掉 220 家不可接触企业后，成功样本的平均拨打电话次数达到 2.98 次，失联样本的平均拨打电话次数为 2.74 次，表明调查团队在调查实施中严格执行了调查计划，每家企业原则上 3 次以上不能接触到总经理或董事会秘书，才能判断为失联样本，见表 2-1。

**表 2-1　819 家企业的电话联络情况统计**　（单位：次）

| 拨打电话情况 | 失联样本 | 成功样本 | 拒绝样本 | 统计值 |
| --- | --- | --- | --- | --- |
| 平均值 [a] | 2.74 | 2.98 | 2.15 | $F = 15.933$ $p = 0.000$ $N = 599$ |
| 标准差 [a] | 1.25 | 1.29 | 1.34 | |
| 最小值 [a] | 1.00 | 1.00 | 1.00 | |
| 最大值 [a] | 8.00 | 7.00 | 7.00 | |
| 平均值 [b] | 2.46 | 2.97 | 2.15 | $F = 12.245$ $p = 0.000$ $N = 819$ |
| 标准差 [b] | 1.25 | 1.29 | 1.34 | |
| 最小值 [b] | 1.00 | 1.00 | 1.00 | |
| 最大值 [b] | 8.00 | 7.00 | 7.00 | |

注：865 家企业中，有 46 家企业总经理在收到邮寄的纸质邀请函后主动联络我们参与调查，所以我们通过电话联络接触总经理的被调查企业总量为 819

a 表示剔除 220 家不可接触企业后的 599 家企业的统计；b 表示 819 家企业的统计

从邮件联系上看，除了给 865 家被调查公司信息披露人发送电子版邀请函，我们还涉及将邮件作为与被调查公司总经理或公司信息披露人之间电话联络的补充渠道，用于向总经理或公司信息披露人传递电话沟通难以传递的信息。概括起来，我们总共发送 1317 封电子邮件，平均每家企业 1.52 封邮件，给被调查企业发送的最大邮件数量为 6 封。按照调查实施计划，针对成功样本，一方面要给总经理或公司信息披露人发送问卷填写链接邮件，另一方面还要通过邮件定期提醒总经理登录填写问卷，邮件发送次数自然会最高。基于调查工作记录的统计分析表明，不同状态的邮件数量存在着显著性差异（$F = 107.257$，$p = 0.000$），失联样本的邮件联络平均值是 1.35 次（标准差为 0.65），成功样本的邮件联络平均值是 2.41 次（标准差为 1.14），拒绝样本的邮件联络平均值是 1.39 次（标准差为 0.79）。这一结果从邮件联系的角度表明，调查团队严格遵照调查实施计划执行调查。

上述结果表明，调查团队在执行调查计划方面并没有出现偏差或失误，我们可以保证所有问卷均由公司总经理亲自填写，所回收的调查问卷具有较高的可信度①。更为重要的是，除了可信度，有效样本质量的核心在于代表性而不在于样本数量，从总体上看，101 份调查问卷具有很好的代表性。

第一，调研设计克服了由调查员能力差异带来的抽样偏差。尽管在调查正式实施前，对调查员进行了系统培训，但是调查员能力存在的差异，可能会导致调查过程中接触到总经理/公司信息披露人可能性的偏差，这是导致抽样误差的最关键因素，即调查员能力导致有些可能被抽取的样本没有被成功抽取。在考虑调查员能力差异是否带来偏差之前，我们检验了不同调查员所负责的被调查企业群体的电话分布是否存在差异，因为电话属性不同显然会导致调查员所负责被调查企业可接触性的系统性偏差。统计发现，5 位调查员所负责的被调查企业的电话性质分布并不存在显著性差异，进一步检验发现，5 位调查员接触到被调查总经理/公司信息披露人的概率分布也不存在显著性差异。这表明，调查并不存在调查员能力差异所引起的偏差，在一定程度上反映出调查前培训的有效性和必要性。

第二，关于 220 家不可接触被调查企业与 645 家可接触被调查企业的偏差检验。尽管在调查设计上，我们采用邮寄纸质邀请函与电话联系相结合的设计，但从理论和实际效果上看，电话联系是联络并邀请被调查企业总经理参与调查的主要手段，图 2-3 也表明，101 份有效问卷中，有 60 份问卷来自电话联络，占有效问卷的 60%。那么，就很有必要检验年度报告中发布的电话号码错误及发布部门电话导致我们不可能通过电话途径接触到总经理或公司信息披露人的 220 家被调查企业是否会带来系统性偏差。我们以 10 项企业基本特征指标为标准对 220 家和 645 家被调查企业做了统计比较，发现除了挂牌前一年每股净资产和挂牌时生存年限指标，其他指标方面并不存在显著差异，可以基本认定不可接触的 220 家企业不会给调查带来系统性偏差。

第三，关于成功接触样本和未能成功接触样本的偏差检验。按照调查实施计划，我们将被调查企业划分为成功、拒绝和失联三种结果状态，其中，成功和拒绝样本意味着我们成功接触到了被调查企业的总经理或公司信息披露人，而失联样本则意味着我们未能成功接触到被调查企业的总经理或公司信息披露人。那么，成功接触样本和未能成功接触样本之间，是否存在着系统性偏差呢？换句话说，是否是某些企业因素导致其更容易被接触，如规模，这些因素有可能给我们的调查带来抽样偏差。我们以 10 项企业基本特征指标为标准对 293 家成功接触样本和 572 家未能成功接触样

① 在 101 份有效问卷中，有 5 家企业的情况特殊，由于公司治理方面的特殊原因，公司在公开信息中公布的总经理长期在国外或不实质参与公司管理和经营，公司的管理和经营由公司的常务副总经理负责，总经理只是名义上的公司负责人。经过反复电话沟通，我们同意这 5 家企业的问卷由负责公司管理和经营的常务副总经理填写。这 5 家企业的股票代码分别是：831472、835013、830953、832015、835305。

本做了统计比较，发现除了挂牌前一年资产负债率指标，其他指标方面并不存在显著差异，可以基本认定未成功接触的企业样本不会给调查带来系统性偏差。

第四，关于成功样本和拒绝样本的偏差检验。我们以 10 项企业基本特征指标为标准对 136 家成功接触样本和 157 家拒绝样本做了统计比较，发现除了挂牌前一年资产负债率指标，其他指标方面并不存在显著差异，可以基本认定拒绝样本不会给调查带来系统性偏差。

第五，关于有效样本的代表性检验。我们进一步从有效样本的地域分布、创建年限、挂牌年限、所属行业等四个方面检验了其相对于总体的代表性。描述性分析结果综合表明，尽管从有效样本/总体样本的比例分布来看，在地域分布、创建年限、挂牌年限和所属行业等四个方面的比例分布存在着一些差异，但有效样本相对于总体样本的上述四项特征频次分布具有较好的相似性，即抽取到的有效样本在地域分布、创建年限、挂牌年限和所属行业等四个方面的分布上与总体样本相比较具有一致性。可以判断，抽取到的 101 份有效问卷能够代表总体的基本特征。

## 2.4　数据库的进一步拓展与丰富

跨校学术团队在联合研究中不断共同建设和丰富 CPSED II 数据库。在具体研究工作中，以研究问题为导向，从董事会外部网络、风险投资、高管团队岗位设置、地区环境等微观主题入手进一步建设和丰富 CPSED II 数据库，主要包括：西南政法大学韩炜教授牵头组织研究团队增添了董事会外部网络数据，补充了 1500 多条董事外部任职信息。华中科技大学叶竹馨副教授牵头补充了 969 家新三板 IT 企业高管团队岗位设置方面的信息。暨南大学叶文平副教授将地区生产总值、市场化指数、创业环境等地区环境数据与 969 家新三板 IT 企业数据匹配起来。浙江大学沈睿研究员通过公开转让说明书、Wind 数据库、CVSource 投中数据库、私募通等渠道，收集了参与投资 969 家新三板 IT 企业的所有风险投资机构信息，截止到 2018 年底，366 家新三板企业获得了 1118 笔风险投资。通过中国证券投资基金业协会、风险投资机构官网等渠道，手动检索并收集风险投资机构投资人的人口统计学特征、教育背景、工作经验、过往投资经验等信息。将风险投资数据与新三板 IT 企业数据相匹配，风险投资数据包括投资人、投资机构和交易记录三个层面的信息，为探讨创业者与投资人、创业团队与投资团队之间的互动提供了丰富的数据。

# 第 3 章

# 新三板 IT 企业高管团队职能型结构分析

职能型高管团队成员是指企业高管团队中负责一个或多个职能领域的成员（Menz，2012）。在 20 世纪 70 年代，尽管企业几乎没有真正意义上的职能型高管团队成员，通常只有 CFO，但在随后的几十年里，新的职能型领导人加入了高级管理人员的行列。例如，在 20 世纪 70 年代和 80 年代早期，战略规划的专业化和集中化影响企业创造了相关的职位（Delmar et al.，2003）。进一步地，在 20 世纪 80 年代末和 90 年代，IT 成为一个越来越重要的功能领域，正如当时越来越多的首席信息官（chief information officer，CIO）所展示的那样。同样地，关于个体职能型企业高管团队成员的文章指出与 CFO（Gerstner and Anderson，1976），CIO（Benjamin et al.，1985），CTO（Adler and Ferdows，1990）和首席战略官（chief strategy officer，CSO；Menz and Scheef，2014）相关的发现越来越多。来自不同领域的学者也对首席知识官（chief knowledge officer，CKO；Earl and Scott，1999），COO（Hambrick and Cannella，2004）和 CMO（Nath and Mahajan，2008）进行了探索。

表 3-1 列举了关于职能型高管团队成员的研究领域的概况。

**表 3-1　职能型高管团队成员研究所属领域**

| 领域 | 会计/金融 | 信息系统/技术 | 市场营销 | 战略管理 |
|---|---|---|---|---|
| 研究的职能型高管 | CFO | CKO<br>CIO<br>CTO | CMO | COO<br>CSO |
| 研究焦点 | CFO 离职的原因及绩效影响；伦理问题 | 一般的角色问题；与 CEO 及高管团队整体的关系 | 前因及其存在的表现结果；一般的角色问题 | 前因及其存在的表现结果；一般的角色问题 |
| 理论/视角 | 代理理论(激励问题)<br>公司治理（没有明确的理论）<br>金融经济学<br>道德推理理论<br>利益相关者理论<br>计划行为理论<br>理性行为理论 | 通信理论<br>权变理论<br>管理自由裁量权<br>权力依赖理论<br>资源基础观<br>社会化理论<br>社会资本理论 | 权变理论<br>同质化理论<br>权力依赖理论 | 权变理论<br>信息-处理理论<br>组织适应理论<br>战略即实践观 |

续表

| 领域 | 会计/金融 | 信息系统/技术 | 市场营销 | 战略管理 |
|---|---|---|---|---|
| 方法 | 根据调查数据进行定量研究<br>事件研究法 | 根据调查数据进行定量研究<br>根据访谈和案例研究进行定性研究 | 根据档案数据进行定量研究<br>概念化 | 根据档案数据进行定量研究<br>根据访谈和案例研究进行定性研究 |
| 典型期刊 | *Contemporary Accounting Research*,<br>*Journal of Financial Economics*,<br>*The Accounting Review* | *IEEE Transactions on Engineering Management*,<br>*Information and Management*,<br>*MIS Quarterly*,<br>*R&D Management* | *California Management Review*,<br>*Journal of Marketing* | *California Management Review*,<br>*Harvard Business Review*,<br>*Strategic Management Journal* |
| 贡献较大的文献 | Mian（2001）；<br>Stevens 等（2005）；<br>Geiger and North（2006）；<br>Indjejikian and Matějka（2009） | Stephens 等（1992）；<br>Enns 等（2003）；<br>Preston 等（2006）；<br>Medcof（2008） | Aaker（2008）；<br>Nath 和 Mahajan（2008） | Hambrick 和 Cannella（2004）；<br>Zhang（2006）；<br>Angwin 等（2009） |

虽然职能型高管团队成员类型多样，如有 CFO、CTO、CMO、COO 等，但他们承担的角色通常有两个方面：一方面，职能型高管团队成员作为高管团队中的一员，需要参与企业战略决策的制定；另一方面，职能型高管团队成员在各自负责的职能领域承担着领导责任（Hambrick and Cannella，2004；Karahanna and Watson，2006；Drazin and Rao，1999）。企业依据企业发展需要对高管团队成员进行专业化分工，在高管团队内部设立各种职能型高管已成为常态。本章将基于对新三板 IT 企业的数据分析，挖掘企业高管团队的职能型高管设置情况、特征规律及影响效果。

## 3.1　高管团队为何设置职能型高管

### 3.1.1　职能型高管的岗位设置情况

根据对新三板 IT 企业年报及招股说明书等公开资料搜索关键字，确认企业是否在高管团队中设立该职能角色（各职位及其对应的关键描述如表 3-2 所示）。

表 3-2　样本企业职能型高管团队成员名称对照表

| 职能岗位 | 对应名称 |
|---|---|
| CFO | 财务总监、财务负责人、财务部经理 |
| CTO | 技术负责人、首席技术官、首席技术长、首席科学家、技术总监、研发总监、分管研发部副总经理、技术副总裁、研发副总裁、研发副总经理 |

续表

| 职能岗位 | 对应名称 |
|---|---|
| CMO | 市场负责人、首席市场官、市场拓展副总裁、市场副总裁、销售总监、市场总监、营销中心总监、销售中心总监 |
| COO | 运营负责人、首席运营官、首席运营长、运营总监、产品总监、项目总监、运营部总监 |
| CAO | 人事行政负责人、首席行政官、行政总监、人力行政总监、人力资源部负责人、人力资源部总监、人事行政总监、人力资源副总经理 |
| CIO | 首席信息官 |
| CSO | 首席战略官、战略资源部总监 |

2018 年修正的《中华人民共和国公司法》规定，股份有限公司设经理，且企业高级管理人员包括公司经理、副经理、财务负责人和上市公司董事会秘书和公司章程规定的其他人员，故所有样本企业(969 家)的高管团队都设立了 CEO 和 CFO。

969 家新三板 IT 企业中设置其他类型职能型高管的情况如图 3-1 所示。

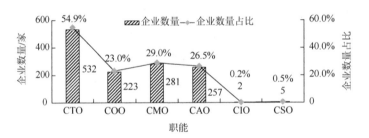

图 3-1　969 家新三板企业职能型高管设置情况

除 CEO 和 CFO 外，企业还设立有 CTO、CMO、COO、CAO、CIO、CSO 六种职能角色中的一种或几种。其中，新三板 IT 企业高管团队会更多地考虑设置 CTO（54.9%）这一职能型高管岗位，其次会选择设置 COO（23.0%）、CMO（29.0%）和 CAO（26.5%）岗位，较少的企业设置 CIO（0.2%）及 CSO（0.5%）职能型高管。

### 3.1.2　不同职能型高管的职责特征与个体特征

鉴于 CIO 和 CSO 样本量较少，本书以 CFO、CTO、CMO、COO、CAO 为例，对职能型高管成员的个体特征进行分析。新三板 IT 企业高管团队中各职能型高管的个体特征描述性统计分析如表 3-3 所示。结果显示，不同职能型高管在年龄、性别、受教育水平、工作经验（行业经验、管理经验和职能经验方面）均呈现出显著性差异。接下来，本书将分别对单个职能角色的个体特征进行具体的描述性分析。

表 3-3　969 家企业职能型高管特征分析

| 指标 | | CFO | CTO | COO | CMO | CAO | $\chi^2$ 值 | P 值 |
|---|---|---|---|---|---|---|---|---|
| 性别 | 平均值 | 0.34 | 0.98 | 0.83 | 0.81 | 0.26 | 821.361*** | 0.000 |
| | 标准差 | 0.47 | 0.13 | 0.37 | 0.39 | 0.44 | | |
| 受教育水平 | 平均值 | 1.85 | 2.16 | 1.97 | 1.78 | 1.89 | 113.619*** | 0.000 |
| | 标准差 | 0.64 | 0.77 | 0.67 | 0.64 | 0.65 | | |
| 是否具有行业经验 | 平均值 | 0.60 | 0.80 | 0.75 | 0.73 | 0.67 | 73.418*** | 0.000 |
| | 标准差 | 0.49 | 0.40 | 0.44 | 0.45 | 0.47 | | |
| 是否具有管理经验 | 平均值 | 0.86 | 0.79 | 0.82 | 0.86 | 0.79 | 19.612*** | 0.001 |
| | 标准差 | 0.35 | 0.41 | 0.39 | 0.35 | 0.41 | | |
| 是否具有职能经验 | 平均值 | 0.83 | 0.88 | 0.71 | 0.74 | 0.71 | 58.266*** | 0.000 |
| | 标准差 | 0.37 | 0.33 | 0.45 | 0.44 | 0.46 | | |
| | | | | | | | F 值 | P 值 |
| 年龄 | 平均值 | 39.98 | 37.45 | 36.52 | 37.40 | 37.04 | 22.690*** | 0.000 |
| | 标准差 | 7.72 | 6.20 | 6.15 | 6.22 | 7.05 | | |
| 行业经验年数 | 平均值 | 4.31 | 6.08 | 5.27 | 5.31 | 4.00 | 11.458*** | 0.000 |
| | 标准差 | 5.40 | 5.10 | 5.24 | 5.00 | 4.63 | | |
| 管理经验年数 | 平均值 | 8.63 | 5.40 | 5.72 | 7.04 | 5.72 | 25.931*** | 0.000 |
| | 标准差 | 7.10 | 5.27 | 5.02 | 5.74 | 5.28 | | |
| 职能经验年数 | 平均值 | 10.23 | 7.22 | 4.44 | 5.00 | 4.44 | 64.690*** | 0.000 |
| | 标准差 | 8.27 | 5.85 | 4.91 | 4.91 | 4.62 | | |

注：性别、受教育水平、是否具有经验均为分类指标。其中，性别：男为"1"，女为"0"。受教育水平：专科及以下为"1"，本科为"2"，硕士为"3"，博士为"4"。是否具有行业（管理，职能）经验：是为"1"，否为"0"

\*\*\*表示在 99%的置信水平下显著

### 1. 财务负责人 CFO

CFO 作为企业财务的最高负责人，一方面需要承担财务管理与监控的责任，即通过财务会计控制保障财务决策的合法合规，保障财务报告的真实性；另一方面则需要参与战略规划与实施，包括为企业实现成本上的节约以及新价值的创造，在企业做战略决策时提供财务方面的专业意见等（Gerstner and Anderson，1976）。

969 家新三板 IT 企业中，所有高管团队均设有 CFO 这一职能角色。如图 3-2 所示，CFO 主要集中在本科与专科及以下受教育水平（86.2%），仅有少部分 CFO 有硕士及以上研究生学历（13.3%）。此外，在工作经验方面，虽然有一定行业经验的CFO（60.1%）多于不具备该行业经验者（39.8%），但总体而言两者相差不大；在管理经验和职能经验方面（CFO 是否具备财务专长），具备管理经验的 CFO 高达85.8%，具备财务背景职能经验的 CFO 则多达 83.0%。这说明 CFO 对管理经验和财务专长依赖度比较高，更丰富的工作经验能够有效降低企业发生财务错报的可能性（Abraham et al.，2015）。

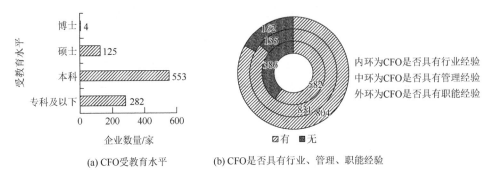

(a) CFO受教育水平　　　(b) CFO是否具有行业、管理、职能经验

图 3-2　969 家新三板企业 CFO 设置情况

注：图中设立 CFO 的企业之和不为 969 是因为部分 CFO 的受教育水平与行业（管理、职能）经验有数据缺失

此外，如表 3-4 所示，这一职能角色有 66.2%为女性，同时 CFO 的性别与企业所属行业（$\chi^2 = 6.335$，$P = 0.012$）和企业规模（$\chi^2 = 12.641$，$P = 0.000$）有显著相关关系。CFO 为女性的企业大多为软件和信息技术服务业（I65，79.7%），显著高于 CFO 为男性的企业属于软件和信息技术服务业（I65，72.6%）的比例。CMO 为女性的企业中，员工规模小的企业占比 54.4%，显著高于员工规模小的企业在 CFO 为男性的企业中所占的比例（42.4%）。

表 3-4　基于 CFO 性别分组的 969 家企业特征分析

| 指标 | | 设置 CFO 的企业数量 | CFO 为女性的企业数量 | CFO 为男性的企业数量 | $\chi^2$ 值 | $P$ 值 |
|---|---|---|---|---|---|---|
| 经济发展程度 | 较发达地区 | 769（79.4%） | 502（78.3%） | 267（81.4%） | 1.263 | 0.261 |
| | 次发达地区 | 200（20.6%） | 139（21.7%） | 61（18.6%） | | |
| 企业所属行业 | 互联网和相关服务（I64） | 220（22.7%） | 130（20.3%） | 90（27.4%） | 6.335** | 0.012 |
| | 软件和信息技术服务业（I65） | 749（77.3%） | 511（79.7%） | 238（72.6%） | | |
| 企业年龄 | 大于或等于 8 年 | 566（58.4%） | 385（60.1%） | 181（55.2%） | 2.127 | 0.145 |
| | 小于 8 年 | 403（41.6%） | 256（39.9%） | 147（44.8%） | | |

续表

| 指标 | | 设置 CFO 的企业数量 | CFO 为女性的企业数量 | CFO 为男性的企业数量 | $\chi^2$ 值 | $P$ 值 |
|---|---|---|---|---|---|---|
| 企业规模 | 员工规模大 | 481（49.6%） | 292（45.6%） | 189（57.6%） | 12.641*** | 0.000 |
| | 员工规模小 | 488（50.4%） | 349（54.4%） | 139（42.4%） | | |

**、\*\*\*分别表示在 95%、99% 的置信水平下显著

### 2. 技术负责人 CTO

CTO 作为创业企业技术的最高负责人，其职责包含对内和对外两方面。在企业内部，CTO 一方面负责掌握那些可能会对公司发展造成影响的技术，规避技术陷阱、识别技术空白，为公司战略制定提供技术方面的指导；另一方面 CTO 需要促进技术在各个部门之间的协同转化，减少各部门之间因技术协同可能产生的矛盾，起到润滑剂的作用，保持公司相应技术部门的正常运转（Adler and Ferdows，1990）。在企业外部，CTO 不仅需要参加政府、学术界、行业协会的活动，帮助创业企业提升声誉并获取有价值的最新研究成果，敏锐识别新兴技术及潜在的合作伙伴；还需要通过与媒体的沟通来建立创业企业技术产品的形象，因为他们熟悉产品的功能和技术特征，通过对产品的技术细节进行"翻译"，保证企业的产品区别于其他的竞争产品（Cetindamar and Pala，2011；Medcof and Lee，2017；Perri et al.，2019；Probert and Tietze，2009；Scott，2011；Smith，2003）。

969 家新三板 IT 企业中，共计 532 家企业（54.9%）的高管团队设置了 CTO 这一职能角色（图 3-3）。其中，82.3% 的 CTO 有本科及以上学历。这也许是因为面对行业内快速变革的新技术，CTO 作为企业技术的最高负责人，往往需要通过探索、试验和发现新技术来提高研发绩效（Uttal et al.，1992）。较高的受教育程度能够使 CTO 对创新活动评价更为积极，并具备较高的技术专长，从而提高其承担创新活动的相关风险的意愿，帮助其更快地掌握技术管理方法及实施战略变革，进而更加高效地履行 CTO 职能（Adler and Ferdows，1990）。

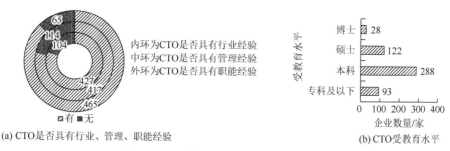

(a) CTO 是否具有行业、管理、职能经验　　(b) CTO 受教育水平

图 3-3　969 家新三板企业 CTO 设置情况

注：图中设置 CTO 的企业数量之和不为 532 是因为部分 CTO 背景信息缺失

工作经验方面,CTO 普遍拥有岗位相关的行业经验(80.26%)、职能经验(87.41%)和管理经验(78.38%)。这可能是由于行业经验能够帮助 CTO 熟悉行业特点,深谙所在行业的技术发展趋势,进而判断企业在行业内长远发展所需要的知识与技术。同时,行业内的工作经历可以为 CTO 积累外部社会网络等稀缺资源,有利于拓宽企业信息渠道、加强企业内外部交流,从而提升企业绩效(Davis and Greve,1997;Kor and Sundaramurthy,2009),由此获得企业的青睐。类似地,由于具备技术背景的 CTO 更倾向于通过技术创新来提高企业绩效、获取竞争优势,也更为了解创新活动的规律,能够对企业的技术创新活动进行合理决策,同时也更容易利用专业知识整合企业的知识、技术等异质性资源,进而更有利于企业技术创新活动的开展(Marvel and Lumpkin,2007;李慧聪等,2019)。

此外,如表 3-5 所示,98.3%的 CTO 为男性。这可能是因为企业技术创新总是伴随着高风险,而女性 CTO 往往更倾向于规避风险、追求稳定,从而在战略决策上更为谨慎(Zuckerman,1994),研发投入的意愿较小,这将不利于企业提高创新绩效,故而企业较少选择女性作为企业技术最高负责人(Barber,2001;Graham,2013)。值得一提的是,9 名女性 CTO 所在企业的生存年限均大于或等于 8 年,显著区别于男性 CTO 所在企业的生存年限分布($\chi^2 = 4.374$,$P = 0.036$),约 67.1%的男性 CTO 所在企业的生存年限大于或等于 8 年的企业比例。

表 3-5 基于 CTO 性别分组的 532 家企业特征分析

| 指标 | | 设置 CTO 的企业数量 | CTO 为女性的企业数量 | CTO 为男性的企业数量 | $\chi^2$ 值 | $P$ 值 |
|---|---|---|---|---|---|---|
| 经济发展程度 | 较发达地区 | 426(80.1%) | 8(88.9%) | 418(79.9%) | 0.446 | 0.554 |
| | 次发达地区 | 106(19.9%) | 1(11.1%) | 105(20.1%) | | |
| 企业所属行业 | 互联网和相关服务(I64) | 93(17.5%) | 1(11.1%) | 92(17.6%) | 0.258 | 0.612 |
| | 软件和信息技术服务业(I65) | 439(82.5%) | 8(88.9%) | 431(82.4%) | | |
| 企业年龄 | 大于或等于 8 年 | 360(67.7%) | 9(100.0%) | 351(67.1%) | 4.374** | 0.036 |
| | 小于 8 年 | 172(32.3%) | 0(0.0%) | 172(32.9%) | | |
| 企业规模 | 员工规模大 | 271(50.9%) | 4(44.4%) | 267(51.1%) | 0.155 | 0.694 |
| | 员工规模小 | 261(49.1%) | 5(55.6%) | 256(48.9%) | | |

**表示在 95%的置信水平下显著

### 3. 运营负责人 COO

COO 作为企业运营的负责人，主要承担原本属于 CEO 的内部运营职能，比如监管各部门、协调各部门资源。一般而言，对于发展较迅猛的创业企业而言，相对年轻或经验不足的 CEO 需要寻求经验丰富且拥有广泛人脉关系的行业资深人士的帮助，COO 能够在业务发展上为 CEO 提供指导，还可弥补 CEO 在管理经验、风格以及知识上的不足，形成互补（Bennett and Miles，2006）。

969 家新三板 IT 企业中，有 222 家企业（22.9%）的高管团队设立了 COO 这一角色（图 3-4）。其中，COO 这一职能角色仍以男性占主导，即男性 COO 的占比约为 83.4%。受教育水平方面，企业 COO 以本科学历为主（57.2%）。工作经验方面，COO 在行业经验、管理经验与职能经验上均具备较高比例，其中具备管理经验的比例最高，为 81.5%，具备职能经验的最低，为 71.2%。

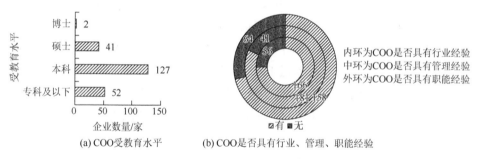

(a) COO 受教育水平　　　　(b) COO 是否具有行业、管理、职能经验

图 3-4　969 家新三板企业 COO 设置情况

### 4. 营销负责人 CMO

CMO 作为企业营销方面的最高负责人则专注于营销领域。一方面需要在参与企业战略决策制定时提供营销方面的专业知识；另一方面需要领导企业的营销活动，包括产品定价、渠道管理、营销传播、销售、市场信息管理、营销计划实施以及开发消费者需求（Hopkins and Bailey，1984；Vorhies and Morgan，2005）。

969 家新三板 IT 企业中，有 280 家企业（28.9%）的高管团队设置了 CMO 这一职能角色。如图 3-5 所示，受教育水平方面，CMO 这一职能角色以本科学历为主导，硕士及以上学历较少。由此可见，相比 CTO 而言，CMO 对受教育水平的依赖度相对较低。在工作经验方面，具备行业经验的 CMO 与具备营销背景职能经验的 CMO 总体相当，均在 73% 左右，而具备管理经验的 CMO 则略高于前两者，达到 86.1%。这可能是因为营销工作的复杂性需要 CMO 具备高水平的工作能力，而只有具备足够的相关工作经验，CMO 才能够胜任这一职位，进而提高企业绩效（Avolio and Yammarino，1990）。

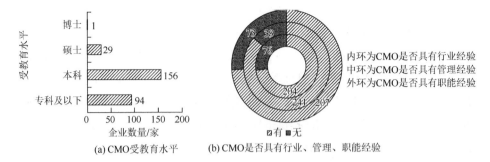

(a) CMO受教育水平　　　　(b) CMO是否具有行业、管理、职能经验

图 3-5　969 家新三板企业 CMO 设置情况

此外，如表 3-6 所示，约 81.1% 的 CMO 为男性，相比 CTO 这一职能角色，女性成员的参与度已有较大提升（18.9%）。从表 3-6 可以看出，CMO 性别与企业所属行业（ $\chi^2 = 7.833$ ， $P = 0.005$ ）、企业年龄（ $\chi^2 = 2.851$ ， $P = 0.091$ ）以及企业规模（ $\chi^2 = 3.013$ ， $P = 0.083$ ）有显著相关关系。首先，CMO 为女性的企业大多为软件和信息技术服务业（I65，69.8%），但仍然显著低于 CMO 为男性的企业属于软件和信息技术服务业（I65，85.9%）的比例。其次，58.5% 的 CMO 为女性的企业的生存年限大于或等于 8 年，显著低于 CMO 为男性中生存年限大于或等于 8 年的企业比例（70.5%）。最后，CMO 为女性的企业中，员工规模小的企业占比 60.4%，显著高于 CMO 为男性的企业在员工规模小的企业中所占的比例（47.1%）。

表 3-6　基于 CMO 性别分组的 280 家企业特征分析

| 指标 | | 设置 CMO 的企业数量 | CMO 为女性的企业数量 | CMO 为男性的企业数量 | $\chi^2$ 值 | $P$ 值 |
|---|---|---|---|---|---|---|
| 经济发展程度 | 较发达地区 | 227（81.1%） | 44（83.0%） | 183（80.6%） | 0.162 | 0.688 |
| | 次发达地区 | 53（18.9%） | 9（17.0%） | 44（19.4%） | | |
| 企业所属行业 | 互联网和相关服务（I64） | 48（17.1%） | 16（30.2%） | 32（14.1%） | 7.833*** | 0.005 |
| | 软件和信息技术服务业（I65） | 232（82.9%） | 37（69.8%） | 195（85.9%） | | |
| 企业年龄 | 大于或等于 8 年 | 191（68.2%） | 31（58.5%） | 160（70.5%） | 2.851* | 0.091 |
| | 小于 8 年 | 89（31.8%） | 22（41.5%） | 67（29.5%） | | |
| 企业规模 | 员工规模大 | 141（50.4%） | 21（39.6%） | 120（52.9%） | 3.013* | 0.083 |
| | 员工规模小 | 139（49.6%） | 32（60.4%） | 107（47.1%） | | |

*、*** 分别表示在 90%、99% 的置信水平下显著

### 5. 人事行政负责人 CAO

CAO 作为企业行政人事的最高负责人，其角色主要包含四个部分（Modise，2018；秦志华，2003）：行政人事战略制定、规章制定、推进业务、平衡高层。具体来说，第一，行政人事战略制定是指 CAO 要为企业的人事行政工作指明方向，做好前瞻性规划。第二，规章制定是指 CAO 需要通过制定企业规章条例确保企业人力资源活动能够有序推进。第三，推进业务是指 CAO 需要参与到人力资源管理活动中来，如在涉及企业核心人员的招聘、培训开发的方式、激励制度的运行以及企业人工成本的控制的时候，需要直接过问和指导业务运行情况，同时 CAO 还需要推动建立与企业愿景相一致的企业文化。第四，平衡高层是指 CAO 需要同时为多个具有竞争关系的高管成员提供服务，为双方建立起良好的沟通渠道，平衡双方需求。

969 家新三板 IT 企业中，有 257 家企业（26.52%）的高管团队设立了 CAO 这一角色。如图 3-6 所示，这些企业 CAO 以本科学历为主，硕士研究生学历相对较少。工作经验方面，具备行业经验的 CAO 占比最低，为 66.93%，而 70.04% 的 CAO 具备职能经验，且 78.21% 的 CAO 具备管理经验。这说明，相比行业经验而言，CAO 对行政背景的职能经验与管理经验更为依赖，这是因为 CAO 需要具备的知识结构包括行政人事方面的业务知识结构（秦志华，2003），而丰富的职能经验与管理经验为CAO 积累相关知识提供了条件。

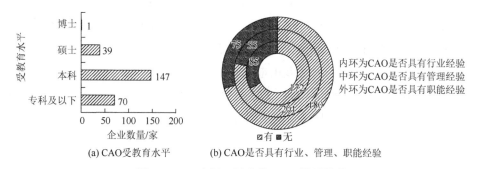

(a) CAO受教育水平　　　(b) CAO是否具有行业、管理、职能经验

图 3-6　969 家新三板企业 CAO 设置情况

值得一提的是，CAO 这一职能角色约 74.3% 由女性成员承担。从表 3-7 中可以发现，CAO 的性别偏好选择与企业所属行业有显著相关性（$\chi^2 = 6.518$，$P = 0.011$），与企业所处地区的经济发展程度、企业年龄以及企业员工规模没有明显的相关关系。CAO 为女性的企业中，74.3% 的企业属于软件和信息技术服务业（I65），但该比例仍然显著低于 CAO 为男性的企业中属于软件和信息技术服务业（I65，89.4%）的比例。

表 3-7　基于 CAO 性别分组的 257 家企业特征分析

| 指标 | | 设置 CAO 的企业数量 | CAO 为女性的企业数量 | CAO 为男性的企业数量 | $\chi^2$ 值 | $P$ 值 |
|---|---|---|---|---|---|---|
| 经济发展程度 | 较发达地区 | 204（79.4%） | 152（79.6%） | 52（78.8%） | 0.019 | 0.891 |
| | 次发达地区 | 53（20.6%） | 39（20.4%） | 14（21.2%） | | |
| 企业所属行业 | 互联网和相关服务（I64） | 56（21.8%） | 49（25.7%） | 7（10.6%） | 6.518** | 0.011 |
| | 软件和信息技术服务业（I65） | 201（78.2%） | 142（74.3%） | 59（89.4%） | | |
| 企业年龄 | 大于或等于 8 年 | 174（67.7%） | 131（68.6%） | 43（65.2%） | 0.265 | 0.607 |
| | 小于 8 年 | 83（32.3%） | 60（31.4%） | 23（34.8%） | | |
| 企业规模 | 员工规模大 | 144（56.0%） | 107（56.0%） | 37（56.1%） | 0.000 | 0.996 |
| | 员工规模小 | 113（44.0%） | 84（44.0%） | 29（43.9%） | | |

**表示在 95%的置信水平下显著

### 3.1.3　职能型高管设置的企业特征

#### 1. 地区分布

由于设置 CIO 和 CSO 岗位的企业数量过少，故在分析职能型高管的地区分布时，暂不考虑这两个职能岗位。按照经济发展程度将企业所在地区划分为较发达地区和次发达地区，如图 3-7 所示，企业职能型高管在较发达地区与次发达地区之间没有明显的设置偏好，进一步探究企业职能型高管设置在较发达地区内部、次发达地区内部的分布情况。结果显示，在较发达地区，企业是否设置 CTO、COO、CMO 岗位与所在省区市无关，在设置 CAO 岗位上与所在省区市显著相关（$\chi^2 = 9.404, P = 0.009$）。珠三角地区及海南、京津冀地区及山东设置 CMO 的偏好更强，设置了 CMO 的企业占该地区企业的比例分别为 34.1%、27.2%，长三角地区对于设置 CMO 的偏好较弱，设置了 CMO 的企业占该地区企业的比例为 20.9%。

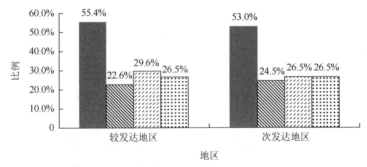

图 3-7　企业职能型高管设置的地区分布特征

## 2. 行业分布

新三板企业中 CTO、CMO 两个职能岗位的设置与企业所属行业有显著关系（$\chi^2 = 18.335$，$P = 0.000$；$\chi^2 = 7.128$，$P = 0.008$）。如图 3-8 所示，设置了 CTO、CMO 岗位的企业中，软件和信息技术服务业（I65）中倾向于设置 CTO、CMO 的企业比例分别为 58.6%、31.1%，显著高于互联网和相关服务（I64）中设置 CTO（42.3%）、CMO（21.8%）的企业比例，而设置 COO、CAO 岗位的意愿强度则与企业所属行业无明显相关性。这可能说明软件和信息技术服务业的研发和销售需求显著高于互联网和相关服务，运营、人力资源需求没有明显差距。

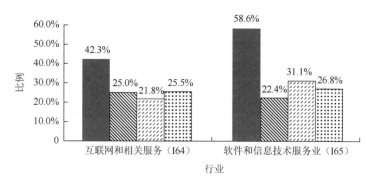

图 3-8　职能型高管设置的行业分布

## 3. 企业年龄分布

CTO、CMO、CAO 的岗位设置则与企业年龄有显著相关性（$\chi^2 = 41.625$，$P = 0.000$；$\chi^2 = 16.021$，$P = 0.000$；$\chi^2 = 12.436$，$P = 0.000$）。如图 3-9 所示，生存年限大于或等于 8 年的企业中，设置了 CTO、CMO、CAO 岗位的企业比例分别为

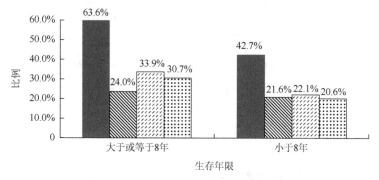

图 3-9　职能型高管设置的企业年龄分布

63.6%、33.9%、30.7%，显著高于生存年限小于 8 年的企业中设置了 CTO（42.7%）、CMO（22.1%）、CAO（20.6%）的企业比例。虽然 COO 岗位的设置与企业年龄无统计意义上的显著相关关系，但从样本上来看，生存年限大于或等于 8 年的企业中设置了 COO 的企业比例为 24.0%，仍然高于生存年限小于 8 年的企业中设置了 COO 的企业比例（21.6%）。这说明企业生存越久越成熟，其职能分工越明确、越专业，也说明随着企业的发展，企业对职能型高管的需求也越全面、越多样化。

4. 企业规模分布

用"企业员工人数"这一指标来反映企业规模，969 家新三板 IT 企业员工人数中位数为 80 人。以中位数为限，划分为员工规模大的企业（481 家）和员工规模小的企业（488 家）两组。结果显示，企业是否设置 COO、CAO 岗位与企业员工规模有显著关系（ $\chi^2 = 7.808$ ， $P = 0.005$ ； $\chi^2 = 5.717$ ， $P = 0.017$ ）。如图 3-10 所示，员工规模大的企业中设置 COO、CAO 岗位的企业比例分别为 26.8%、29.9%，显著高于员工规模小的企业中设置 COO（19.3%）、CAO（23.2%）岗位的企业比例。这符合我们的预期：企业规模越大、员工基数越大，对负责企业运营的 COO、管理员工的 CAO 的需求就越高。同时，虽然 CTO、CMO 岗位的设置与企业员工规模无统计意义上的显著相关关系，但从样本上来看，员工规模大的企业中设置了 CTO（56.3%）、CMO（29.5%）岗位的企业占比仍然高于员工规模小的企业中设置了 CTO（53.5%）、CMO（28.5%）岗位的企业比例。这说明企业规模越大，企业对职能型高管的设置与分工考虑得越全面。

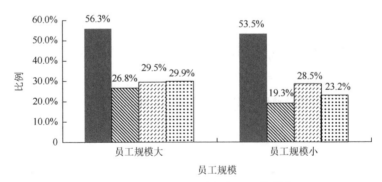

图 3-10　职能型高管设置的企业规模分布

## 3.2　高管团队的职能型高管组合设置

### 3.2.1　职能型高管组合的设置情况

969 家新三板 IT 企业的高管团队存在 22 种不同的职能型高管角色组合，按照职能角色数可以将这 22 种不同的职能型高管组合分为 2~6 人组。

如图 3-11 所示，"2 人组"是固定的极简型上市公司高管团队职能组合，即企业高管团队中仅有 CEO 和 CFO，这一组合有 212 家企业，占总量的 21.9%。

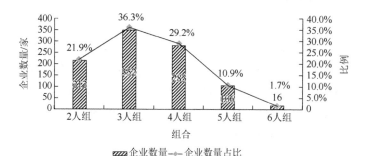

图 3-11　969 家企业高管团队职能组合数量比

如图 3-12 所示，"3 人组"代表企业的高管团队除了 CEO 外，有且仅有 CFO 及其他单一职能角色。这类组合共有 352 家企业，占总量的 36.3%。具体职能型结构共有 5 种类型，191 家企业采用了"CEO + CFO + CTO"的职能组合设置，52 家企业采用了"CEO + CFO + COO"的职能组合设置，47 家企业采用了"CEO + CFO + CMO"的职能组合设置，61 家企业采用了"CEO + CFO + CAO"的职能组合设置，还有 1 家企业采用了"CEO + CFO + CSO"的职能组合设置。

| 组合 | 职能组合 | 企业数量/家 |
| --- | --- | --- |
| 2人组 | CEO + CFO | 212 |
| 3人组 | CEO + CFO + CSO | 1 |
| | CEO + CFO + CAO | 61 |
| | CEO + CFO + CMO | 47 |
| | CEO + CFO + COO | 52 |
| | CEO + CFO + CTO | 191 |
| 4人组 | CEO + CFO + CMO + CAO | 23 |
| | CEO + CFO + COO + CSO | 2 |
| | CEO + CFO + COO + CAO | 10 |
| | CEO + CFO + COO + CMO | 21 |
| | CEO + CFO + CTO + CSO | 1 |
| | CEO + CFO + CTO + CAO | 64 |
| | CEO + CFO + CTO + CMO | 98 |
| | CEO + CFO + CTO + COO | 64 |
| 5人组 | CEO + CFO + CMO + CAO + CIO | 1 |
| | CEO + CFO + COO + CMO + CAO | 7 |
| | CEO + CFO + CTO + CAO + CIO | 1 |
| | CEO + CFO + CTO + CMO + CAO | 46 |
| | CEO + CFO + CTO + COO + CSO | 1 |
| | CEO + CFO + CTO + COO + CAO | 28 |
| | CEO + CFO + CTO + COO + CMO | 22 |
| 6人组 | CEO + CFO + CTO + COO + CMO + CAO | 16 |

图 3-12　969 家企业高管团队职能组合结构设置

"4 人组"代表企业的高管团队除了 CEO 外，有 CFO 及其他两种职能角色。这种组合共有 283 家企业，占总量的 29.2%。具体职能型结构共有 8 种类型，如 64 家企业职能组合设置为"CEO＋CFO＋CTO＋COO"，98 家企业职能组合设置为"CEO＋CFO＋CTO＋CMO"，64 家企业职能组合设置为"CEO＋CFO＋CTO＋CAO"。

"5 人组"代表企业的高管团队除了 CEO 外，还有 CFO 及其他 3 种职能角色。这种组合共有 106 家企业，占总量的 10.9%。该组合共有 7 种职能型结构设置类型，如设置"CEO＋CFO＋CTO＋COO＋CMO"结构的有 22 家企业，设置"CEO＋CFO＋CTO＋COO＋CAO"结构的有 28 家企业，设置"CEO＋CFO＋CTO＋CMO＋CAO"结构的有 46 家企业。另外，还有 16 家企业在设置 CEO 外，同时在高管团队设置 5 种职能角色（即"6 人组"），具体职能组合为"CEO＋CFO＋CTO＋COO＋CMO＋CAO"，占总量的 1.7%。

### 3.2.2 职能型高管组合的企业特征

由于职能型高管组合的种类繁多，本书将"2 人组"和"3 人组"的职能组合分组为"集中型职能结构"，"4 人组"的职能组合分组为"均衡型职能结构"，"5 人组"和"6 人组"的职能组合分组为"分散型职能结构"，分析不同职能角色组合的企业特征。统计发现，不同行业、企业年龄和规模的企业在设置职能组合时呈现出显著性差异，而不同地区的企业在设置职能组合时则不存在显著性差异。

具体而言，如图 3-13 所示，在考虑行业差异条件下，互联网和相关服务（I64）（220 家）与软件和信息技术服务业（I65）（749 家）的企业在高管团队设置职能组合方面存在显著性差异，即企业高管团队职能组合设置偏好与企业所属行业显著相关（$\chi^2 = 8.747$，$P = 0.013$）。其中，软件和信息技术服务业（I65）中，设置均衡型职

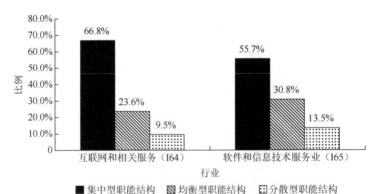

图 3-13  高管团队职能组合的行业分布

注：图中数据之和不为 100%是数据修约所致

能结构和分散型职能结构的企业比例分别为 30.8%、13.5%，显著高于互联网和相关服务（I64）中设置均衡型职能结构（23.6%）和分散型职能结构（9.5%）的企业比例。相反，互联网和相关服务（I64）中设置集中型职能结构的企业比例为 66.8%，显著高于软件和信息技术服务业（I65）中设置集中型职能结构（55.7%）的企业比例。这说明软件和信息技术服务业（I65）比互联网和相关服务（I64）的企业更倾向于设置均衡型职能结构和分散型职能结构，而互联网和相关服务（I64）设置集中型职能结构的倾向显著高于软件和信息技术服务业（I65）。

考虑企业年龄的差异性，生存年限大于或等于 8 年的企业（566 家）与生存年限小于 8 年的企业（403 家）两组企业在职能组合设置方面存在显著性差异，即企业高管团队职能组合设置偏好与企业年龄显著相关（$\chi^2 = 38.335$，$P = 0.000$）。如图 3-14 所示，生存年限大于或等于 8 年的企业中设置高管团队均衡型职能结构（34.3%）和分散型职能结构（15.7%）的比例显著高于生存年限小于 8 年的企业中设置高管团队均衡型职能结构（22.1%）和分散型职能结构（8.2%）的比例，生存年限小于 8 年的企业中设置高管团队集中型职能结构的企业占比 69.7%，显著高于这一结构在生存年限大于或等于 8 年的企业中所占的比例（50.0%）。这说明生存年限大于或等于 8 年的企业相比生存年限小于 8 年的企业，更倾向于设置均衡型职能结构和分散型职能结构，生存年限小于 8 年的企业相较于生存年限大于或等于 8 年的企业，更倾向于设置集中型职能结构。这可能是因为企业生存年限较短，相对业务范围较小、战略多元化程度较低，对职能型高管的需求相对简单。

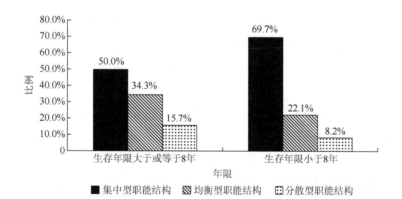

图 3-14　高管团队职能组合的企业年龄分布

在考虑企业规模差异条件下，员工规模大与员工规模小的企业在高管团队职能组合选择上存在显著差异，即企业高管团队职能组合设置偏好与企业规模显著相关（$\chi^2 = 7.861$，$P = 0.020$）。

具体而言，如图 3-15 所示，员工规模大的企业中，设置分散型职能结构的比例为 15.6%，显著高于这一结构在员工规模小的企业中所占的比例（9.6%）；相反，在员工规模小的企业中，设置集中型职能结构和均衡型职能结构的企业分别占比 60.5%、29.9%，显著高于员工规模大的企业中设置集中型职能结构（55.9%）和均衡型职能结构（28.5%）的企业比例。这说明员工规模大的企业的高管团队更倾向于设置分散型职能结构，而员工规模小的企业的高管团队更倾向于设置集中型职能结构和均衡型职能结构。这可能说明当企业员工规模扩大到一定程度，高管团队职能结构的复杂性将越来越高，需要设置的职能型高管将更多。

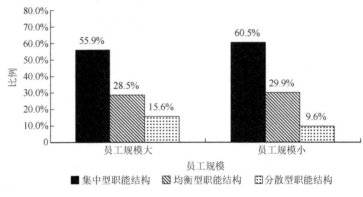

图 3-15　高管团队职能组合的企业规模分布

## 3.3　高管团队职能结构的影响效果

选取企业挂牌当年年底总资产、营业收入、净利润、总资产增长率、营业收入增长率及净利润增长率六项指标作为衡量企业经营业绩的指标，选取企业挂牌当年年底的著作权数量、专利数量、产品与服务创新得分三项指标作为衡量企业创新的指标。

由于 969 家企业中有 23 家企业在营业收入、总资产增长率、营业收入增长率、净利润增长率、著作权数量、专利数量方面存在极端值，为防止极端值对分析结果的影响，故剔除含极端值的企业，最终剩余 946 家企业作为本节研究的样本。基于 946 家样本企业的数据，利用相关性分析、方差分析（analysis of variance，ANOVA）和 $t$ 检验等方法，分别分析单一职能角色和职能组合对企业经营业绩和企业创新的影响效果。

### 3.3.1　职能型高管对企业经营业绩的影响

1. CTO 岗位设置的影响

如表 3-8 所示，在新三板 IT 企业中高管团队是否设置 CTO 与企业挂牌当年年底的营业收入增长率呈显著负相关关系（相关系数为$-0.068$，$P=0.037$）。根据是否设置 CTO 对企业进行分组，组间企业在营业收入增长率的指标上呈现出显著性差异（$F=4.373$，$P=0.037$；$t=-1.987$，$P=0.047$），即设置 CTO 的企业营业收入增长率为 50%，显著低于没有设置 CTO 的企业的营业收入增长率 67%。除此之外，高管团队是否设置 CTO 与企业挂牌当年年底的总资产、营业收入、净利润、总资产增长率、净利润增长率没有明显相关关系，根据是否设置 CTO 进行分组，组间企业的该五项指标未呈现出显著性差异。

**表 3-8　企业高管团队 CTO 设置与企业经营业绩影响**

| 企业是否设置 CTO | | 总资产 | 营业收入 | 净利润 | 总资产增长率 | 营业收入增长率 | 净利润增长率 |
|---|---|---|---|---|---|---|---|
| 有 CTO | 平均值 | 1.00 | 0.75 | 0.08 | 0.66 | 0.50 | 0.59 |
| | 标准差 | 1.65 | 1.14 | 0.18 | 1.07 | 0.88 | 7.27 |
| 无 CTO | 平均值 | 0.94 | 0.84 | 0.05 | 0.74 | 0.67 | 0.16 |
| | 标准差 | 1.74 | 1.40 | 0.42 | 1.55 | 1.51 | 7.19 |
| 相关性分析 | 相关系数 | 0.015 | $-0.034$ | 0.048 | $-0.028$ | $-0.068^{**}$ | 0.030 |
| | $P$ 值 | 0.644 | 0.300 | 0.144 | 0.387 | 0.037 | 0.364 |
| ANOVA | $F$ 值 | 0.213 | 1.074 | 2.133 | 0.750 | $4.373^{**}$ | 0.826 |
| | $P$ 值 | 0.644 | 0.300 | 0.144 | 0.387 | 0.037 | 0.364 |
| $t$ 检验 | $t$ 值 | 0.462 | $-1.015$ | 1.461 | $-0.835$ | $-1.987^{**}$ | 0.909 |
| | $P$ 值 | 0.644 | 0.310 | 0.144 | 0.404 | 0.047 | 0.364 |

\*\*表示在 95%的置信水平下存在显著性

在经济发展程度不同的地区下，进一步分析企业高管团队 CTO 设置对企业经营业绩的影响。结果显示，在经济发展较发达地区，企业高管团队 CTO 设置与挂牌当年年底的营业收入增长率指标的相关性变得不显著，但与挂牌当年年底的营业收入指标的相关性呈现出显著的负相关关系（相关系数为$-0.069$，$P=0.061$）。设置了 CTO 的企业挂牌当年年底的营业收入均值为 0.74，显著低于没有设置 CTO 的企业挂牌当年年底的营业收入均值 0.89（$F=3.534$，$P=0.061$；$t=-1.184$，$P=0.070$）。

在经济发展次发达地区，企业高管团队 CTO 设置与挂牌当年年底的总资产指标的相关性变为显著正相关（相关系数 0.179，$P=0.012$），同时与挂牌当年年底的营业收入增长率指标仍然呈现出显著的负相关关系（相关系数为$-0.123$，$P=0.087$）。根据是否设置CTO对企业进行分组,设置了CTO的企业挂牌当年年底的总资产均值为1.14,显著高于没有设置CTO的企业挂牌当年年底的总资产均值0.59($F=6.361$,$P=0.012$;$t=2.612$,$P=0.010$);设置了CTO的企业挂牌当年年底的营业收入增长率均值为42.0%,显著低于没有设置CTO的企业挂牌当年年底的营业收入增长率均值85.2%($F=2.957$,$P=0.087$;$t=-1.659$,$P=0.100$)。

对比分析不同行业内企业高管团队设置CTO对企业经营业绩的影响。结果显示,仅在互联网和相关服务(I64),高管团队是否设置CTO与企业挂牌当年年底的营业收入呈现出明显的负相关关系(相关系数为-0.135,$P=0.052$)。设置了CTO的企业在挂牌当年年底的营业收入均值0.8,显著低于没有设置CTO的企业在挂牌当年年底的营业收入均值1.27($F=3.830$,$P=0.052$;$t=-2.139$,$P=0.034$)。

考虑企业年龄不同,将企业分为生存年限大于或等于8年、生存年限小于8年两组,进一步分析企业高管团队CTO设置对企业经营业绩的影响。结果显示,在生存年限小于8年的企业集合内,高管团队是否设置CTO与企业挂牌当年年底的营业收入呈现出明显的负相关关系(相关系数为-0.088,$P=0.084$)。设置了CTO的企业在挂牌当年年底的营业收入均值为0.52,显著低于没有设置CTO的企业在挂牌当年年底的营业收入均值0.75($F=3.008$,$P=0.084$;$t=-1.879$,$P=0.061$)。

根据企业规模的大小,将不同规模的企业划分为员工规模大、员工规模小两组,在两组内进一步分析企业高管团队CTO设置对企业经营业绩的影响。结果显示,在员工规模大的企业分组内,高管团队是否设置CTO与企业挂牌当年年底的营业收入增长率仍然呈现出明显的负相关关系(相关系数为-0.109,$P=0.019$)。设置了CTO的企业在挂牌当年年底的营业收入增长率均值42%,显著低于没有设置CTO的企业在挂牌当年年底的营业收入增长率均值66%($F=5.497$,$P=0.019$;$t=-2.150$,$P=0.032$)。

### 2. COO岗位设置的影响

新三板IT企业中,高管团队是否设置COO与企业挂牌当年年底的总资产、营业收入、净利润、总资产增长率、营业收入增长率和净利润增长率六项业绩指标均没有明显相关关系。根据是否设置COO进行分组,组间企业的该六项指标均未呈现出显著性差异。

在经济发展程度不同的地区下,进一步分析企业高管团队COO设置与企业经营业绩的影响。结果显示,在经济发展较发达地区,根据企业高管团队是否设置COO进行分组,组间企业在营业收入增长率指标上呈现出显著性差异($t=-1.784$,$P=0.075$)。设置了COO的企业在挂牌当年年底的营业收入增长率均值为45.5%,显著低于没有设置COO的企业在挂牌当年年底的营业收入增长率均值59.2%。

在经济发展次发达地区，企业高管团队 COO 设置与企业挂牌当年年底的净利润指标呈显著正相关（相关系数为 0.122，$P = 0.089$）。根据企业高管团队是否设置 COO 进行分组，组间企业在净利润指标上呈现出显著性差异（$F = 2.928$，$P = 0.089$）。设置了 COO 的企业在挂牌当年年底的净利润均值为 0.11，显著高于没有设置 COO 的企业在挂牌当年年底的净利润均值 0.06。

进一步分析不同行业内企业高管团队 COO 设置与企业经营业绩的影响。结果显示，在互联网和相关服务（I64），根据企业高管团队是否设置 COO 进行分组，组间企业在营业收入指标上呈现出显著性差异（$t = -1.813$，$P = 0.072$）。设置了 COO 的企业在挂牌当年年底的营业收入均值为 0.79，显著低于没有设置 COO 的企业在挂牌当年年底的营业收入均值 1.16。

在软件和信息技术服务业（I65），企业高管团队 COO 设置与企业挂牌当年年底的营业收入增长率指标呈显著负相关（相关系数为 -0.072，$P = 0.053$）。根据企业高管团队是否设置 COO 进行分组，组间企业在营业收入增长率指标上呈现出显著性差异（$F = 3.772$，$P = 0.053$；$t = -2.520$，$P = 0.012$）。设置了 COO 的企业在挂牌当年年底的营业收入增长率均值为 -3.8%，显著低于没有设置 COO 的企业在挂牌当年年底的营业收入增长率均值 66.5%。

考虑企业年龄不同，将企业分为生存年限大于或等于 8 年、生存年限小于 8 年两组，进一步分析企业高管团队 COO 设置与企业经营业绩的影响。结果显示，在生存年限小于 8 年的企业分组内，高管团队是否设置 COO 与企业挂牌当年年底的净利润增长率呈现出显著负相关（相关系数为 -0.087，$P = 0.089$）。设置了 COO 的企业在挂牌当年年底的营业收入增长率均值为 -71.5%，显著低于没有设置 COO 的企业在挂牌当年年底的营业收入增长率均值 84.8%（$F = 2.909$，$P = 0.089$；$t = -1.706$，$P = 0.089$）。

3. CMO 岗位设置的影响

新三板 IT 企业中，高管团队是否设置 CMO 与企业挂牌当年年底的净利润增长率呈现显著的正相关关系（相关系数为 0.061，$P = 0.063$），而与挂牌当年年底的总资产、营业收入、净利润、总资产增长率和营业收入增长率没有明显的相关关系。根据是否设置 CMO 这一职能岗位进行分组，组间企业在总资产和净利润增长率指标上均呈现出显著差异。如表 3-9 所示，高管团队设置 CMO 的企业在挂牌当年年底的总资产均值为 0.83，显著低于没有设置 CMO 的企业在挂牌当年年底的总资产均值 1.03（$t = -1.952$，$P = 0.051$）；设置 CMO 的企业在挂牌当年年底的净利润增长率均值为 108%，显著高于没有设置 CMO 的企业的净利润增长率均值 11%（$F = 3.470$，$P = 0.063$；$t = 1.863$，$P = 0.063$）。

表 3-9　企业高管团队 CMO 设置与企业经营业绩影响

| 企业是否设置 CMO | | 总资产 | 营业收入 | 净利润 | 总资产增长率 | 营业收入增长率 | 净利润增长率 |
|---|---|---|---|---|---|---|---|
| 有 CMO | 平均值 | 0.83 | 0.72 | 0.06 | 0.66 | 0.53 | 1.08 |
| | 标准差 | 1.14 | 0.87 | 0.15 | 1.40 | 1.01 | 7.08 |
| 无 CMO | 平均值 | 1.03 | 0.82 | 0.07 | 0.71 | 0.59 | 0.11 |
| | 标准差 | 1.87 | 1.39 | 0.36 | 1.27 | 1.28 | 7.28 |
| 相关性分析 | 相关系数 | −0.053 | −0.037 | −0.011 | −0.020 | −0.024 | 0.061* |
| | P 值 | 0.108 | 0.259 | 0.744 | 0.550 | 0.473 | 0.063 |
| ANOVA | F 值 | 2.590 | 1.278 | 0.107 | 0.358 | 0.516 | 3.470* |
| | P 值 | 0.108 | 0.259 | 0.744 | 0.550 | 0.473 | 0.063 |
| t 检验 | t 值 | −1.952* | −1.361 | −0.445 | −0.599 | −0.718 | 1.863* |
| | P 值 | 0.051 | 0.174 | 0.657 | 0.550 | 0.473 | 0.063 |

*表示在 90% 的置信水平下存在显著性

　　进一步分析经济发展程度不同的地区内企业高管团队 CMO 设置对企业经营业绩的影响。在经济发展程度较发达地区内，高管团队是否设置 CMO 与企业挂牌当年年底的总资产的相关性变为显著负相关（相关系数为 −0.085，$P = 0.021$），与挂牌当年年底的净利润增长率仍然显著正相关（相关系数 0.082，$P = 0.026$）。根据是否设置 CMO 进行分组，组间企业的总资产、营业收入和净利润增长率指标均呈现出显著差异。设置了 CMO 的企业在挂牌当年年底的总资产均值为 0.77，营业收入均值为 0.71，显著低于没有设置 CMO 的企业的总资产均值 1.09（$F = 5.351$，$P = 0.021$；$t = -3.037$，$P = 0.002$）和营业收入均值 0.84（$t = -1.710$，$P = 0.088$）；设置 CMO 的企业在挂牌当年年底的净利润增长率均值为 120%，显著高于没有设置 CMO 的企业在挂牌当年年底的净利润增长率均值 −1%（$F = 4.971$，$P = 0.026$；$t = 2.230$，$P = 0.026$）。在经济发展程度次发达地区，高管团队是否设置 CMO 与六项业绩指标均不存在明显的相关关系。根据是否设置 CMO 进行分组，组间企业的六项业绩指标仍未呈现出显著差异。

　　对比分析不同行业内企业高管团队 CMO 设置对企业经营业绩的影响。结果显示，在互联网和相关服务（I64）内，高管团队是否设置 CMO 与企业挂牌当年年底的净利润增长率显著正相关（相关系数为 0.135，$P = 0.052$）。根据是否设置 CMO 进行分组，组间企业的营业收入和净利润增长率指标均呈现出显著差异，设置了 CMO 的企业在挂牌当年年底的营业收入均值为 0.78，显著低于没有设置 CMO 的企业的营业收入均值 1.15（$t = -1.946$，$P = 0.053$）；设置 CMO 的企业在挂牌当年年底的净利润增长率均值为 160%，显著高于没有设置 CMO 的企业在挂牌当年年底的净利润增长率均值–44%（$F = 3.826$，$P = 0.052$；$t = 1.956$，$P = 0.052$）。

在软件和信息技术服务业（I65）内，高管团队是否设置 CMO 与六项业绩指标均不存在明显的相关关系。根据是否设置 CMO 进行分组，组间企业在营业收入、净利润、总资产增长率、营业收入增长率和净利润增长率五项指标上均未表现出显著差异，而在总资产指标上呈现出显著差异（$t = -1.762$，$P = 0.078$），设置了 CMO 的企业在挂牌当年年底的总资产均值为 0.81，显著低于没有设置 CMO 的企业在挂牌当年年底的总资产均值 1.01。

考虑企业年龄的不同，将企业分为生存年限大于或等于 8 年、生存年限小于 8 年两组，进一步分析高管团队 CMO 设置对企业经营业绩的影响。结果显示，在生存年限大于或等于 8 年的企业内，高管团队是否设置 CMO 与企业挂牌当年年底的总资产显著负相关（相关系数为–0.076，$P = 0.076$），而与挂牌当年年底的净利润增长率指标的相关关系由总体显著变为不同企业内部的不显著。根据是否设置 CMO 进行分组，组间企业在总资产指标呈现出显著差异（$F = 3.152$，$P = 0.076$；$t = -2.107$，$P = 0.036$），设置了 CMO 的企业在挂牌当年年底的总资产均值为 0.94，显著低于没有设置 CMO 的企业的总资产均值 1.25。

在生存年限小于 8 年的企业内，高管团队是否设置 CMO 与企业挂牌当年年底的净利润增长率仍然显著正相关（相关系数为 0.088，$P = 0.085$）。设置了 CMO 的企业在挂牌当年年底的净利润增长率均值为 176%，显著高于没有设置 CMO 的企业在挂牌当年年底的净利润增长率均值 19%（$F = 2.984$，$P = 0.085$；$t = 1.727$，$P = 0.085$）。

根据企业规模的大小，将企业划分为员工规模大、员工规模小两组，进一步分析高管团队 CMO 设置对企业经营业绩的影响。结果显示，在员工规模大的企业内，根据是否设置 CMO 进行分组，组间企业在总资产和总资产增长率上呈现出显著差异，设置 CMO 的企业在挂牌当年年底的总资产和总资产增长率均值分别为 1.29 和 51%，显著低于未设置 CMO 的企业在挂牌当年年底的总资产均值 1.63（$t = -1.795$，$P = 0.073$）和总资产增长率均值 73%（$t = -1.927$，$P = 0.055$）。在员工规模小的企业内，CMO 岗位设置与六项业绩指标均未呈现出显著差异。

4. CAO 岗位设置的影响

如表 3-10 所示，新三板 IT 企业中，高管团队是否设置 CAO 与企业挂牌当年年底的营业收入和净利润增长率呈现显著的正相关关系（相关系数为 0.056，$P = 0.088$；相关系数为 0.059，$P = 0.070$），而与挂牌当年年底的总资产、净利润、总资产增长率和营业收入增长率没有明显的相关关系。根据是否设置 CAO 这一职能岗位进行分组，组间企业在营业收入和净利润增长率指标上均呈现出显著差异。高管团队设置 CAO 的企业在挂牌当年年底的营业收入均值为 0.91，净利润增长率均值为 111%，显著高于没有设置 CAO 的企业的营业收入均值 0.75（$F = 2.915$，$P = 0.088$；$t = 1.707$，$P = 0.088$）和净利润增长率均值 14%（$F = 3.296$，$P = 0.070$；$T = 1.815$，$P = 0.070$）。这说明相对于未设置 CAO 的企业，设置 CAO 的企业的营业收入和净利润增长率较高，企业更可能拥有更好的业绩。

表 3-10 企业高管团队 CAO 设置与企业经营业绩影响

| 企业是否设置 CAO | | 总资产 | 营业收入 | 净利润 | 总资产增长率 | 营业收入增长率 | 净利润增长率 |
|---|---|---|---|---|---|---|---|
| 有 CAO | 平均值 | 1.01 | 0.91 | 0.08 | 0.70 | 0.52 | 1.11 |
| | 标准差 | 1.41 | 1.47 | 0.23 | 1.41 | 1.03 | 6.41 |
| 无 CAO | 平均值 | 0.96 | 0.75 | 0.06 | 0.70 | 0.60 | 0.14 |
| | 标准差 | 1.78 | 1.18 | 0.34 | 1.27 | 1.26 | 7.49 |
| 相关性分析 | 相关系数 | 0.012 | 0.056* | 0.024 | 0.002 | −0.028 | 0.059* |
| | $P$ 值 | 0.706 | 0.088 | 0.468 | 0.950 | 0.395 | 0.070 |
| ANOVA | $F$ 值 | 0.142 | 2.915* | 0.527 | 0.004 | 0.725 | 3.296* |
| | $P$ 值 | 0.706 | 0.088 | 0.468 | 0.950 | 0.395 | 0.070 |
| $t$ 检验 | $t$ 值 | 0.377 | 1.707* | 0.726 | 0.063 | −0.851 | 1.815* |
| | $P$ 值 | 0.706 | 0.088 | 0.468 | 0.950 | 0.395 | 0.070 |

*表示在 90% 的置信水平下存在显著性

在经济发展程度不同的情况下，对比分析高管团队 CAO 设置对企业经营业绩的影响。结果显示，在次发达地区内，高管团队是否设置 CAO 与企业挂牌当年年底的总资产增长率的相关性变为显著负相关（相关系数为 −0.124，$P = 0.084$），与挂牌当年年底的净利润增长率显著正相关（相关系数为 0.121，$P = 0.092$）。根据是否设置 CAO 进行分组，设置了 CAO 的企业在挂牌当年年底的总资产增长率均值为 38%，显著低于没有设置 CAO 的企业的总资产增长率均值 85%（$F = 3.021$，$P = 0.084$；$t = -2.651$，$P = 0.009$）；设置 CAO 的企业在挂牌当年年底的净利润增长率均值为 236%，显著高于没有设置 CAO 的企业在挂牌当年年底的净利润增长率均值 −7%（$F = 2.862$，$P = 0.092$；$t = 1.692$，$P = 0.092$）。在较发达地区，高管团队设置 CAO 岗位与六项业绩指标均不存在明显的相关关系，根据是否设置 CAO 进行分组，组间也未呈现出显著差异。

　　对比分析不同行业内企业高管团队 CAO 设置对企业经营业绩的影响。结果显示，在互联网和相关服务（I64）内，高管团队设置 CAO 岗位与企业挂牌当年年底的净利润增长率仍然显著正相关（相关系数为 0.189，$P = 0.006$），而与挂牌当年年底的营业收入指标的相关性由总体显著变为行业间的不显著。根据是否设置 CAO 进行分组，组间企业的净利润增长率指标呈现出显著差异（$F = 7.688$，$P = 0.006$；$t = 2.773$，$P = 0.006$）。设置了 CAO 的企业在挂牌当年年底的净利润增长率均值为 199%，显著高于没有设置 CAO 的企业在挂牌当年年底的净利润增长率均值–70%。在软件和信息技术服务业（I65）内，高管团队设置 CAO 岗位与六项业绩指标均不存在明显的相关关系，根据是否设置 CAO 进行分组，组间也未呈现出显著差异。

　　考虑企业规模的不同，将企业划分为员工规模大、员工规模小两组，进一步分析企业高管团队 CAO 设置对企业经营业绩的影响。结果显示，在员工规模大的企业分组内，高管团队是否设置 CAO 与企业挂牌当年年底的净利润增长率仍然显著正相关（相关系数为 0.088，$P = 0.060$），而与挂牌当年年底的营业收入指标的相关性由总体显著变为不同企业间的不显著。根据是否设置 CAO 进行分组，组间企业的净利润增长率指标呈现出显著差异（$F = 3.543$，$P = 0.060$；$t = 1.882$，$P = 0.060$）。设置了 CAO 的企业在挂牌当年年底的净利润增长率均值为 133%，显著高于没有设置 CAO 的企业在挂牌当年年底的净利润增长率均值 23%。在员工规模小的企业分组内，高管团队是否设置 CAO 与六项业绩指标均不存在明显的相关关系，根据是否设置 CAO 进行分组，组间也未呈现出显著差异。

### 3.3.2　职能型高管对企业创新的影响

　　1. CTO 岗位设置的影响

　　如表 3-11 所示，新三板 IT 企业中，高管团队是否设置 CTO 与企业挂牌当年年底的著作权数量、产品/服务创新得分呈现显著正相关关系（相关系数为 0.163，$P = 0.000$；相关系数为 0.097，$P = 0.003$）。根据是否设置 CTO 对企业进行分组，组间企业在著作权数量（$F = 25.604$，$P = 0.000$；$t = 5.269$，$P = 0.000$）、产品/服务创新得分（$F = 8.905$，$P = 0.003$；$t = 2.949$，$P = 0.003$）指标上呈现出显著性差异，设置 CTO 的企业在挂牌当年年底的著作权数量均值为 23.51，产品/服务创新得分为 3.13，显著高于没有设置 CTO 的企业的著作权数量均值 16.58、产品/服务创新得分 2.99。此外，虽然没有统计意义上的显著性，但从样本数据来看，高管团队是否设置 CTO 与企业挂牌当年年底的专利数量正相关，设置 CTO 的企业的专利数量均值为 3.67，高于没有设置 CTO 的企业的专利数量均值 3.04。综上说明设置 CTO 对企业创新有显著的促进作用。

**表 3-11　企业高管团队 CTO 设置与企业创新影响**

| 企业是否设置CTO | | 著作权数量 | 专利数量 | 产品/服务创新得分 |
|---|---|---|---|---|
| 有 CTO | 平均值 | 23.51 | 3.67 | 3.13 |
| | 标准差 | 24.39 | 8.54 | 0.70 |
| 无 CTO | 平均值 | 16.58 | 3.04 | 2.99 |
| | 标准差 | 15.83 | 8.27 | 0.79 |
| 相关性分析 | 相关系数 | 0.163*** | 0.038 | 0.097*** |
| | P 值 | 0.000 | 0.247 | 0.003 |
| ANOVA | F 值 | 25.604*** | 1.344 | 8.905*** |
| | P 值 | 0.000 | 0.247 | 0.003 |
| t 检验 | t 值 | 5.269*** | 1.159 | 2.949*** |
| | P 值 | 0.000 | 0.247 | 0.003 |

\*\*\*表示在 99%的置信水平下存在显著性

　　根据经济发展程度不同将企业所在地区划分为较发达地区和次发达地区,在较发达地区和次发达地区内部进一步分析企业高管团队 CTO 设置对企业创新的影响。结果显示,无论是较发达地区内部还是次发达地区内部,高管团队是否设置 CTO 仍然与企业挂牌当年年底的著作权数量(较发达地区的相关系数为 0.151,$P=0.000$。次发达地区的相关系数为 0.197,$P=0.006$)和产品/服务创新得分呈现出显著正相关关系(较发达地区的相关系数为 0.075,$P=0.040$。次发达地区的相关系数为 0.164,$P=0.021$),以企业是否设置 CTO 进行分组,组间企业在著作权数量和产品/服务创新得分的指标上呈现出显著的差异性。

　　在经济发展程度较发达地区,设置了 CTO 的企业在挂牌当年年底的著作权数量均值为 23.65,产品/服务创新得分均值为 3.14,显著高于未设置 CTO 的企业在挂牌当年年底的著作权数量均值 17.45($F=17.484$,$P=0.000$；$t=4.353$,$P=0.000$)和产品/服务创新得分均值 3.03($F=4.241$,$P=0.040$；$t=2.059$,$P=0.040$)。在经济发展程度次发达地区,设置了 CTO 的企业在挂牌当年年底的著作权数量和产品/服务创新得分均值分别为 22.96 和 3.08,显著高于未设置 CTO 的企业在挂牌当年年底的著作权数量均值 13.44($F=7.812$,$P=0.006$；$t=2.877$,$P=0.005$)和 2.82($F=5.385$,$P=0.021$；$t=2.300$,$P=0.023$)。

　　对比分析不同行业内企业高管团队 CTO 设置对企业创新的影响。结果显示,无论是互联网和相关服务(I64)还是软件和信息技术服务业(I65),高管团队是否设置 CTO 与企业挂牌当年年底的著作权数量均呈显著正相关(I64 相关系数为 0.166,$P=0.016$；I65 相关系数为 0.152,$P=0.000$)。在互联网和相关服务内,设置 CTO

的企业著作权数量均值为 21.78，显著高于没有设置 CTO 的企业著作权数量均值 14.57
（$F = 5.954$，$P = 0.016$；$t = 2.256$，$P = 0.026$）；在软件和信息技术服务业内，设置
CTO 的企业著作权数量均值为 23.87，显著高于没有设置 CTO 的企业均值 17.38
（$F = 17.212$，$P = 0.000$；$t = 4.428$，$P = 0.000$）。

根据企业年龄对企业进行分组，对比分析不同生存年限企业分组下高管团队
CTO 设置对企业创新的影响。结果显示，无论是生存年限大于或等于 8 年的企业内
部还是生存年限小于 8 年的企业内部，高管团队是否设置 CTO 与企业挂牌当年年底
的著作权数量仍然呈显著正相关（生存年限大于或等于 8 年相关系数为 0.127，
$P = 0.003$；生存年限小于 8 年相关系数为 0.110，$P = 0.029$）。其中，在生存年限小
于 8 年的企业分组内，设置 CTO 的企业著作权数量均值为 16.62，显著高于没有设置
CTO 的企业均值 12.78（$F = 4.820$，$P = 0.029$；$t = 2.032$，$P = 0.043$）。

在生存年限大于或等于 8 年的企业分组内，设置 CTO 的企业著作权数量均值
为 26.83，显著高于没有设置 CTO 的企业均值 20.83（$F = 9.018$，$P = 0.003$；$t = 3.253$，
$P = 0.001$）。同时，高管团队是否设置 CTO 与企业挂牌当年年底的产品/服务创新得
分仍然显著正相关（相关系数为 0.072，$P = 0.090$），设置 CTO 的企业产品/服务创
新得分均值为 3.18，显著高于没有设置 CTO 的企业均值 3.07（$F = 2.891$，$P = 0.090$；
$t = 1.700$，$P = 0.090$）。

考虑企业规模的不同，分成员工规模大和员工规模小两组，对比分析不同分组
下高管团队 CTO 设置与企业创新的影响。结果显示，无论是员工规模大的企业分
组内部还是员工规模小的企业分组内部，高管团队是否设置 CTO 与企业挂牌当年
年底的著作权数量仍然呈显著正相关（员工规模大相关系数为 0.187，$P = 0.000$；
员工规模小相关系数为 0.156，$P = 0.001$）。在员工规模小的企业分组内，设置 CTO
的企业著作权数量均值为 14.75，显著高于没有设置 CTO 的企业的著作权数量均值
11.34（$F = 11.852$，$P = 0.001$；$t = 3.443$，$P = 0.001$）。类似地，在员工规模大的企
业分组内，设置 CTO 的企业著作权数量均值为 32.07，显著高于没有设置 CTO 的
企业均值 22.22（$F = 16.913$，$P = 0.000$；$t = 4.330$，$P = 0.000$）。同时，在员工规
模大的企业分组内，高管团队是否设置 CTO 与企业挂牌当年年底的产品/服务创新
得分仍然显著正相关（相关系数为 0.144，$P = 0.002$），设置 CTO 的企业产品/服务
创新得分均值为 3.31，显著高于没有设置 CTO 的企业均值 3.11（$F = 9.912$，
$P = 0.002$；$t = 3.061$，$P = 0.002$）。

2. COO 岗位设置的影响

如表 3-12 所示，新三板 IT 企业中，高管团队设置 COO 岗位与企业挂牌当年年
底的著作权数量显著正相关（相关系数为 0.060，$P = 0.065$）。根据是否设置 COO 进

行分组，两组企业的著作权数量呈现出显著性差异，设置 COO 的企业著作权数量均值为 22.73，显著高于没有设置 COO 的企业均值 19.70（$F = 3.402$，$P = 0.065$）。

**表 3-12　企业高管团队 COO 设置与企业创新影响**

| 企业是否设置 COO | | 著作权数量 | 专利数量 | 产品/服务创新得分 |
|---|---|---|---|---|
| 有 COO | 平均值 | 22.73 | 2.95 | 3.05 |
| | 标准差 | 27.27 | 8.84 | 0.74 |
| 无 COO | 平均值 | 19.70 | 3.51 | 3.07 |
| | 标准差 | 19.08 | 8.30 | 0.74 |
| 相关性分析 | 相关系数 | 0.060* | −0.028 | −0.010 |
| | P 值 | 0.065 | 0.392 | 0.765 |
| ANOVA | F 值 | 3.402* | 0.733 | 0.089 |
| | P 值 | 0.065 | 0.392 | 0.765 |
| t 检验 | T 值 | 1.526 | −0.856 | −0.299 |
| | P 值 | 0.128 | 0.392 | 0.765 |

*表示在 90%的置信水平下存在显著性

对比分析经济发展程度不同的地区内企业高管团队 COO 设置对企业创新的影响。结果显示，在次发达地区内，高管团队是否设置 COO 与企业挂牌当年年底的专利数量、产品/服务创新得分不存在明显相关关系，与企业挂牌当年年底的著作权数量显著正相关（相关系数为 0.225，$P = 0.002$）。根据高管团队是否设置 COO 进行分组，组间企业的著作权数量均值呈现出显著性差异（$F = 10.319$，$P = 0.002$；$t = 2.075$，$P = 0.043$）。高管团队设置 COO 的企业著作权数量均值为 27.98，显著高于没有设置 COO 的企业的著作权数量均值 15.35。在较发达地区内，高管团队是否设置 COO 与企业挂牌当年年底的著作权数量、专利数量、产品/服务创新得分没有明显相关关系，根据是否设置 COO 进行分组，组间企业的该三项指标均未呈现出显著性差异。

分析不同行业内企业高管团队 COO 设置对企业创新的影响。结果显示，在互联网和相关服务（I64）内，高管团队是否设置 COO 与企业挂牌当年年底的专利数量、产品/服务创新得分不存在明显相关关系，与企业挂牌当年年底的著作权数量呈显著正相关（相关系数为 0.141，$P = 0.040$）。ANOVA 结果显示，根据高管团队是否设置 COO 进行分组，高管团队设置 COO 的企业著作权数量均值为 22.87，显著高于没有设置 COO 的企业的著作权数量均值 15.89（$F = 4.258$，$P = 0.040$）。在软件和信息技术服务业（I65）内，高管团队是否设置 COO 与企业挂牌当年年底的著作权数量、专利数量、产品/服务创新得分没有明显相关关系，根据是否设置 COO 进行分组，组间企业的该三项指标均未呈现出显著性差异。

根据企业年龄不同，进一步分析不同生存年限企业分组下高管团队 COO 设置对企业创新的影响。结果显示，在生存年限大于或等于 8 年的企业内部，高管团队是否设置 COO 与企业挂牌当年年底的著作权数量显著正相关（相关系数为 0.076，$P=0.075$），高管团队设置了 COO 的企业著作权数量均值为 27.73，显著高于没有设置 COO 的企业著作权数量均值 23.69（$F=3.172$，$P=0.075$）；在生存年限小于 8 年的企业内部，高管团队是否设置 COO 与企业挂牌当年年底的著作权数量、专利数量、产品/服务创新得分均没有明显相关关系，根据是否设置 COO 进行分组，组间企业的该三项指标也仍未呈现出显著性差异。

3. CMO 岗位设置的影响

新三板 IT 企业中，高管团队是否设置 CMO 与企业挂牌当年年底的著作权数量、专利数量和产品/服务创新得分均不存在明显的相关关系。根据高管团队是否设置 CMO 进行分组，组间企业的该三项创新指标均未表现出显著差异。

进一步分析 CMO 岗位设置与地区、行业、企业年龄和企业规模的交互影响。结果显示，当考虑企业所在地区的经济发展程度不同，以及企业所在行业不同时，高管团队设置 CMO 岗位与企业挂牌当年年底的著作权数量、专利数量和产品/服务创新得分均不存在明显的相关关系，且根据高管团队是否设置 CMO 进行分组，组间企业的该三项创新指标均未表现出显著差异。

对比分析不同生存年限企业内高管团队 CMO 设置对企业创新的影响。结果显示，在生存年限小于 8 年的企业内，高管团队设置 CMO 岗位与企业挂牌当年年底的专利数量变为显著的正相关关系（相关系数为 0.096，$P=0.058$）。根据是否设置 CMO 进行分组，设置了 CMO 的企业在挂牌当年年底的专利数量均值为 3.38，显著高于没有设置 CMO 的企业在挂牌当年年底的专利数量均值 1.99（$F=3.618$，$P=0.058$）。在生存年限大于或等于 8 年的企业内，高管团队是否设置 CMO 与企业挂牌当年年底的著作权数量、专利数量和产品/服务创新得分均不存在明显的相关关系。根据高管团队是否设置 CMO 进行分组，组间企业的该三项创新指标均未表现出显著差异。

考虑不同员工规模的企业高管团队 CMO 岗位设置对企业创新的影响。结果显示，在员工规模小的企业分组内，高管团队设置 CMO 岗位与企业挂牌当年年底的著作权数量变为显著的正相关关系（相关系数为 0.078，$P=0.088$）。以是否设置 CMO 进行分组，设置了 CMO 的企业在挂牌当年年底的著作权数量均值为 14.50，显著高于没有设置 CMO 的企业在挂牌当年年底的著作权数量均值 12.63（$F=2.915$，$P=0.088$；$t=1.707$，$P=0.088$）；在员工规模大的企业分组内，高管团队是否设置 CMO 与企业挂牌当年年底的著作权数量、专利数量和产品/服务创新得分仍不存在明显的相关关系。根据高管团队是否设置 CMO 进行分组，组间企业的该三项创新指标仍未表现出显著差异。

**4. CAO 岗位设置的影响**

如表 3-13 所示，新三板 IT 企业中，高管团队是否设置 CAO 与企业挂牌当年年底的著作权数量显著正相关（相关系数为 0.066，$P = 0.043$），与挂牌当年年底的专利数量和产品/服务创新得分的相关系数均为正，但不存在统计意义上的显著性。根据高管团队是否设置 CAO 进行分组，组间企业在挂牌当年年底的著作权数量上呈现出显著差异（$F = 4.122$，$P = 0.043$；$t = 1.795$，$P = 0.073$），设置了 CAO 的企业在挂牌当年年底的著作权数量均值为 22.73，显著高于没有设置 CAO 的企业的著作权数量均值 19.55。虽然在统计上不显著，但是从样本企业来看，设置了 CAO 的企业在挂牌当年年底的专利数量均值为 3.77，产品/服务创新得分均值为 3.10，显著高于没有设置 CAO 的企业的专利数量均值 3.25 和产品/服务创新得分均值 3.05。这说明相比未设置 CAO 的企业，设置 CAO 的企业的创新成果更多。

**表 3-13　企业高管团队 CAO 设置与企业创新影响**

| 企业是否设置 CAO | | 著作权数量 | 专利数量 | 产品/服务创新得分 |
|---|---|---|---|---|
| 有 CAO | 平均值 | 22.73 | 3.77 | 3.10 |
| | 标准差 | 25.39 | 9.31 | 0.72 |
| 无 CAO | 平均值 | 19.55 | 3.25 | 3.05 |
| | 标准差 | 19.50 | 8.08 | 0.75 |
| 相关性分析 | 相关系数 | 0.066** | 0.027 | 0.028 |
| | $P$ 值 | 0.043 | 0.401 | 0.393 |
| ANOVA | $F$ 值 | 4.122** | 0.707 | 0.731 |
| | $P$ 值 | 0.043 | 0.401 | 0.393 |
| $t$ 检验 | $t$ 值 | 1.795* | 0.841 | 0.855 |
| | $P$ 值 | 0.073 | 0.401 | 0.393 |

*、**分别表示在 90%、95%的置信水平下存在显著性

进一步分析 CAO 岗位设置与地区、行业、企业年龄和企业规模的交互影响。结果显示，当企业所在地区的经济发展程度以及企业年龄不同时，高管团队设置 CAO 岗位与企业挂牌当年年底的著作权数量、专利数量和产品/服务创新得分均不存在明显的相关关系，且根据高管团队是否设置 CAO 进行分组，组间企业的该三项创新指标均未表现出显著差异。

对比分析不同行业内企业高管团队 CAO 设置对企业创新的影响。结果显示，在

软件和信息技术服务业（I65）内，高管团队是否设置 CAO 与企业挂牌当年年底的著作权数量仍为显著的正相关关系（相关系数为 0.070，$P=0.059$）。以是否设置 CAO 进行分组，设置了 CAO 的企业在挂牌当年年底的著作权数量均值为 23.81，显著高于没有设置 CAO 的企业在挂牌当年年底的著作权数量均值 20.30（$F=3.590$，$P=0.059$；$t=1.747$，$P=0.082$）。

考虑员工规模的不同，分析高管团队 CAO 设置对企业创新的影响。结果显示，在员工规模大的企业分组内，高管团队是否设置 CAO 与企业挂牌当年年底的产品/服务创新得分变为显著的负相关关系（相关系数为 –0.077，$P=0.094$）。根据高管团队是否设置 CAO 进行分组，设置 CAO 的企业在挂牌当年年底的产品/服务创新得分均值为 3.14，显著低于未设置 CAO 的企业在挂牌当年年底的产品/服务创新得分均值 3.25（$F=2.813$，$P=0.094$）。在员工规模小的企业分组内，高管团队是否设置 CAO 与企业挂牌当年年底的著作权数量和产品/服务创新得分变为显著的正相关关系（相关系数为 0.078，$P=0.088$；相关系数为 0.097，$P=0.035$）。以是否设置 CAO 进行分组，设置了 CAO 的企业在挂牌当年年底的著作权数量均值为 14.74，产品/服务创新得分均值为 3.05，显著高于没有设置 CAO 的企业在挂牌当年年底的著作权数量均值 12.71（$F=2.926$，$P=0.088$；$t=1.711$，$P=0.088$）和产品/服务创新得分均值 2.87（$F=4.488$，$P=0.035$；$t=2.285$，$P=0.023$）。

### 3.3.3　职能型高管组合对企业经营业绩的影响

分析新三板 IT 企业高管团队职能组合对企业经营业绩的影响。结果显示，设置集中型职能结构、均衡型职能结构、分散型职能结构的企业在挂牌当年年底的总资产、营业收入、净利润、总资产增长率、营业收入增长率、净利润增长率六项指标上均不存在显著性差异，即高管团队职能组合设置对企业经营业绩无明显影响。

进一步分析高管团队职能组合与地区、行业、企业年龄和企业规模的交互影响。结果显示，当企业年龄和企业员工规模不同时，企业高管团队不同职能组合类型均与挂牌当年年底的总资产、净利润、总资产增长率、营业收入增长率和净利润增长率不存在显著差异。

分析经济发展程度不同的地区内企业高管团队职能组合对企业经营业绩的影响。结果显示，在较发达地区，不同职能组合类型在企业挂牌当年年底的营业收入指标上表现出显著差异（$F=2.461$，$P=0.086$）。集中型职能结构企业在挂牌当年年底的营业收入均值最高，为 0.88，其次是分散型职能结构，均值为 0.71，均衡型职能结构营业收入均值最低，为 0.70。在次发达地区内，不同职能组合类型在企业挂牌当年年底的总资产指标上存在显著性差异（$F=5.069$，$P=0.007$）。分散型职能结构、均衡型职能结构、集中型职能结构的总资产均值依次降低，分别为 1.65、1.03、0.65。

对比分析不同行业高管团队职能组合设置对企业经营业绩的影响。结果显示，在互联网和相关服务（I64）内，不同类型职能组合在挂牌当年年底营业收入指标的表现上存在显著差异（$F = 2.342$，$P = 0.099$）。其中，集中型职能结构在挂牌当年年底的营业收入均值最高，为 1.25，分散型职能结构次之，均值为 0.72，均衡型职能结构在挂牌当年年底的营业收入均值最低，为 0.69。

### 3.3.4 职能型高管组合对企业创新的影响

分析新三板 IT 企业高管团队职能组合设置对企业创新的影响。结果显示，不同职能组合类型在企业挂牌当年年底的著作权数量、产品/服务创新得分均值上存在显著性差异（$F = 11.503$，$P = 0.000$；$F = 2.525$，$P = 0.081$）。设置分散型职能结构的企业著作权数量均值最高，为 29.00，其次是均衡型职能结构，均值为 19.53，集中型职能结构的著作权数量均值最低，为 18.96。此外，按照高管团队职能组合设置对企业分组，组间企业在挂牌当年年底的专利数量上无显著性差异（表 3-14）。

表 3-14　企业高管团队职能组合设置与企业创新影响

| 职能组合设置 | | 著作权数量 | 专利数量 | 产品/服务创新得分 |
|---|---|---|---|---|
| 集中型职能结构 | 平均值 | 18.96 | 3.35 | 3.02 |
| | 标准差 | 19.64 | 8.33 | 0.76 |
| 均衡型职能结构 | 平均值 | 19.53 | 3.69 | 3.13 |
| | 标准差 | 17.94 | 8.88 | 0.72 |
| 分散型职能结构 | 平均值 | 29.00 | 2.84 | 3.13 |
| | 标准差 | 31.28 | 7.79 | 0.69 |
| ANOVA | $F$ 值 | 11.503*** | 0.434 | 2.525* |
| | $P$ 值 | 0.000 | 0.648 | 0.081 |

*、***分别表示在 90%、99%的置信水平下存在显著性

进一步分析高管团队职能组合与地区、行业、企业年龄和企业规模的交互影响。结果显示，无论是较发达地区还是次发达地区，高管团队不同职能组合在挂牌当年年底的著作权数量均值上存在显著性差异（$F = 3.935$，$P = 0.020$；$F = 11.002$，$P = 0.000$）。在较发达地区，设置分散型职能结构的企业的著作权数量均值最高，为 26.42，其次是设置均衡型职能结构的企业，著作权数量均值为 20.46，设置集中型职能结构的企业在挂牌当年年底的著作权数量均值最低，为 19.95。在次发达地区，同样是设置分散型职能结构的企业的著作权数量均值最高，为 37.78，其次是设置集中型职能结构的企业，著作权数量均值为 15.48，而设置均衡型职能结构的企业在挂牌当年年底的

著作权数量均值相对最低，为 15.04。

对比分析不同行业内高管团队职能组合对企业创新的影响。结果显示，无论是在互联网和相关服务（I64）内还是在软件和信息技术服务业（I65）内，高管团队不同职能组合在企业挂牌当年年底的著作权数量上的表现存在显著差异（I64 的 $F = 5.680$，$P = 0.004$；I65 的 $F = 6.546$，$P = 0.002$）。在互联网和相关服务（I64）内，分散型职能结构在挂牌当年年底的著作权数量均值最高，为 32.70，集中型职能结构次之，均值为 16.21，均衡型职能结构在挂牌当年年底的著作权数量均值最低，为 15.64。在软件和信息技术服务业（I65）内，设置分散型职能结构、均衡型职能结构和集中型职能结构的企业在挂牌当年年底的著作权数量均值依次递减，分别为 28.25、20.40 和 19.91。

进一步考虑企业年龄不同，分析高管团队职能组合设置对企业创新的影响。结果显示，在生存年限大于或等于 8 年的企业内，高管团队不同职能组合在企业挂牌当年年底的著作权数量上存在显著差异（$F = 5.765$，$P = 0.003$），分散型职能结构在挂牌当年年底的著作权数量均值最高，为 32.00，集中型职能结构次之，均值为 23.81，均衡型职能结构在挂牌当年年底的著作权数量均值最低，为 22.44；在生存年限小于 8 年的企业内，不同职能组合在企业挂牌当年年底的著作权数量、专利数量和产品/服务创新得分三项创新指标上均不存在显著差异。

根据企业规模不同，分成员工规模大和员工规模小两组，进一步分析不同企业分组下高管团队职能组合设置对企业创新的影响。结果显示，在员工规模大的企业中，高管团队不同职能组合在企业挂牌当年年底的著作权数量上存在显著差异（$F = 5.727$，$P = 0.003$），设置分散型职能结构、集中型职能结构和均衡型职能结构的企业在挂牌当年年底的著作权数量均值依次递减，分别为 37.10、26.44 和 25.22；在员工规模小的企业内，不同职能组合在企业挂牌当年年底的著作权数量（$F = 3.557$，$P = 0.029$）和专利数量（$F = 2.382$，$P = 0.093$）上均存在显著差异。具体而言，分散型职能结构在挂牌当年年底的著作权数量均值最高，为 16.15，挂牌当年年底的专利数量均值在三组中表现垫底，为 1.02；均衡型职能结构在挂牌当年年底的著作权数量均值第二高，均值为 14.21，挂牌当年年底的专利数量均值最高，为 3.31；集中型职能结构在挂牌当年年底的著作权数量均值最低，为 12.20，挂牌当年年底的专利数量均值在三组中排名第二，为 2.59。

# 第 4 章

# 新三板 IT 企业内部组织结构分析

为了防止极端值造成研究结果偏差，特对企业部门设置、企业资源配置分布、学历分布等代表性指标进行缩尾处理，共删除 66 家企业极端值数据，留下 903 家企业样本。

## 4.1 企业内部组织结构的基本情况

### 4.1.1 企业部门设置基本情况

在 903 家新三板 IT 企业样本中，企业设置部门数量最少为 3 个，最多为 29 个。平均来看，在 CEO 管理下，企业一般下设 8 个部门。将部门设置数量作为指标来反映企业组织结构设置的复杂性，可将 903 家新三板企业样本划分为 3 组（图 4-1）：①简单组织结构，即企业部门设置数量小于 6 个，共有 181 家企业，占总样本量的 20.0%；②相对复杂组织结构，即部门设置数量在 6～10 个，共有 519 家企业，占总样本量的 57.5%；③复杂组织结构，即部门设置数量大于 10 个，共有 203 家企业，占总样本量的 22.5%。

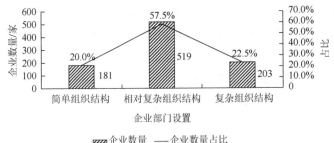

图 4-1  企业部门设置分组情况

### 4.1.2 企业部门设置分布特征

分别考虑经济发展程度和行业的不同，发现企业部门设置的分布情况与企业所在地区的经济发展程度、行业均无显著关系，探究较发达地区内部、次发达地区内部企业部门设置数量与企业所在地区的关系，也显示无明显的相关性。

考虑企业生存年限的不同，生存年限大于或等于 8 年的企业（524 家）与生存年限小于 8 年的企业（379 家）在部门设置方面存在显著性差异，即企业部门数量设置偏好与企业年龄显著相关（ $\chi^2 = 35.995$，$P = 0.000$ ）。如图 4-2 所示，在生存年限大于或等于 8 年的企业中，部门设置数量属于复杂组织结构的企业比例为 29.4%，显著高于复杂组织结构企业在生存年限小于 8 年的企业中的比例 12.9%；在生存年限小于 8 年的企业中，部门数量设置属于相对复杂组织结构、简单组织结构的企业比例为 62.5%、24.5%，显著高于生存年限大于或等于 8 年的企业中相对复杂组织结构（占比 53.8%）、简单组织结构（占比 16.8%）的企业比例。这说明企业发展时间越长、越成熟，越倾向于设置更多的部门，即设置更复杂的组织结构。

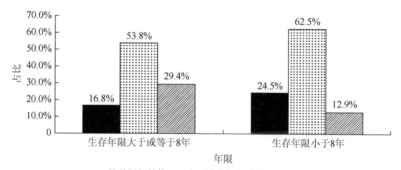

图 4-2　企业部门设置的企业年龄分布

注：图中数据之和不为 100% 是数据修约所致

对比分析企业规模差异的情况，同样发现员工规模大与员工规模小的企业在部门数量设置上存在显著的差异，即企业部门设置偏好与企业规模显著有关（ $\chi^2 = 95.277$，$P = 0.000$ ）。具体而言，如图 4-3 所示，员工规模大的企业中，部门设置复杂组织结构的比例为 35.7%，显著高于这一结构在员工规模小的企业中所占的比例 10.1%；相反，在员工规模小的企业中，部门数量设置相对复杂组织结构、简单组织结构的企业分别占比 62.7%、27.3%，显著高于员工规模大的企业中设置相对复杂组织结构（占比 51.9%）和简单组织结构（占比 12.4%）的企业比例。这说明员工规模大的企业设置部门数量更倾向于复杂组织结构，而员工规模小的企业设置部门数量更倾向于简单组织结构和相对复杂组织结构，即当企业员工规模扩大到一定程度，部门数量可能会随之扩大。

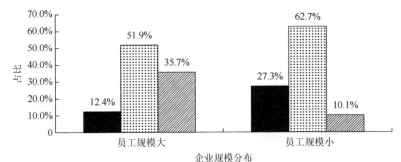

图 4-3　企业部门设置的企业规模分布

注：图中数据之和不为 100% 是数据修约所致

### 4.1.3　企业资源配置基本情况

从企业员工岗位分布来看企业资源配置情况，在 903 家新三板 IT 企业样本中，技术研发人员比例占比均值最高，为 45.1%，生产运营与后勤人员、销售人员、管理与综合人员占比均值分别为 19.5%、19.4%、16.0%。这也与样本企业所属行业一致，互联网和相关服务、软件和信息技术服务业的企业更偏重技术研发。以员工岗位分布的比例结构来反映企业资源配置的倾斜性，可将 903 家新三板企业样本划分为 4 组（图 4-4）：①研发主导组，即企业技术研发人员所占比例为 60.0% 及以上，共有 251 家企业（占总样本企业的 27.8%）；②销售主导组，即企业技术研发人员所占比例小于 60.0%，销售人员比例占 40.0% 及以上，共有 90 家企业（占总样本企业的 10.0%）；③生产主导组，即企业技术研发人员比例小于 60.0%，生产运营与后勤人员比例占 40.0% 及以上，共有 132 家企业（占总样本企业的 14.6%）；④均衡组，即企业技术研发人员比例小于 60.0%，销售人员比例、生产运营与后勤人员比例均小于 40.0%，共有 430 家企业（占总样本企业的 47.6%）。

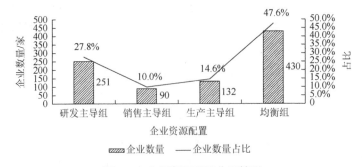

图 4-4　企业资源配置分组情况

#### 4.1.4　企业资源配置分布特征

以经济发展程度将企业所在地区划分为较发达地区、次发达地区，卡方检验结果显示（图 4-5），企业资源配置与企业所在地区的经济发展程度无显著关系。进一步探究较发达地区内部、次发达地区内部企业资源配置与企业所在地区的关系，发现在次发达地区内部，企业资源配置的倾向明显与企业所在地区有关（ $\chi^2=12.989$，$P=0.043$），东北地区中属于研发主导组的企业比例明显更高，为 50.0%。西部地区中均衡组企业比例显著更高，为 54.7%，而中部地区中，生产主导组、销售主导组企业的比例分别为 17.9%、9.5%，显著高于西部地区和东北地区中这两组企业的比例，其中西部地区中销售主导组的比例仅为 2.7%，东北地区中生产主导组企业比例仅为 3.6%，甚至没有销售主导组企业。

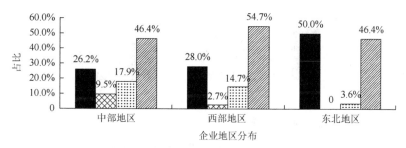

图 4-5　次发达地区企业资源配置的地区分布

注：图中数据之和不为 100% 是数据修约所致

在考虑行业差异条件下，互联网和相关服务（I64）（209 家）与软件和信息技术服务业（I65）（694 家）的企业在资源配置设置方面存在显著性差异，即企业部门设置偏好与企业所属行业明显有关（ $\chi^2=68.066$，$P=0.000$）。如图 4-6 所示，互联网和相关服务中销售主导组、生产主导组企业的比例分别为 18.7%、24.9%，显著高于软件和信息技术服务业中销售主导组企业（占比 7.3%）和生产主导组企业（占比 11.5%）的比例。在软件和信息技术服务业（I65）（694 家）中，研发主导组和均衡组的企业比例更高，比例分别为 32.9%、48.3%，均高于互联网和相关服务中研发主导组（占比 11.0%）和均衡组（占比 45.5%）的企业比例。

在考虑企业规模差异条件下，员工规模大与员工规模小的企业在资源配置上存在显著的差异，即资源配置偏好与企业规模显著相关（ $\chi^2=50.600$，$P=0.000$）。具体而言，员工规模小的企业的资源显著倾向于均衡分配，如图 4-7 所示，资源配置均衡组企业比例为 58.8%，显著高于员工规模大的企业中均衡组的比例 35.7%。

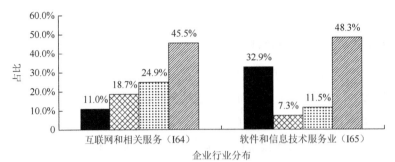

图 4-6　企业资源配置的行业分布

注：图中数据之和不为 100% 是数据修约所致

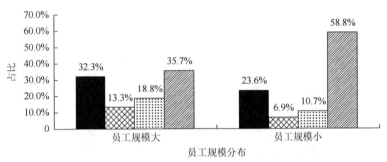

图 4-7　企业资源配置的企业规模分布

注：图中数据之和不为 100% 是数据修约所致

这可能是因为员工规模小的企业资源不足，承担风险的能力较弱，会避免"将所有鸡蛋放进一个篮子里"。

在考虑企业生存年限差异性情况下，生存年限大于或等于 8 年的企业（524 家）与生存年限小于 8 年的企业（379 家）在资源配置方面不存在显著性差异（$\chi^2 = 3.826$，$P = 0.281$）。

## 4.2　高管团队职能型结构与内部组织结构

### 4.2.1　职能型高管设置与内部组织结构

1. 职能型高管设置与企业部门设置

利用卡方检验分析职能型高管设置与企业部门设置偏好的关系，分析结果（图 4-8）显示，903 家新三板 IT 企业中，企业高管团队是否设置 COO 这一职能岗位与企业部门设置显著相关（$\chi^2 = 5.115$，$P = 0.078$）。设置 COO 的企业中，部门设置为相对复杂组织结构的企业比例为 51.0%，显著低于没有设置 COO 的企业中部门设置为相对复杂组织结构的企业比例 59.5%。这说明相对于没有设置 COO 的企业来说，设置 COO 的企业部门设置相对复杂组织结构的倾向性更小，而更偏好于设置简单组织结构或复杂组织结构。

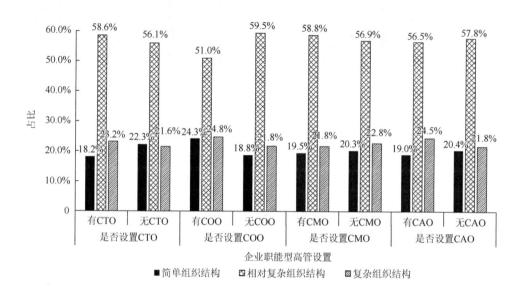

图 4-8　职能型高管设置与企业部门设置

注：图中数据之和不为 100% 是数据修约所致

### 2. 职能型高管设置与企业资源配置

考虑职能型高管设置与企业资源配置的关系，结果显示（图 4-9），903 家新三板 IT 企业中，企业高管团队是否设置 CMO 这一职能岗位与企业资源配置显著相关（$\chi^2 = 6.382$，$P = 0.094$）。设置 CMO 的企业中，均衡组企业的比例为 53.4%，销售主导组的企业比例为 10.3%，显著高于没有设置 CMO 的企业中均衡组的企业比例 45.2%、销售主导组的企业比例 9.8%。相反，没有设置 CMO 的企业中，研发主导组的企业比例为 29.0%，生产主导组的企业比例为 15.9%，显著高于设置了 CMO 的企业中研发主导组的比例 24.8%、生产主导组的比例 11.5%。这说明设置了 CMO 的企业相对于没有设置 CMO 的企业，更倾向于将企业资源均衡配置或是资源倾向于销售业务，而没有设置 CMO 的企业，相对来说更倾向于将资源倾斜向企业的研发或生产业务。

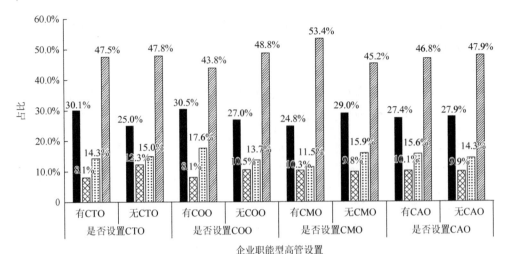

图 4-9　职能型高管设置与企业资源配置

注：图中数据之和不为 100% 是数据修约所致

### 4.2.2　职能型高管组合与内部组织结构

1. 职能型高管组合与企业部门设置

尽管统计分析结果显示，903 家新三板 IT 企业中，企业高管团队无论是集中型、均衡型或分散型职能结构，对企业部门设置偏好的影响均无显著差异。但也可以由图 4-10 看出，分散型职能结构的企业中复杂组织结构的占比相对于其他职能组合而言是最高的（28.4%），而均衡型组合的企业中相对复杂组织结构的占比相对于另外两种职能组合是最高的（58.6%），即职能组合的复杂程度在一定程度上与组织结构的复杂程度相对应。

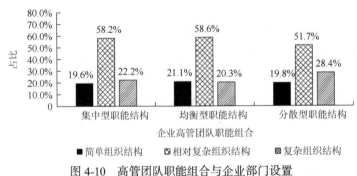

图 4-10　高管团队职能组合与企业部门设置

注：图中数据之和不为 100% 是数据修约所致

### 2. 高管团队职能组合与企业资源配置

考虑高管团队职能组合设置与企业资源配置倾向的关系，结果显示，903 家新三板 IT 企业中，企业高管团队无论是集中型、均衡型或分散型职能结构，均没有明显的资源配置的倾向差异。由图 4-11 可以看出，三类职能组合的企业中均有接近半数为资源配置均衡型企业，说明我国新三板企业在资源配置方面都较为注重多方平衡，有利于各类人员相互协同，共同促进企业成长。此外，研发主导型资源配置企业在三类职能组合的企业中都是占比次高型，这也许与企业所属行业为 IT 行业有关。

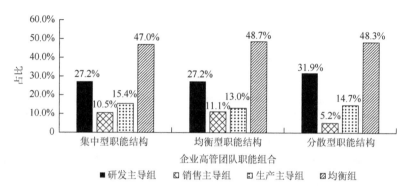

图 4-11　高管团队职能组合与企业资源配置

注：图中数据之和不为 100%是数据修约所致

## 4.2.3　组织正式结构

### 1. 角色规范性水平

组织正式结构是组织成员之间书面的、官方的关系，角色规范性是正式组织结构的一个关键属性，指组织内部行为规范化的程度，包括组织内部的员工行为准则、规章制度、工作程序和标准化程度等（薛红志，2011）。一般来说，组织中的部门越多，表明任务划分越清晰，有利于对共同工作进行协调，也就意味着角色规范性水平越高。采用 Sine 等（2006）的方法测度角色规范性，即企业中正式设置的职能部门数量占潜在的最大职能部门数量的比例。结合 Sine 等（2006）的研究，潜在的最大职能部门数量为 14。比例越高，角色规范性水平越高。

角色规范性比例的平均值为 0.6067，以平均值为临界值对企业进行分组，角色规范性比例大于或等于 0.6067 的企业为"角色规范性水平高"，角色规范性比例小于 0.6067 的企业为"角色规范性水平低"。经统计，如图 4-12 所示，在882 家新三板企业中[①]，有 344 家企业角色规范性水平高，占比 39.0%；538 家企

---

① 为了防止异常值造成研究结果偏差，本报告对总资产、营业收入和净利润等业绩指标、著作权数量等创新指标进行了缩尾处理，最终留下 882 家企业样本，下同。

业角色规范性水平低，占比 61.0%，说明半数以上的样本企业的角色规范性还不够完善。

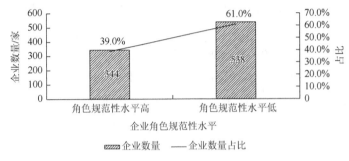

图 4-12 企业角色规范性水平表现

进一步地，探究企业角色规范性水平是否与企业所在地区的经济发展程度、所属行业、企业年龄、企业规模有关。结果显示，企业角色规范性水平的高低与企业年龄、企业规模显著相关（$\chi^2 = 27.240$，$P = 0.000$；$\chi^2 = 109.801$，$P = 0.000$）。如图 4-13 所示，生存年限大于或等于 8 年的企业中，角色规范性水平高的企业比例为 46.3%，显著高于生存年限小于 8 年的企业中角色规范性水平高的企业比例 28.9%，这说明随着企业的发展，企业的角色规范性会逐渐完善。在员工规模大的企业中，角色规范性水平高的企业占比 56.8%，比例显著高于员工规模小的企业中角色规范性水平高的企业比例 22.4%，这说明随着企业规模的壮大，企业更倾向于完善角色规范性，设置更多职能部门。

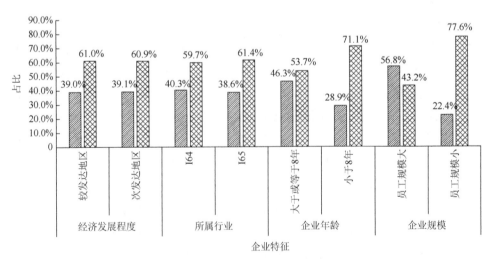

图 4-13 企业角色规范性水平的特征分析

2. 职能专业化水平

职能专业化水平是指分配给企业高管团队成员的任务类型的集中度（薛红志，2011）。一般来说，高管团队成员集中执行的专业化任务范围越窄，可以积累与任务相关的知识越多，实现分工专业化以提高生产效率，也意味着职能专业化水平越高（Sine et al.，2006）。采用 Sine 等（2006）的方法测度职能专业化，即新企业中正式设置的职能部门数量与高管团队成员数量的比例。因此，比例越低，表明职能专业化水平越高。

职能专业化比例的平均值为 2.7813，以平均值为临界值对企业进行分组，职能专业化比例小于 2.7813 的企业为"职能专业化水平低"，职能专业化比例大于或等于 2.7813 的企业为"职能专业化水平高"。经统计，如图 4-14 所示，在 882 家新三板企业中，有 553 家企业职能专业化水平高，占比 62.7%；329 家企业职能专业化水平低，占比 37.3%，说明半数以上的样本企业的职能专业化水平比较完善。

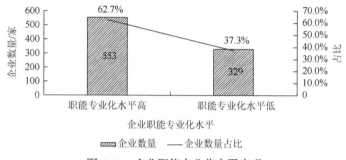

图 4-14　企业职能专业化水平表现

进一步地，探究企业职能专业化水平是否与企业所在地区的经济发展程度、所属行业、企业年龄、企业规模有关。结果显示，企业职能专业化水平的高低与企业所属行业、企业规模显著相关（$\chi^2 = 2.768$，$P = 0.096$；$\chi^2 = 37.748$，$P = 0.000$）。如图 4-15 所示，软件和信息技术服务业（I65）内，职能专业化水平高的企业比例为 64.2%，显著高于互联网和相关服务（I64）内职能专业化水平高的企业比例 57.7%，这可能说明软件和信息技术服务业相较互联网和相关服务，对分工专业化的要求更高。在员工规模大的企业中，职能专业化水平高的企业占比 52.3%，比例显著低于员工规模小的企业中职能专业化水平高的企业比例 72.4%，这可能说明随着企业规模的壮大，企业高管团队成员倾向于执行范围更为宽泛的专业化任务，并不十分注重职能专业化。

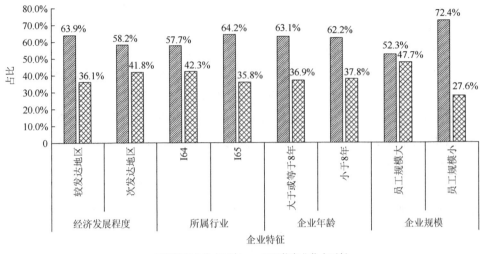

图 4-15　企业职能专业化水平的特征分析

### 3. 管理强度

用企业员工总人数与企业高管团队成员数量的比例来衡量企业管理强度，该比例越大，说明企业的管理强度越大。

新三板 IT 企业的管理强度比例的平均值为 41.0449，以平均值为临界值对企业进行分组，管理强度比例大于或等于 41.0449 的企业为"管理强度大"，管理强度比例小于 41.0449 的企业为"管理强度小"。经统计，如图 4-16 所示，在 882 家新三板企业中，有 255 家企业管理强度大，占比 28.9%；627 家企业管理强度小，占比 71.1%，说明三分之二以上的样本企业的管理强度都较小。

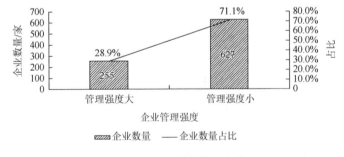

图 4-16　企业管理强度表现

进一步地，探究企业管理强度大小是否与企业所在地区的经济发展程度、所属行业、企业年龄、企业规模有关。结果显示，企业管理强度的大小与企业所属行业、企业年龄、企业规模显著相关。具体而言，如图 4-17 所示，在互联网和相关服务（I64）内，管理强度大的企业比例为 36.8%，显著高于软件和信息技术服务业（I65）内管理强度大的企业比例 26.6%（$\chi^2 = 7.914$，$P = 0.005$），这可能说明软件和信息技术服务业相较互联网和相关服务，对员工规模有更大的需求。在生存年限大于或等于 8 年的企业中，管理强度大的企业比例为 34.2%，显著高于生存年限小于 8 年的企业内管理强度大的企业比例 21.6%（$\chi^2 = 16.481$，$P = 0.000$），出现这种情况可能是企业发展时间越久，员工规模越大的缘故。在员工规模大的企业中，管理强度大的企业占比 59.9%，而在员工规模小的企业中，没有管理强度大的企业，这种显著性（$\chi^2 = 383.969$，$P = 0.000$）出现的原因是管理强度计算公式的分子为员工数量，在高管团队成员数量变动幅度较小时，显然员工规模越大，管理强度越大。

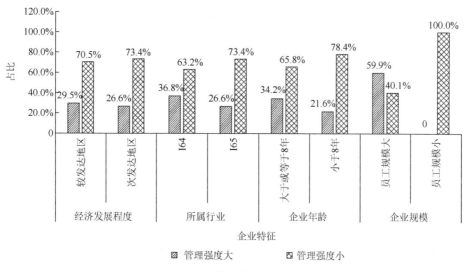

图 4-17　企业管理强度的特征分析

#### 4. 组织正式结构类型

角色规范性和职能专业化是相互关联的，角色规范性与组织中任务的正式认可和界定相关，职能专业化则反映创业团队将努力集中于狭窄或宽泛任务组合的程度（Sine et al., 2006）。利用角色规范性和职能专业化，可以将样本企业按照组织结构差异分为四类。角色规范性水平高、职能专业化水平高的企业为"职能型组织"；角色规范性水平高、职能专业化水平低的企业为"象征型组织"；角色规范性水平低、职能专业化水平高的企业为"专家型组织"；角色规范性水平低、职能专业化水平低的企业为"独裁型组织"。

统计结果显示（图 4-18），882 家新三板样本企业中，有 92 家企业为职能型组织，占比 10.4%，这类企业拥有较为完整的组织结构，并且高管团队成员的分工较为明确,分别承担专业化的任务,而不是将多个部门控制在某个人手中;252家企业为象征型组织,占比28.6%,这类企业采取象征性行动,设置了非常完善的职能部门和职位,但实际上这些职位很可能由一人兼任,可能只是为了表明自己非常规范,借以引起投资人和顾客的认可;过半数的企业(461家)为专家型组织,占比52.3%,这类企业的组织结构较为简单,但每个高管团队成员都各司其职,分工明确;剩余77家企业为独裁型组织,占比8.7%,这类企业没有严格的职能部门划分,并且数量很少的几个高管团队成员掌握有限的职能部门,这类组织结构的出现可能源于高管团队成员数量极为有限,并且高管团队成员过于自信而将所有职能部门揽于一人之下。

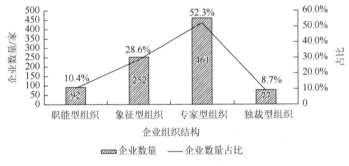

图4-18  企业组织结构分类情况

进一步地,探究企业组织结构设置类别是否与企业所在地区的经济发展程度、所属行业、企业年龄、企业规模有关。结果显示(图4-19),企业组织结构设置类别与企业所在地区的经济发展程度、企业年龄、企业规模显著有关。具体而言,相比次发达地区的企业,较发达地区的企业设置职能型组织和独裁型组织的比例相对更高($\chi^2 = 9.833$,$P = 0.020$)。较发达地区内,设置职能型组织的企业占比11.9%,设置独裁型组织的企业占比9.0%,显著高于次发达地区这两类组织的比例4.9%、7.6%。这说明企业所在地区经济发展程度越高时,企业组织结构的设置倾向可能越两极分化,有些更愿意设置角色规范性水平和职能专业化水平均高的组织结构,而有些更愿意设置角色规范性水平和职能专业化水平均低的组织结构。

相比生存年限小于8年的企业,生存年限大于或等于8年的企业设置职能型组织和象征型组织的企业比例相对更高($\chi^2 = 47.430$,$P = 0.000$)。生存年限大于或等于8年的企业里,设置职能型组织的企业占比13.9%,显著高于生存年限小于8年的企业中职能型组织的比例5.7%;同样,设置象征型组织的企业占比32.4%,显著高于生存年限小于8年的企业中象征型组织的比例23.2%。这说明:企业发展的时间越长,企业越倾向于设置角色规范性水平更高的组织结构,而对职能专业化水平不敏感。

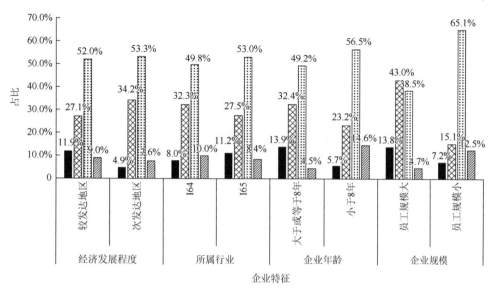

图 4-19　企业组织结构的特征分析

注：图中数据之和不为 100%是数据修约所致

　　相比员工规模大的企业，员工规模小的企业显著更倾向于设置专家型组织（ $\chi^2 = 114.181$ ， $P = 0.000$ ）。过半数（65.1%）的员工规模小的企业为专家型组织，这一比例显著高于员工规模大的企业设置专家型组织的比例 38.5%。这可能是因为企业规模较小，员工人数不多时，往往倾向于设置较为简单的组织结构，易于管理，此时每个高管团队成员都各司其职，分工明确。

## 4.3　内部组织结构的影响效果

### 4.3.1　对企业经营业绩的影响

#### 1. 企业部门设置对企业经营业绩的影响

　　探究企业部门设置对企业经营业绩的影响。结果显示（图 4-20），部门设置偏好不同的企业在企业挂牌当年年底的总资产、营业收入方面存在显著性差异（ $F = 31.365$ ， $P = 0.000$ ； $F = 19.622$ ， $P = 0.000$ ），而在企业挂牌当年年底的净利润、总资产增长率、营业收入增长率和净利润增长率四项业绩指标方面没有显著性差异。按照企业部门设置进行分组，复杂组织结构、相对复杂组织结构和简单组织结构在挂牌当年年底的总资产、营业收入均值逐次降低，这说明企业部门设置数量越多，组织结构越复杂，企业的总资产和营业收入就越高。

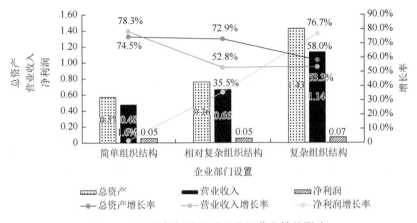

图 4-20　企业部门设置对企业经营业绩的影响

进一步分析不同地区间企业部门设置对企业经营业绩的影响，结果发现，无论是经济发展程度发达的地区还是次发达的地区，企业部门设置与企业挂牌当年年底的总资产和营业收入方面存在显著差异（较发达地区 $F = 19.406$，$P = 0.000$；$F = 12.32$，$P = 0.000$。次发达地区 $F = 12.773$，$P = 0.000$；$F = 7.521$，$P = 0.001$）。在经济发展程度较发达的地区分组中，复杂组织结构企业在挂牌当年年底的总资产和营业收入均值最高，分别为 1.36 和 1.07；其次是相对复杂组织结构企业，均值分别为 0.80 和 0.71；简单组织结构企业在挂牌当年年底的总资产和营业收入均值最低，分别为 0.59 和 0.51。在经济发展程度次发达的地区中，按照企业部门设置进行分组，复杂组织结构企业、相对复杂组织结构企业和简单组织结构企业在挂牌当年年底的总资产和营业收入均值仍然依次降低。此外，在经济发展程度次发达地区内，企业部门设置偏好在企业挂牌当年年底净利润方面存在显著差异（$F = 7.817$，$P = 0.001$）。复杂组织结构、相对复杂组织结构和简单组织结构的净利润均值依次递减，分别为 0.13、0.06 和 0.01。

进一步分析不同行业内企业部门设置偏好对企业经营业绩的影响，结果显示，在互联网和相关服务（I64）内，企业部门设置偏好在挂牌当年年底的营业收入增长率方面存在显著差异（$F = 4.354$，$P = 0.014$）。其中，简单组织结构企业在挂牌当年年底的营业收入增长率均值最高，为 154%，复杂组织结构企业次之，为 93%，相对复杂组织结构在挂牌当年年底的营业收入增长率均值最低，为 60%。在软件和信息技术服务业（I65）内，按照企业部门设置偏好进行分组，组间企业在挂牌当年年底的总资产、营业收入和净利润方面的存在显著性差异（$F = 35.290$，$P = 0.000$；$F = 28.892$，$P = 0.000$；$F = 8.010$，$P = 0.000$）。复杂组织结构、相对复杂组织结构和简单组织结构在挂牌当年年底的总资产、营业收入和净利润均值逐次降低。

考虑企业的生存年限不同，将企业分为生存年限大于或等于 8 年、生存年限小于 8

年的两组，进一步分析企业部门设置偏好对企业经营业绩的影响。结果显示，在生存年限大于或等于 8 年的企业分组内，企业部门设置偏好在挂牌当年年底的总资产、营业收入和净利润方面存在显著差异（$F = 28.004$，$P = 0.000$；$F = 18.674$，$P = 0.000$；$F = 8.925$，$P = 0.000$）。复杂组织结构企业在挂牌当年年底的总资产、营业收入和净利润均值最高，分别为 1.59、1.20 和 0.12；相对复杂组织结构企业次之，分别为 0.83、0.71 和 0.06；简单组织结构企业在挂牌当年年底的总资产、营业收入和净利润均值最低，分别为 0.50、0.49 和 0.05。在生存年限小于 8 年的企业分组内，按照部门设置偏好进行分组，组内企业在挂牌当年年底净利润方面存在显著差异（$F = 2.454$，$P = 0.087$）。简单组织结构、相对复杂组织结构和复杂组织结构的净利润均值依次递减，分别为 0.06、0.04 和–0.08。

根据员工规模的大小，将不同规模的企业划分为员工规模大、员工规模小两组，在两组内进一步分析企业部门设置偏好对企业经营业绩的影响。结果显示，在员工规模大的企业分组内，企业部门设置偏好仍然在挂牌当年年底的总资产和营业收入方面存在显著差异（$F = 6.412$，$P = 0.002$；$F = 3.776$，$P = 0.024$）。具体而言，复杂组织结构企业在挂牌当年年底的总资产和营业收入均值最高，分别为 1.69 和 1.35；相对复杂组织结构企业次之，均值分别为 1.17 和 1.00；简单组织结构企业在挂牌当年年底的总资产和营业收入均值最低，分别为 1.09 和 0.91。在员工规模小的企业分组内，根据企业部门设置偏好进行分组，组间企业在挂牌当年年底的营业收入指标差异由总体显著变为不显著。企业部门设置偏好在挂牌当年年底的总资产和营业收入增长率方面存在显著差异（$F = 3.284$，$P = 0.038$；$F = 3.951$，$P = 0.020$）。其中，复杂组织结构、相对复杂组织结构和简单组织结构在挂牌当年年底的总资产均值依次递减；而简单组织结构企业的营业收入增长率均值最高，复杂组织结构企业次之，相对复杂组织结构企业在挂牌当年年底的营业收入增长率均值最低。

### 2. 企业资源配置对企业经营业绩的影响

探究企业资源配置对企业经营业绩的影响，结果显示：资源配置倾向不同的企业在企业挂牌当年年底的总资产（$F = 5.341$，$P = 0.001$）、营业收入（$F = 3.865$，$P = 0.009$）、净利润（$F = 2.210$，$P = 0.085$）、总资产增长率（$F = 7.493$，$P = 0.000$）和营业收入增长率（$F = 3.355$，$P = 0.018$）五个业绩指标方面均存在显著性差异。

如图 4-21 所示，按照企业资源配置倾向进行分组，生产主导组企业的挂牌当年年底的总资产和净利润均值最高，分别为 1.24 和 0.07，挂牌当年年底的营业收入、总资产增长率和营业收入增长率均值第二高，分别为 0.88、78.2%和 73.8%；而销售主导组企业的挂牌当年年底的营业收入、总资产增长率和营业收入增长率均值最高，分别为 0.99、130.6% 和 84.7%，挂牌当年年底的总资产均值第二高，为 0.94，挂牌当年年底的净利润均值在四组中最低，为 -0.02；研发主导组企业除了挂牌当年年底的净利润均值 0.07 排名第一以外，其他五项经营业绩指标均值表现较差。

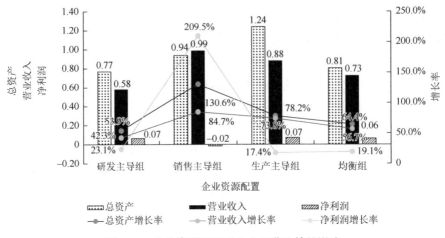

图 4-21 企业资源配置对企业经营业绩的影响

考虑经济发展程度的不同，进一步分析企业资源配置倾向对企业绩效的影响。结果显示，在经济发展较发达地区，企业资源配置倾向与企业挂牌当年年底的总资产（$F = 5.432$，$P = 0.001$）、营业收入（$F = 4.188$，$P = 0.006$）、净利润（$F = 2.181$，$P = 0.089$）、总资产增长率（$F = 5.220$，$P = 0.001$）和营业收入增长率（$F = 3.511$，$P = 0.015$）五个业绩指标均值仍然存在显著性差异。按照企业资源配置倾向进行分组，生产主导组企业的挂牌当年年底的总资产和净利润均值仍然最高，分别为 1.29 和 0.08，挂牌当年年底的营业收入、总资产增长率均值仍第二高，分别为 0.90 和 68%；而销售主导组企业的挂牌当年年底的营业收入、总资产增长率和营业收入增长率均值仍然最高，分别为 1.04、118% 和 88%，挂牌当年年底的总资产均值仍为第二高，为 0.91，挂牌当年年底的净利润均值在四组中仍最低，为 -0.03；均衡组企业挂牌当年年底的总资产、营业收入、总资产增长率业绩指标均值在四组企业间排名均为第三；研发主导组企业除了挂牌当年年底的净利润均值 0.06 排名第二以外，其他五项经营业绩指标均值表现均垫底。在经济发展次发达地区，企业资源配置倾向仅在企业挂牌当年年底总资产增长率（$F = 3.713$，$P = 0.013$）和营业收入增长率（$F = 3.614$，$P = 0.014$）中表现出显著差异。销售主导组企业在挂牌当年年底的总资产增长率均值最高，为 223%，生产主导组次之，为 120%，其次是均衡组，均值为 57%，研发主导组的总资产增长率均值最低，为 54%；生产主导组、销售主导组、均衡组和研发主导组的营业收入增长率均值依次降低，分别为 168%、61%、48% 和 38%。

　　进一步分析不同行业内企业资源配置倾向对企业经营业绩的影响，结果显示，在互联网和相关服务（I64）内，企业资源配置倾向在企业挂牌当年年底的总资产增长率均值上存在显著差异（$F = 4.776$，$P = 0.003$）。销售主导组企业在挂牌当年年底的总资产增长率均值最高，为 202%，均衡组次之，为 102%，再次是生产主导组，均值为 81%，研发主导组的总资产增长率最低，为 27%。在软件和信息技术服务业（I65）内，企业资源配置倾向在企业挂牌当年年底的总资产、营业收入、净利润增长率均值上存在显著差异（$F = 5.434$，$P = 0.001$；$F = 5.358$，$P = 0.001$；$F = 3.505$，$P = 0.015$）。依据企业资源配置倾向进行分组，生产主导组企业的挂牌当年年底总资产和营业收入均值最高，分别为 1.29 和 0.98，而挂牌当年年底的净利润增长率均值排名第三，为 19%；销售主导组企业的挂牌当年年底总资产和营业收入均值均为第二高，分别为 0.78 和 0.61，且挂牌当年年底的净利润增长率均值最高，为 389%；均衡组企业的挂牌当年年底总资产和净利润增长率均值均垫底，而研发主导组在营业收入均值表现上垫底。

　　根据企业年龄对企业进行分组，进一步分析不同生存年限企业分组下企业资源配置倾向对企业经营业绩的影响。结果发现，无论是生存年限大于或等于 8 年的企业内部还是生存年限小于 8 年的企业内部，企业资源配置倾向在企业挂牌当年年底的总资产（生存年限大于或等于 8 年 $F = 3.018$，$P = 0.030$；生存年限小于 8 年 $F = 5.854$，$P = 0.001$）、营业收入（生存年限大于或等于 8 年 $F = 2.363$，$P = 0.70$；生存年限小于 8 年 $F = 3.663$，$P = 0.013$）、总资产增长率（生存年限大于或等于 8 年 $F = 3.247$，$P = 0.022$；生存年限小于 8 年 $F = 4.236$，$P = 0.006$）、营业收入增长率（生存年限大于或等于 8 年 $F = 2.116$，$P = 0.097$；生存年限小于 8 年 $F = 2.216$，$P = 0.086$）业绩指标方面仍然存在显著差异。

　　在生存年限大于或等于 8 年的企业分组内，生产主导组企业的挂牌当年年底的总资产和营业收入均值最高，分别为 1.39 和 1.08，挂牌当年年底的总资产增长率和营业收入增长率均值在四组企业间排名均为第三，分别为 48%和 34%；销售主导组企业的挂牌当年年底的总资产增长率和营业收入增长率均值最高，分别为 93%和 58%，挂牌当年年底的营业收入均值第二高，为 0.85，挂牌当年年底的总资产均值在四组中最低，为 0.79；均衡组企业的挂牌当年年底的总资产和营业收入均值在四组企业间排名第三，挂牌当年年底的总资产增长率和营业收入增长率均值第二高；研发主导组企业除了挂牌当年年底的总资产均值为 0.96 排名第二以外，其他三项经营业绩指标均值表现均垫底。

　　在生存年限小于 8 年的企业分组内，销售主导组企业的挂牌当年年底的总资产、营业收入和总资产增长率均值均为最高，分别为 1.09、1.13 和 169%，挂牌当年年底的营业收入增长率第二高，为 112%；生产主导组企业挂牌当年年底的营业收入增长率均值在四组中最高，为125%，挂牌当年年底的总资产和总资产增长率均值第二高，分别为1.04和118%，挂牌当年年底的营业收入均值在四组企业间排名第三，为0.62；均衡组企业的挂牌当年年底的营业收入均值在四组中第二高，为0.63，其他三项指标均在四组中排名第三；研发主导组企业四项经营指标均值表现均垫底。

进一步分析根据员工规模不同划分的企业分组内，企业资源配置倾向对企业经营业绩的影响。结果显示，无论是员工规模大的企业集合内还是员工规模小的企业集合内，企业资源配置倾向均在企业挂牌当年年底总资产（员工规模大的企业 $F=3.147$，$P=0.025$；员工规模小的企业 $F=4.866$，$P=0.002$）、营业收入（员工规模大的企业 $F=2.971$，$P=0.032$；员工规模小的企业 $F=5.535$，$P=0.001$）和净利润（员工规模大的企业 $F=2.877$，$P=0.036$；员工规模小的企业 $F=2.114$，$P=0.098$）均值方面存在显著差异。

在员工规模大的企业集合内，生产主导组企业挂牌当年年底的总资产和净利润均值最高，分别为1.72和0.11，挂牌当年年底的营业收入均值在四组中第二高，为1.20；均衡组企业的挂牌当年年底的营业收入和净利润均值最高，分别为1.30和0.11，挂牌当年年底的总资产均值在四组中排名第二，为1.43；销售主导组企业的挂牌当年年底总资产和营业收入均值在四组企业间均排名第三，而挂牌当年年底净利润均值则垫底，为-0.06；研发主导组企业除了挂牌当年年底的净利润均值0.10排名第二以外，其他两项经营业绩指标均值表现均垫底。在员工规模小的企业集合内，销售主导组企业挂牌当年年底的总资产、营业收入和净利润均值均最高，分别为0.61、0.75和0.06；均衡组企业的挂牌当年年底的营业收入和净利润均值在四组中第二高，分别为0.40和0.04，挂牌当年年底的总资产在四组中排名第三，为0.45；生产主导组企业的挂牌当年年底的总资产均值为0.46，在四组企业间排名第二，挂牌当年年底的营业收入均值0.36在四组中排名第三，挂牌当年年底的净利润在四组中最低，为0；研发主导组企业除了挂牌当年年底的净利润均值0.03排名第三以外，其他两项经营业绩指标均值表现均垫底。

此外，在员工规模大的企业集合内，企业资源配置倾向在企业挂牌当年年底的总资产增长率和营业收入增长率方面存在显著差异（$F=7.115$，$P=0.000$；$F=6.927$，$P=0.000$）。销售主导组企业在挂牌当年年底的总资产增长率和营业收入增长率均值最高，分别为132%和103%，其次是生产主导组企业，均值为86%和75%，之后是均衡组企业，分别为55%和46%，研发主导组企业在挂牌当年年底的总资产增长率和营业收入增长率均值最低，分别为41%和27%。在员工规模小的企业集合内，按照企业资源配置倾向进行分组，组间的总资产增长率和营业收入增长率的差异性由总体的显著变为不显著。

3. 组织正式结构对企业经营业绩的影响

探究组织正式结构对企业经营业绩的影响，结果显示，不同组织正式结构的企业在挂牌当年年底的总资产（$F = 19.194$，$P = 0.000$）、营业收入（$F = 11.107$，$P = 0.000$）均值上均存在显著性差异。如图 4-22 所示，象征型组织的企业在挂牌当年年底的总资产、营业收入均值最高，分别为 1.26、1.02，职能型组织的企业次之，总资产、营业收入均值分别为 1.17、0.91。专家型组织的企业挂牌当年年底的营业收入表现最差，均值为 0.55，独裁型组织的企业挂牌当年年底的总资产表现最差，均值为 0.62。尽管象征型组织和职能型组织在专业化水平上存在差异，但都属于角色规范性水平较高的组织结构，这两类组织的经营业绩显著高于另外两类组织，这说明角色规范性水平会显著促进企业的总资产、营业收入两项业绩指标增长；当企业角色规范性水平保持在高水平时，象征型组织的业绩优于职能型组织，说明高的职能专业化水平对企业的总资产、营业收入业绩增长有消极影响；当企业角色规范性水平保持在一个较低的水平时，专家型组织的总资产高于独裁型组织，而营业收入则较低，说明此时高的职能专业化水平对企业的营业收入存在消极影响，对企业的总资产则可能发挥积极的作用。

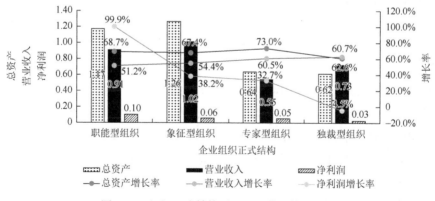

图 4-22　组织正式结构对企业经营业绩的影响

进一步分析经济发展程度不同的地区内组织正式结构对企业经营业绩的影响。结果显示，在较发达地区内，组织正式结构在挂牌当年年底的总资产（$F = 13.733$，$P = 0.000$）和营业收入（$F = 8.101$，$P = 0.000$）指标上存在显著差异。象征型组织在挂牌当年年底的总资产和营业收入均值最高，分别为 1.27 和 1.00，职能组织次之，均值分别为 1.09 和 0.88，专家型组织在挂牌当年年底的营业收入表现最差，均值为 0.58，独裁型组织和专家型组织在挂牌当年年底的总资产方面表现相当，均为 0.67。

在次发达地区内，组织正式结构在挂牌当年年底的总资产（$F = 6.638$，$P = 0.000$）、营业收入（$F = 3.607$，$P = 0.015$）和净利润（$F = 5.021$，$P = 0.002$）指标上存在显著差异。职能型组织在挂牌当年年底的总资产、营业收入和净利润均值最高，分别为 1.92、1.24 和 0.16，象征型组织次之，均值分别为 1.25、1.06 和 0.11，之后是专家型组织，其均值分别为 0.53、0.42 和 0.04，独裁型组织在挂牌当年年底的总资产、营业收入和净利润上表现最差，均值分别为 0.40、0.31 和 0.02。

进一步分析不同行业内组织正式结构对企业经营业绩的影响，结果显示，在互联网和相关服务（I64）内，组织正式结构在挂牌当年年底的营业收入指标上均值差异显著（$F = 2.399$，$P = 0.069$）。独裁型组织的企业在挂牌当年年底的营业收入均值最高，为 1.75，象征型组织的企业次之，均值为 1.29，之后是专家型组织的企业，均值为 0.80，职能型组织的企业在挂牌当年年底的营业收入均值最低，为 0.78。在软件和信息技术服务业（I65）内，组织正式结构在挂牌当年年底的总资产（$F = 22.602$，$P = 0.000$）、营业收入（$F = 19.323$，$P = 0.000$）和净利润（$F = 10.825$，$P = 0.000$）指标上存在显著差异。其中，象征型组织在挂牌当年年底的总资产均值最高，为 1.24，挂牌当年年底的营业收入和净利润第二高，分别为 0.92 和 0.09；职能型组织在挂牌当年年底的营业收入和净利润均值最高，分别为 0.94 和 0.12，挂牌当年年底的总资产均值第二高，为 1.22；象征型组织的三项指标在四组中均排名第三；专家型组织则在挂牌当年年底的总资产、营业收入和净利润上均表现最差。

根据企业年龄对企业进行分组，进一步分析不同生存年限企业分组下组织正式结构对企业经营业绩的影响。在生存年限大于或等于 8 年的企业内部，组织正式结构在挂牌当年年底的总资产（$F = 17.128$，$P = 0.000$）、营业收入（$F = 12.743$，$P = 0.000$）和净利润（$F = 3.566$，$P = 0.014$）指标上均存在显著差异。象征型组织在挂牌当年年底的总资产、营业收入和净利润均值最高，分别为 1.47、1.14 和 0.11，其次是职能型组织，均值分别为 1.25、0.98 和 0.08，专家型组织的三项指标均值在四组中均排名第三，独裁型组织则在挂牌当年年底的总资产均值、营业收入均值和净利润均值表现垫底，分别为 0.64、0.46、0.04。在生存年限小于 8 年的企业内部，组织正式结构在挂牌当年年底的总资产、营业收入、净利润、总资产增长率、营业收入增长率、净利润增长率六项指标上均不存在显著性差异。

进一步分析在根据员工规模不同划分的企业分组内，组织正式结构对企业经营业绩的影响。结果发现，无论是员工规模大的企业集合内还是员工规模小的企业集合内，组织正式结构在挂牌当年年底的总资产指标上均存在显著差异（员工规模大的 $F = 3.158$，$P = 0.025$；员工规模小的 $F = 2.188$，$P = 0.089$）。在员工规模大的企业内，按照组织正式结构设置进行分组，象征型组织、职能型组织、独裁型组织和专家型组织在挂牌当年年底的总资产均值逐次降低，分别为 1.55、1.53、1.13 和 1.09。在员工规模小的企业内，职能型组织在挂牌当年年底的总资产均值最高，为 0.54，其次是象征型组织，均值为 0.52，独裁型组织排名第三，均值为 0.43，专家型组织在挂牌当年年底的总资产均值最低，为 0.39。此外，在员工规模小的企业内部，组织正式结构挂牌当年年底的净利润指标均值差异显著（$F = 3.009$，$P = 0.030$）。职能型组织、象征型组织、专家型组织和独裁型组织在挂牌当年年底的净利润均值逐次降低，分别为 0.07、0.05、0.03 和 0。

### 4.3.2　对企业创新的影响

1. 企业部门设置对企业创新的影响

探究企业部门设置对企业创新的影响。结果显示，部门设置复杂程度不同的企业在挂牌当年年底的著作权数量（$F = 25.590$，$P = 0.000$）、专利数量（$F = 11.204$，$P = 0.000$）、产品/服务创新得分（$F = 3.639$，$P = 0.027$）方面均呈现出显著性差异。如图 4-23 所示，按照企业部门设置进行分组，复杂组织结构、相对复杂组织结构和简单组织结构在挂牌当年年底的著作权数量、专利数量、产品/服务创新得分均值逐次降低，这说明企业部门设置数量越多，组织结构越复杂，企业的创新表现就越好。

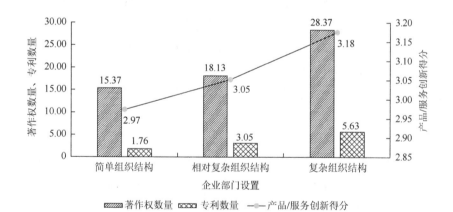

图 4-23　企业部门设置对企业创新的影响

进一步分析经济发展程度不同的地区内企业部门设置对企业创新的影响。结果发现，无论是经济发展程度较发达的地区内还是次发达的地区内，部门设置复杂程度不同的企业在挂牌当年年底的著作权数量（较发达地区的 $F = 17.571$，$P = 0.000$。次发达地区的 $F = 8.967$，$P = 0.000$）和专利数量（较发达地区的 $F = 5.016$，$P = 0.007$。次发达地区的 $F = 6.419$，$P = 0.002$）均值上均存在显著差异。在经济发展程度较发达的地区内，按照企业部门设置复杂程度进行分组，复杂组织结构、相对复杂组织结构、简单组织结构的企业在挂牌当年年底的著作权数量和专利数量均值逐次降低。在经济发展程度次发达的地区内，同样是复杂组织结构的企业在挂牌当年年底的著作权数量和专利数量均值最高，分别为 28.25 和 8.77，其次是相对复杂组织结构的企业，著作权数量和专利数量均值分别为 14.23 和 3.34，简单组织结构的企业在挂牌当年年底的著作权数量和专利数量均值最低，分别为 13.18 和 1.54。

此外，在较发达的地区内，企业部门设置偏好不同的企业挂牌当年年底的产品/服务创新得分均值差异显著（$F=2.309$，$P=0.100$）。复杂组织结构、相对复杂组织结构和简单组织结构的企业的挂牌当年年底的产品/服务创新得分均值逐次降低，分别为 3.18、3.09 和 3.00。在次发达的地区内，按照企业部门设置复杂程度进行分组，组间的产品/服务创新得分差异性由总体的显著变为地区间不显著。

进一步分析不同行业内企业部门设置对企业创新的影响。结果显示，在互联网和相关服务（I64）内，部门设置复杂程度不同的企业在挂牌当年年底的著作权数量呈现出显著差异（$F=5.252$，$P=0.006$）。复杂组织结构、相对复杂组织结构、简单组织结构的企业在挂牌当年年底的著作权数量均值逐次降低，分别为 22.77、16.35 和 10.06。在软件和信息技术服务业（I65）内，部门设置复杂程度不同的企业在挂牌当年年底的著作权数量（$F=21.274$，$P=0.000$）、专利数量（$F=11.118$，$P=0.000$）和产品/服务创新得分（$F=4.018$，$P=0.018$）指标上均呈现出显著差异。复杂组织结构的企业在挂牌当年年底的著作权数量、专利数量和产品/服务创新得分均值最高，分别为 29.92、6.73 和 3.25，其次是相对复杂组织结构的企业，著作权数量、专利数量和产品/服务创新得分均值分别为 18.69、3.70 和 3.12，简单组织结构的企业在挂牌当年年底的著作权数量、专利数量和产品/服务创新得分均值最低，分别为 16.69、1.92 和 3.03。

在考虑企业生存年限差异性的情况下，进一步分析不同生存年限企业的部门设置偏好对企业创新的影响。结果显示，在生存年限大于或等于 8 年的企业内，部门设置复杂程度不同的企业在挂牌当年年底的著作权数量（$F=11.407$，$P=0.000$）、专利数量（$F=8.700$，$P=0.000$）和产品/服务创新得分（$F=3.400$，$P=0.034$）指标上均呈现出显著差异。复杂组织结构的企业在挂牌当年年底的著作权数量、专利数量和产品/服务创新得分均值最高，分别为 31.56、6.77 和 3.24，其次是相对复杂组织结构的企业，著作权数量、专利数量和产品/服务创新得分均值分别为 22.77、3.75 和 3.12，简单组织结构的企业在挂牌当年年底的著作权数量、专利数量和产品/服务创新得分均值最低，分别为 19.49、1.52 和 2.99。在生存年限小于 8 年的企业内，部门设置复杂程度不同的企业在挂牌当年年底的著作权数量呈现出显著差异（$F=4.316$，$P=0.014$）。按照企业部门设置复杂程度进行分组，复杂组织结构、相对复杂组织结构、简单组织结构的企业在挂牌当年年底的著作权数量均值逐次降低，分别为 18.40、13.37 和 11.47。

在考虑企业规模差异的条件下，进一步分析不同员工规模企业的部门设置偏好对企业创新的影响。结果发现，无论是在员工规模大的企业集合内还是员工规模小的企业集合内，部门设置复杂程度不同的企业在挂牌当年年底的著作权数量（员工规模大的 $F = 5.782$，$P = 0.003$；员工规模小的 $F = 2.853$，$P = 0.059$）和专利数量（员工规模大的 $F = 4.104$，$P = 0.017$；员工规模小的 $F = 2.759$，$P = 0.064$）指标上均呈现出显著差异。在员工规模大的企业集合内，复杂组织结构的企业在挂牌当年年底的著作权数量和专利数量均值最高，分别为 32.30 和 6.08，相对复杂组织结构的企业在挂牌当年年底的专利数量均值第二高，为 3.81，而在挂牌当年年底的著作权数量指标上表现最差，均值为 23.74，简单组织结构的企业在挂牌当年年底的著作权数量均值为 24.62，在三组中排名第二，而在挂牌当年年底的专利数量均值为 1.87，表现垫底。在员工规模小的企业集合内，按照企业部门设置复杂程度进行分组，复杂组织结构、相对复杂组织结构、简单组织结构的企业在挂牌当年年底的专利数量均值逐次降低。

2. 企业资源配置对企业创新的影响

探究企业资源配置对企业创新的影响。结果显示，资源配置倾向不同的企业间在挂牌当年年底的著作权数量（$F = 3.704$，$P = 0.011$）、产品/服务创新得分（$F = 5.261$，$P = 0.001$）两项创新指标上存在显著性差异。如图 4-24 所示，按照资源配置进行分组，研发主导组企业的挂牌当年年底的著作权数量、产品/服务创新得分均值最高，分别为 23.22 和 3.20，专利数量指标差异性虽不显著，但从样本数据来看，研发主导组企业的均值为 3.10，在四组中排名第二。这说明，企业资源配置越向研发方向倾斜，企业的创新表现就越好。

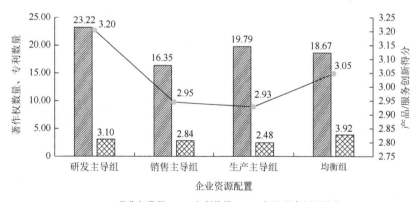

图 4-24　企业资源配置对企业创新的影响

进一步分析经济发展程度不同的地区内企业资源配置倾向对企业创新的影响。结果显示，在经济发展程度较发达的地区内，资源配置倾向不同的企业在挂牌当年年底的著作权数量（$F = 3.328$，$P = 0.019$）和产品/服务创新得分（$F = 3.447$，$P = 0.016$）

指标上呈现出显著差异。研发主导组企业在挂牌当年年底的著作权数量和产品/服务创新得分均值最高，分别为 23.85 和 3.21；生产主导组企业在挂牌当年年底的著作权数量均值第二高，为 21.39，在挂牌当年年底的产品/服务创新得分指标上表现最差，均值 2.96；均衡组企业的挂牌当年年底的著作权数量均值在四组中排名第三，为 19.03，挂牌当年年底的产品服务/创新得分均值第二高，为 3.10；销售主导组企业在挂牌当年年底的著作权数量均值最低，为 16.99，而挂牌当年年底的专利数量均值为 2.97，在四组中排名第三。在经济发展程度次发达的地区内，按照企业资源配置倾向进行分组，组间企业在挂牌当年年底的产品/服务创新得分指标上呈现出显著差异（$F = 2.800$，$P = 0.041$），在挂牌当年年底的专利数量不存在显著差异，在挂牌当年年底的著作权数量的差异由总体的显著变为地区间的不显著。研发主导组、均衡组、生产主导组和销售主导组的产品/服务创新得分依次递减，分别为 3.20、2.86、2.79 和 2.73。

分析不同行业内企业资源配置倾向对企业创新的影响。结果显示，在互联网和相关服务（I64）内，资源配置倾向不同的企业在挂牌当年年底的产品/服务创新指标上呈现出显著差异（$F = 5.295$，$P = 0.002$），在挂牌当年年底的专利数量不存在显著差异，在挂牌当年年底的著作权数量均值差异由总体显著变为行业间不显著。研发主导组企业在挂牌当年年底的产品/服务创新得分均值最高，为 3.38，销售主导组企业次之，均值为 2.94，第三是均衡组企业，其产品/服务创新得分为 2.80，生产主导组企业在挂牌当年年底的产品/服务创新得分指标上表现最差，均值为 2.59。在软件和信息技术服务业（I65）内，按照企业资源配置倾向进行分组，组间企业在挂牌当年年底的著作权数量指标上呈现出显著差异（$F = 3.440$，$P = 0.017$），在挂牌当年年底的专利数量不存在显著差异，在挂牌当年年底的产品/服务创新得分的差异由总体的显著变为行业间的不显著。生产主导组、研发主导组、均衡组、销售主导组的著作权数量逐次减少，分别为 24.08、23.43、18.87 和 17.06。

考虑到企业生存年限的不同，将企业分为生存年限大于或等于 8 年、生存年限小于 8 年两组，进一步分析企业资源配置倾向对企业创新的影响。结果显示，在生存年限大于或等于 8 年的企业分组内，资源配置倾向不同的企业在挂牌当年年底的著作权数量（$F = 2.352$，$P = 0.071$）和产品/服务创新得分（$F = 2.352$，$P = 0.071$）指标上呈现出显著差异。研发主导组企业在挂牌当年年底的著作权数量和产品/服务创新得分均值最高，分别为 29.26 和 3.26，生产主导组企业挂牌当年年底的著作权数量均值第二高，为 23.96，挂牌当年年底的产品/服务创新得分表现最差，均值为 3.03，均衡组企业的挂牌当年年底的著作权数量均值在四组中排名第三，为 22.26，挂牌当年年底的产品/服务创新得分均值第二高，为 3.10，销售主导组企业在挂牌当年年底的著作权数量均值为 21.49，在四组中表现垫底，挂牌当年年底的产品/服务创新得分为 3.05，在四组中排名第三。

在生存年限小于 8 年的企业分组内，按照企业资源配置倾向进行分组，组间企业在挂牌当年年底的产品/服务创新得分指标上呈现出显著差异（$F = 2.739, P = 0.043$），在挂牌当年年底的专利数量不存在显著差异，在挂牌当年年底的著作权数量均值差异由总体的显著变为企业间的不显著。研发主导组、均衡组、销售主导组、生产主导组企业的产品/服务创新得分依次降低，分别为 3.12、2.97、2.83 和 2.80。

根据企业规模的大小，将不同规模的企业分为员工规模大、员工规模小两组，在两组内进一步分析企业资源配置倾向对企业创新的影响。结果显示，在员工规模大的企业分组内，资源配置倾向不同的企业在挂牌当年年底的著作权数量（$F = 2.511$，$P = 0.058$）和专利数量（$F = 2.597$，$P = 0.052$）指标上呈现出显著差异。研发主导组企业在挂牌当年年底的著作权数量均值最高，为 30.57，挂牌当年年底的专利数量均值第二高，为 3.88，均衡组企业的挂牌当年年底的著作权数量均值在四组中排名第二，为 27.23，挂牌当年年底的专利数量均值最高，为 6.14，生产主导组企业挂牌当年年底的著作权数量均值在四组中排名第三，为 24.12，挂牌当年年底的专利数量表现最差，均值为 2.84，销售主导组企业在挂牌当年年底的著作权数量均值为 20.77，在四组中表现垫底，挂牌当年年底的产品/服务创新得分为 2.98，在四组中排名第三。在员工规模小的企业分组内，按照企业资源配置倾向进行分组，组间企业在挂牌当年年底的产品/服务创新得分指标上呈现出显著差异（$F = 5.342, P = 0.001$）。研发主导组、均衡组、生产主导组、销售主导组企业的产品/服务创新得分依次降低，分别为 3.07、2.96、2.66 和 2.61。

3. 组织正式结构对企业创新的影响

分析组织正式结构对企业创新的影响。结果显示，不同的组织正式结构在挂牌当年年底的专利数量（$F = 21.191, P = 0.000$）、著作权数量（$F = 7.028, P = 0.081$）、产品/服务创新得分（$F = 4.031, P = 0.007$）指标均值上均存在显著性差异。如图 4-25 所示，职能型组织的企业挂牌当年年底的著作权数量和产品/服务创新得分均值最高，分别为 31.18、3.28，象征型组织次之，著作权数量、产品/服务创新得分均值分别为 23.61、3.10。象征型组织挂牌当年年底的专利数量均值最高，为 5.07，职能型组织次之，专利数量均值为 4.62。专家型组织创新指标表现排名第三，挂牌当年年底的著作权数量、专利数量、产品/服务创新得分均值分别为 16.82、2.30、3.02。独裁型组织三项创新指标均表现较差，挂牌当年年底的著作权数量、专利数量、产品/服务创新得分均值分别为 12.47、2.81、2.94，其中著作权数量与产品/服务创新得分垫底。由此可见，无论职能专业化水平如何，较高的角色规范性水平都将显著促进企业创新成果的增加；而当企业的角色规范性水平接近时，较高的职能专业化水平也会促进企业创新成果的增加。此外，角色规范性水平的正向影响要比职能专业化水平的正向影响更强。

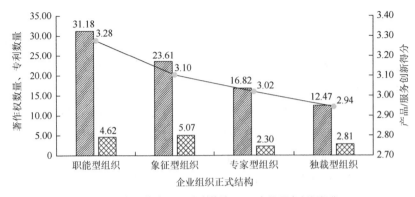

图 4-25 组织正式结构与企业创新影响

考虑经济发展程度的不同，在经济发展程度较发达的地区内，不同的组织正式结构类型在挂牌当年年底的著作权数量（$F=15.443$，$P=0.000$）、专利数量（$F=3.889$，$P=0.009$）和产品/服务创新得分（$F=3.084$，$P=0.027$）指标上存在显著差异。职能型组织挂牌当年年底的著作权数量均值和产品/服务创新得分均值最高，分别为 30.40 和 3.30，挂牌当年年底的专利数量均值第二高，为 4.22；象征型组织挂牌当年年底的专利数量均值最高，为 4.38，著作权数量均值和产品/服务创新均值在四组中排名第二，分别为 24.07 和 3.11；专家型组织挂牌当年年底的著作权数量和产品/服务创新表现排名第三，均值分别为 17.54 和 3.05，挂牌当年年底的专利数量表现最差，均值为 2.31；独裁型组织除了在挂牌当年年底的专利数量均值为 2.44，在四组中排名第三以外，其余两项指标均表现垫底。

在经济发展程度次发达的地区内，不同组织正式结构类型在挂牌当年年底的著作权数量（$F=6.210$，$P=0.000$）和专利数量（$F=3.327$，$P=0.021$）指标上均值差异显著。职能型组织在挂牌当年年底的著作权数量和专利数量均值最高，分别为 38.44 和 8.33，象征型组织次之，均值分别为 22.22 和 7.13，专家型组织在挂牌当年年底的著作权数量指标上表现排名第三，均值为 14.14，挂牌当年年底的专利数量表现最差，均值为 2.23；独裁型组织在挂牌当年年底的著作权数量表现垫底，均值为 8.43，挂牌当年年底的专利数量均值在四组中排名第三，为 4.43。

考虑行业差异，在互联网和相关服务（I64）内，不同的组织正式结构类型在挂牌当年年底的著作权数量指标上存在显著差异（$F=4.915$，$P=0.003$）。按照组织正式结构进行分组，职能型组织、象征型组织、专家型组织和独裁性组织的企业在挂牌当年年底的著作权数量均值依次降低，分别为 26.63、20.43、14.07 和 9.05。在软件和信息技术服务业（I65）内，不同组织正式结构的企业在挂牌当年年底的著作权数量、专利数量和产品/服务创新得分指标上均值差异显著（$F=16.223$，$P=0.000$；$F=7.154$，

$P = 0.000$；$F = 2.155$，$P = 0.092$）。职能型组织挂牌当年年底的著作权数量均值和产品/服务创新得分均值最高，分别为 32.14 和 3.28，挂牌当年年底的专利数量均值第二高，为 5.18；象征型组织挂牌当年年底的专利数量均值最高，为 6.32，著作权数量均值和产品/服务创新得分均值在四组中排名第二，分别为 24.71 和 3.18；专家型组织挂牌当年年底的著作权数量和产品/服务创新表现排名第三，均值分别为 17.58 和 3.09，挂牌当年年底的专利数量表现最差，均值 2.74；独裁型组织除了在挂牌当年年底的专利数量均值为 3.11，在四组中排名第三以外，其余两项指标均表现垫底。

考虑企业生存年限不同，在生存年限大于或等于 8 年的企业内，组织正式结构不同的企业在挂牌当年年底的著作权数量（$F = 9.722$，$P = 0.000$）、专利数量（$F = 4.586$，$P = 0.004$）和产品/服务创新得分（$F = 2.373$，$P = 0.070$）指标上均值差异显著。职能型组织在挂牌当年年底的著作权数量均值和产品/服务创新得分均值最高，分别为 35.08 和 3.29，挂牌当年年底的专利数量均值第二高，为 5.28；象征型组织挂牌当年年底的专利数量均值最高，为 6.25，著作权数量均值和产品/服务创新得分均值在四组中排名第二，分别为 26.88 和 3.19；专家型组织在挂牌当年年底的著作权数量表现排名第三，均值为 20.52，挂牌当年年底的专利数量和产品/服务创新得分表现最差，均值分别为 2.78 和 3.06；独裁型组织除了在挂牌当年年底的著作权数量均值为 17.09，表现垫底以外，其余两项指标表现在四组中均排名第三。在生存年限小于 8 年的企业内，组织正式结构不同的企业在挂牌当年年底的著作权数量指标上存在显著差异（$F = 4.607$，$P = 0.004$）。职能型组织在挂牌当年年底的著作权数量均值最高，为 18.00，象征型组织次之，均值为 17.29，之后是专家型组织，均值为 12.36，独裁型组织在挂牌当年年底的著作权数量均值最低，为 10.50。

考虑企业规模不同，在员工规模大的企业分组内，组织正式结构不同的企业在挂牌当年年底的著作权数量（$F = 2.603$，$P = 0.052$）和专利数量（$F = 2.603$，$P = 0.052$）指标上存在显著差异。职能型组织挂牌当年年底的著作权数量均值和专利数量均值最高，分别为 36.10 和 5.78；象征型组织次之，均值分别为 27.71 和 5.51；专家型组织挂牌当年年底的著作权数量表现排名第三，均值为 23.71，挂牌当年年底的专利数量表现最差，均值为 2.73；独裁型组织在挂牌当年年底的著作权数量均值为 17.09，表现垫底，而专利数量指标表现在四组中排名第三，均值为 3.55。在员工规模小的企业分组内，组织正式结构不同的企业在挂牌当年年底的著作权数量指标上存在显著差异（$F = 9.678$，$P = 0.000$）。按照组织正式结构进行分组，职能型组织、专家型组织、象征型组织和独裁型组织的企业在挂牌当年年底的著作权数量均值依次降低，分别为 22.39、13.01、12.72 和 10.21。

# 第 5 章

# 新三板 IT 企业商业模式创新与组织架构

正如系列报告《商业模式创新实践的微观基础与理论挑战》中的核心观点所言，效率和新颖往往是商业模式创新的双元战略方向，也是商业模式思维在企业与外部利益相关者交易结构立场上来通观全局、站高判远的突破点，甚至是企业间商业模式出现业绩差异的根本原因。另外也要强调的是，尽管大多数企业往往是选择沿着某一个战略方向前行，但这并不意味着这两个方向不能兼容。特别是在时间维度上，大多数以效率入手的商业模式创新逐渐转向在新颖角度做文章；而大多数从新颖角度入手的商业模式创新往往也会兼顾效率。本章将着重分析新三板 IT 企业的组织架构，即职能型结构和内部组织结构如何服务于企业商业模式创新，并影响企业商业模式创新表现。

## 5.1 商业模式的创新表现

整体来看，在 955 家企业中，商业模式创新的效率维度平均值为 0.42，最小值为 0.12，最大值为 0.94；商业模式创新的新颖维度平均值为 0.37，最小值为 0.02，最大值为 0.85。

### 5.1.1 商业模式创新的企业分布特征

1. 地区分布

根据经济发展程度将企业所在地区划分为较发达地区和次发达地区，探究在不同经济发展程度地区的企业的商业模式创新情况。结果显示（表 5-1），较发达地区的企业和次发达地区的企业在效率维度创新得分（$F=7.621$，$P=0.006$；$t=2.959$，$P=0.003$）和新颖维度创新得分（$F=11.438$，$P=0.001$；$t=3.382$，$P=0.001$）方面存在显著差异，即企业商业模式创新与企业所在地区的经济发展程度显著相关。其中，在较发达地区内，企业的效率维度创新得分均值为 0.43，新颖维度创新得分均值为 0.38，显著高于次发达地区企业的效率维度创新得分均值 0.39，新颖维度创新得分均值 0.35。这说明处于经济发展程度较发达地区的企业可能拥有更多的创新资源，因此显著更倾向于进行商业模式创新。

表 5-1 企业商业模式创新的地区分布特征

| 经济发展程度 | | 效率维度创新得分 | 新颖维度创新得分 |
|---|---|---|---|
| 较发达地区 | 平均值 | 0.43 | 0.38 |
| | 标准差 | 0.17 | 0.12 |
| 次发达地区 | 平均值 | 0.39 | 0.35 |
| | 标准差 | 0.15 | 0.11 |
| ANOVA | F 值 | 7.621*** | 11.438*** |
| | P 值 | 0.006 | 0.001 |
| t 检验 | t 值 | 2.959*** | 3.382*** |
| | P 值 | 0.003 | 0.001 |

***表示在 99%的置信水平下存在显著性

此外，在较发达地区内部，企业所处地区在企业效率维度创新得分和新颖维度创新得分方面均不存在显著差异，而在次发达地区内部，企业所在地区在企业效率维度创新得分上存在显著差异（$F=4.489$，$P=0.013$），其中，西部地区的企业的效率维度创新得分均值最高，为 0.43，中部地区企业次之，均值为 0.38，东北地区的企业的效率维度创新得分均值最低，为 0.33。

2. 行业分布

考虑企业所处行业的不同，结果显示（表 5-2）互联网和相关服务（I64）与软件和信息技术服务业（I65）在企业效率维度创新得分（$F=218.620$，$P=0.000$；$t=12.812$, $P=0.000$）和新颖维度创新得分（$F=4.893$, $P=0.027$; $t=2.000$, $P=0.046$）方面存在显著差异。互联网和相关服务（I64）企业的效率维度创新得分均值为 0.56，新颖维度创新得分均值为 0.39，显著高于软件和信息技术服务业（I65）企业的效率维度创新得分均值 0.38，新颖维度创新得分均值 0.37。这可能说明互联网和相关服务（I64）的商业模式创新需求显著高于软件和信息技术服务业（I65）。

表 5-2 企业商业模式创新的行业分布特征

| 所处行业 | | 效率维度创新得分 | 新颖维度创新得分 |
|---|---|---|---|
| 互联网和相关服务（I64） | 平均值 | 0.56 | 0.39 |
| | 标准差 | 0.18 | 0.13 |

续表

| 所处行业 | | 效率维度创新得分 | 新颖维度创新得分 |
|---|---|---|---|
| 软件和信息技术服务业（I65） | 平均值 | 0.38 | 0.37 |
| | 标准差 | 0.14 | 0.11 |
| ANOVA | $F$ 值 | 218.620*** | 4.893** |
| | $P$ 值 | 0.000 | 0.027 |
| $t$ 检验 | $t$ 值 | 12.812*** | 2.000** |
| | $P$ 值 | 0.000 | 0.046 |

**、***分别表示在95%、99%的置信水平下存在显著性

### 3. 企业年龄分布

在考虑企业生存年限差异的情况下，结果显示（表5-3），生存年限大于或等于8年的企业和生存年限小于8年的企业在企业效率维度创新得分上存在显著差异（$F = 35.013$，$P = 0.000$，$t = -5.765$，$P = 0.000$）。在生存年限大于或等于8年的企业内，企业的效率维度创新得分均值为0.39，显著低于生存年限小于8年的企业的效率维度创新得分均值0.46。此外，虽然生存年限不同的企业在企业新颖维度创新得分方面未表现出显著差异，但从样本来看，生存年限大于或等于8年的企业的新颖维度创新得分均值为0.37，依然低于生存年限小于8年的企业的新颖维度创新得分均值。这说明，企业生存时间越久，企业越成熟，越不倾向于进行商业模式创新。

表5-3　企业商业模式创新的企业年龄分布特征

| 企业年龄 | | 效率维度创新得分 | 新颖维度创新得分 |
|---|---|---|---|
| 生存年限大于或等于8年 | 平均值 | 0.39 | 0.37 |
| | 标准差 | 0.15 | 0.11 |
| 生存年限小于8年 | 平均值 | 0.46 | 0.38 |
| | 标准差 | 0.18 | 0.12 |
| ANOVA | $F$ 值 | 35.013*** | 2.174 |
| | $P$ 值 | 0.000 | 0.141 |
| $t$ 检验 | $t$ 值 | -5.765*** | -1.454 |
| | $P$ 值 | 0.000 | 0.146 |

***表示在99%的置信水平下存在显著性

4. 企业规模分布

用企业员工人数这一指标来反映企业规模，结果显示（表 5-4），员工规模不同的企业在企业效率维度创新得分（$F=35.013$，$P=0.000$）和新颖维度创新得分（$t=2.323$，$P=0.020$）上均存在显著差异。在员工规模大的企业内，企业的效率维度创新得分和新颖维度创新得分均值分别为 0.43 和 0.38，显著高于员工规模小的企业的效率维度创新得分均值 0.41 和新颖维度创新得分均值 0.36。这说明，企业规模越大，企业所可能掌握的资源越多，越倾向于进行商业模式创新。

**表 5-4　企业商业模式创新的企业规模分布特征**

| 企业规模 | | 效率维度创新得分 | 新颖维度创新得分 |
|---|---|---|---|
| 员工规模大 | 平均值 | 0.43 | 0.38 |
| | 标准差 | 0.17 | 0.12 |
| 员工规模小 | 平均值 | 0.41 | 0.36 |
| | 标准差 | 0.16 | 0.11 |
| ANOVA | $F$ 值 | 35.013*** | 2.174 |
| | $P$ 值 | 0.000 | 0.141 |
| $t$ 检验 | $t$ 值 | 1.428 | 2.323** |
| | $P$ 值 | 0.154 | 0.020 |

**、***分别表示在 95%、99% 的置信水平下存在显著性

### 5.1.2　商业模式创新分组

1. 商业模式创新效率维度分组

基于商业模式在效率维度的不同创新表现，可以将企业划分为三类：①高度创新组，即效率维度得分等于或大于 0.50，这类企业在商业模式效率维度方面做出了重要创新；②适度创新组，即效率维度得分介于 0.25～0.50，这类企业在商业模式效率维度方面做出了一些创新，但创新程度很弱，与行业内其他企业相比没有显著差异；③低创新组，即效率维度得分介于 0～0.25，这类企业在商业模式效率维度方面几乎算不上创新，与行业内其他企业相比没有差异。

如图 5-1 所示，882 家企业中，有 255 家企业属于效率维度高度创新组，占比 28.91%；576 家企业属于效率维度适度创新组，占比 65.31%；仅 51 家企业属于效率维度低创新组，占比 5.78%。

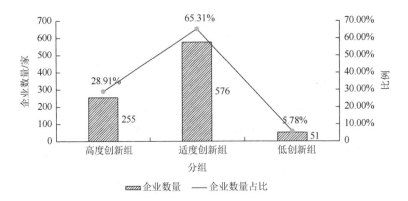

图 5-1    882 家企业商业模式效率维度创新分组情况

### 2. 商业模式创新新颖维度分组

基于商业模式在新颖维度的不同创新表现，可以将企业划分为三类：①高度创新组，即新颖维度得分等于或大于 0.50，这类企业在商业模式新颖维度方面做出了重要创新；②适度创新组，即新颖维度得分介于 0.25～0.50，这类企业在商业模式新颖维度方面做出了一些创新，但创新程度很弱，与行业内其他企业相比没有显著差异；③低创新组，即新颖维度得分介于 0～0.25，这类企业在商业模式新颖维度方面几乎算不上创新，与行业内其他企业相比没有差异。

如图 5-2 所示，882 家企业中，有 138 家企业属于新颖维度高度创新组，占比 15.65%；665 家企业属于新颖维度适度创新组，占比 75.40%；仅 79 家属于新颖维度低创新组，占比 8.96%。

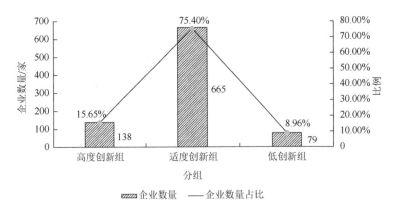

图 5-2    882 家企业商业模式新颖维度创新分组情况

注：图中数据相加不为 100% 是数据修约所致

### 3. 商业模式创新平衡分组

在 882 家企业中，排除 106 家没有商业模式创新的企业后，共有 776 家企业进行了较高程度或适度的商业模式创新。其中，106 家没有商业模式创新的企业可以分为三类，第一类是在商业模式的效率和新颖维度均没有做出创新的企业，第二类是在新颖维度没有创新但在效率维度适度创新的企业，第三类是在效率维度没有创新而在新颖维度适度创新的企业。尽管第二类和第三类企业在效率或新颖维度做出了适度创新，但它们与第一类企业在商业模式创新方面并没有本质性差异，故将其视为与第一类相同的企业，归入没有创新的企业。

针对 776 家有一定商业模式创新的企业，可以将其划分为四组：①低水平创新平衡组，即企业在效率与新颖维度同时做出适度商业模式创新；②高水平创新平衡组，即企业在效率与新颖维度同时做出高度商业模式创新；③效率主导的创新不平衡组，即企业仅在效率维度方面做出高度商业模式创新；④新颖主导的创新不平衡组，即企业仅在新颖维度做出高度商业模式创新。

如图 5-3 所示，776 家企业中有 473 家企业属于低水平创新平衡组，占比 60.95%；90 家企业属于高水平创新平衡组，占比 11.60%；165 家企业属于效率主导的创新不平衡组，占比 21.26%；48 家企业属于新颖主导的创新不平衡组，占比 6.19%。

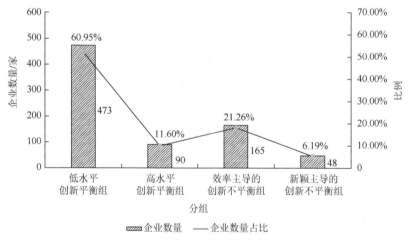

图 5-3　776 家企业商业模式创新平衡程度分组情况

## 5.2　高管团队职能型结构与商业模式创新

### 5.2.1　高管团队职能型结构与商业模式效率维度创新

考虑职能型高管设置与企业商业模式效率维度创新之间的关系，结果显示，882 家新三板 IT 企业中，企业高管团队是否设置 CTO 这一职能岗位与企业商业模式效率维度创新显著相关（$\chi^2 = 24.461$，$P = 0.000$）。如图 5-4 所示，设置 CTO 的企业中，在商业模式效率维度方面做了适度创新的企业比例为 72.5%，显著高于没有设置

CTO 的企业中进行适度的效率维度创新的企业比例 56.6%。这说明相对于没有设置 CTO 的企业来说,设置 CTO 的企业在商业模式效率维度方面进行高度创新和低创新的倾向性较小,而更偏好于进行适度的效率维度创新。

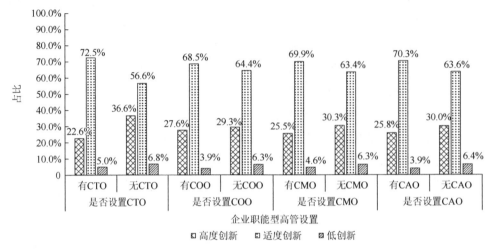

图 5-4   职能型高管设置与企业商业模式效率维度创新

注:图中数据之和不为 100%是数据修约所致

同时,企业高管团队的职能组合偏好也与企业商业模式效率维度创新显著相关($\chi^2 = 18.192$,$P = 0.001$)。如图 5-5 所示,集中型职能结构、均衡型职能结构、分散型职能结构中进行高度的效率维度创新的企业比例依次递减,分别为 32.9%、25.7% 和 17.7%;分散型职能结构在商业模式效率维度方面进行适度创新的企业比例最高,为 80.5%,均衡型职能结构次之,企业比例为 67.6%,集中型职能结构进行适度的商业模式效率维度创新的企业比例最低,为 60.9%;均衡型职能结构、集中型职

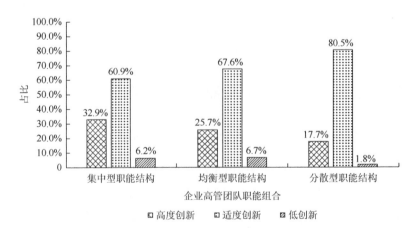

图 5-5   高管团队职能组合与商业模式效率维度创新

能结构和分散型职能结构中在商业模式效率维度创新方面进行低创新的企业比例逐次降低。这说明设置集中型职能结构的企业更倾向于进行高度的效率维度创新，设置均衡型职能结构的企业更偏向于在效率维度创新上进行低创新，而设置分散型职能结构的企业在商业模式效率维度方面进行高度创新和低创新的倾向性较小，而更偏好于进行适度的效率维度创新。

### 5.2.2　高管团队职能型结构与商业模式新颖维度创新

分析职能型高管设置与企业商业模式新颖维度创新之间的关系，结果显示，882 家新三板 IT 企业中，除了高管团队设置 CTO 职能岗位与企业商业模式新颖维度创新显著相关（$\chi^2 = 9.779$，$P = 0.008$），高管团队设置 COO 职能岗位也与企业商业模式新颖维度创新显著相关（$\chi^2 = 4.669$，$P = 0.097$）。具体而言，如图 5-6 所示，设置 CTO 的企业中，在商业模式新颖维度方面做出了适度创新的企业比例为 79.5%，显著高于没有设置 CTO 的企业中进行适度创新的企业比例 70.4%。而设置 COO 的企业内进行高度的新颖维度创新的企业比例为 10.8%，显著低于没有设置 COO 的企业内进行高度的新颖维度创新的企业比例 17.1%。这说明相对于没有设置 CTO 的企业来说，设置 CTO 的企业在商业模式新颖维度方面更偏好于进行适度创新，而相对于设置 COO 的企业，没有设置 COO 的企业更倾向于进行高度的新颖维度创新。

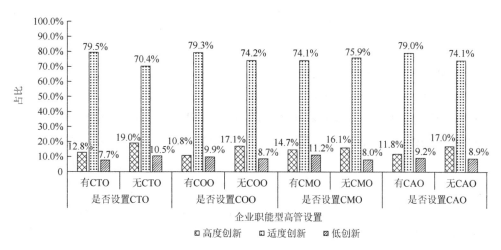

图 5-6　职能型高管设置与企业商业模式新颖维度创新

同时，企业高管团队的职能组合偏好与企业商业模式新颖维度创新显著相关（$\chi^2 = 11.405$，$P = 0.022$）。如图 5-7 所示，集中型职能结构、均衡型职能结构、分散型职能结构在商业模式新颖维度方面进行高度创新的企业比例依次降低，分别为 18.6%、12.3% 和 9.7%；均衡型职能结构中进行适度的新颖维度创新的企业比例最高，为 80.6%，分散型职能结构次之，企业比例为 77.9%，集中型职能结构进行适度的商业模式新颖维度创新的企业比例最低，为 72.3%；分散型职能结构、集中型职能结构、均衡型职能结构在新颖维度方面进行低创新的企业比例逐次降低。这说明集中型职能结构倾向于进行高度的新颖维度创新，均衡型职能结构更倾向于进行适度的新颖维度创新，而分散型职能结构倾向于在新颖维度方面进行低创新。

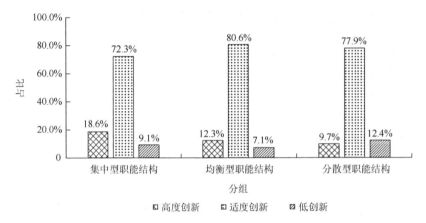

图 5-7    高管团队职能组合与企业商业模式新颖维度创新

### 5.2.3    高管团队职能型结构与商业模式创新平衡

进一步分析职能型高管设置与企业商业模式创新平衡之间的关系，结果显示，企业高管团队是否设置 CTO 这一职能岗位与其商业模式创新平衡显著相关（$\chi^2 = 28.246$，$P = 0.000$）。如图 5-8 所示，设置 CTO 的企业中，实现低水平创新平衡的企业比例为 69.3%，显著高于没有设置 CTO 的企业中实现低水平创新平衡的企业比例 50.7%。这说明相对于没有设置 CTO 的企业来说，设置 CTO 的企业更倾向于实现低水平的创新平衡，即在效率维度和新颖维度创新方面同时进行适度创新。这一结论与前文一致。

此外，企业高管团队的职能组合偏好也与企业商业模式创新平衡显著相关（$\chi^2 = 15.934$，$P = 0.014$）。如图 5-9 所示，分散型职能结构、均衡型职能结构、集中型职能结构中实现低水平创新平衡的企业比例依次降低，分别为 72.4%、65.5% 和 56.3%；集中型职能结构中进行高水平创新平衡和效率主导的创新不平衡的企业比例最高，分别为 14.4% 和 22.7%，均衡型职能结构次之，企业比例分别为 9.1% 和 20.5%，分散型职能结构中进行高水平创新平衡和效率主导的创新不平衡的企业比例最低，分别为 4.1% 和 16.3%；而分散型职能结构、集中型职能结构、均衡型职能结构中实现新颖主导的创新不平衡的企业比例逐次降低。这说明集中型职能结构的企业倾向于实现高水平创新平衡和效率主导的创新不平衡，而分散型职能结构的企业倾向于实现低水平创新平衡和新颖主导的创新不平衡。

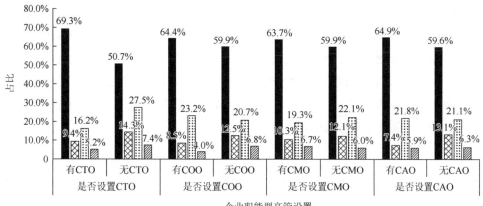

图 5-8　职能型高管设置与企业商业模式创新平衡

注：图中数据之和不为 100% 是数据修约所致

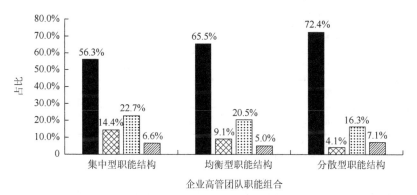

图 5-9　高管团队职能组合与企业商业模式创新平衡

注：图中数据之和不为 100% 是数据修约所致

## 5.3　企业内部组织结构与商业模式创新

本节分析企业部门设置偏好、资源配置和组织正式结构与商业模式不同维度创新以及创新平衡之间的关系。

结果显示，无论是偏好简单组织结构、相对复杂组织结构还是复杂组织结构，均未表现出明显的效率维度创新差异。在三种组织结构中，都是适度创新类企业占比最高，其次为高度创新类企业，而低创新类企业均占末位。不同资源配置偏好的企业则在商业模式效率维度创新方面表现出显著差异（$\chi^2 = 38.264$，$P = 0.000$）。如表 5-5 所示，销售主导组、生产主导组、均衡组、研发主导组中进行高度的效率维度创新的企业比例依次递减，分别为 52.9%、37.7%、25.8%和 21.2%；研发主导组中在商业模式效率维度方面进行适度创新和低创新的企业比例最高，分别为 71.8%和 6.9%，均衡组次之，企业比例分别为 68.2%和 5.9%，然后是生产主导组，企业比例分别为 56.9%和 5.4%，销售主导组中在商业模式效率维度方面进行适度创新和低创新的企业比例最低，分别为 44.7%和 2.4%。这说明研发主导组企业更倾向于在商业模式效率维度方面进行适度创新和低创新。

表 5-5　企业商业模式效率维度创新与企业资源配置

| 企业资源配置 | | 高度创新 | 适度创新 | 低创新 | $\chi^2$ | P 值 |
|---|---|---|---|---|---|---|
| 研发主导组 | 企业数量 | 52 | 176 | 17 | | |
| | 企业数量占比 | 21.2% | 71.8% | 6.9% | | |
| 销售主导组 | 企业数量 | 45 | 38 | 2 | | |
| | 企业数量占比 | 52.9% | 44.7% | 2.4% | 38.264*** | 0.000 |
| 生产主导组 | 企业数量 | 49 | 74 | 7 | | |
| | 企业数量占比 | 37.7% | 56.9% | 5.4% | | |
| 均衡组 | 企业数量 | 109 | 288 | 25 | | |
| | 企业数量占比 | 25.8% | 68.2% | 5.9% | | |

注：表中百分数之和不为100%是数据修约所致
***表示在 99%的置信水平下存在显著性

考虑新颖维度创新，企业部门设置偏好、资源配置和组织正式结构均未在企业商业模式新颖维度创新方面表现出显著差异。

不同资源配置偏好的企业则在商业模式创新平衡方面表现出显著差异（$\chi^2 = 38.906$，$P = 0.000$）。如表 5-6 所示，研发主导组、均衡组、生产主导组、销售主导组中实现低水平创新平衡的企业比例依次递减，分别为 68.5%、64.0%、52.7%和 38.0%；销售主导组中实现高水平创新平衡和效率主导的创新不平衡的企业比例最高，分别为 16.5%和 40.5%，生产主导组次之，企业比例分别为 14.3%和 29.5%，其次是均衡组，企业比例分别为 11.6%和 17.7%，研发主导组中实现高水平创新平衡和效率主导的创新不平衡的企业比例最低，分别为 8.5%和 16.0%；在新颖主导的创新不平衡方面，研发主导组、均衡组、销售主导组、生产主导组中实现该创新不平衡的企业比例逐次降低。这说明研发主导组企业更倾向于实现低水平创新平衡和新颖主导的创新不平衡，而销售主导组更倾向于实现高水平创新平衡和效率主导的创新不平衡。

表 5-6　企业商业模式创新平衡与企业资源配置

| 企业资源配置 | | 低水平创新平衡 | 高水平创新平衡 | 效率主导的创新不平衡 | 新颖主导的创新不平衡 | $\chi^2$ | $P$ 值 |
|---|---|---|---|---|---|---|---|
| 研发主导组 | 企业数量 | 146 | 18 | 34 | 15 | | |
| | 企业数量占比 | 68.5% | 8.5% | 16.0% | 7.0% | | |
| 销售主导组 | 企业数量 | 30 | 13 | 32 | 4 | | |
| | 企业数量占比 | 38.0% | 16.5% | 40.5% | 5.1% | 38.906*** | 0.000 |
| 生产主导组 | 企业数量 | 59 | 16 | 33 | 4 | | |
| | 企业数量占比 | 52.7% | 14.3% | 29.5% | 3.6% | | |
| 均衡组 | 企业数量 | 238 | 43 | 66 | 25 | | |
| | 企业数量占比 | 64.0% | 11.6% | 17.7% | 6.7% | | |

注：表中百分数之和不为100%是数据修约所致

***表示在 99%的置信水平下存在显著性

　　同时，不同类型的组织正式结构在企业商业模式创新平衡方面表现出显著差异（$\chi^2 = 17.774$，$P = 0.038$）。如表 5-7 所示，职能型组织的企业中实现低水平创新平衡的企业比例最高，为 64.2%，实现效率主导的创新不平衡和新颖主导的创新不平衡的企业比例第二高，分别为 21.0%和 6.2%，而实现高水平创新平衡的企业比例在四组中最低，为 8.6%；象征型组织的企业中实现低水平创新平衡和高水平创新平衡的企业比例在四组中排名第二，分别为63.9%和11.0%，而实现效率主导的创新不平衡和新颖主导的创新不平衡的企业比例在四组中分别排名第四（19.8%）和第三（5.3%）；专家型组织的企业实现高水平创新平衡的企业比例最高，为 12.9%，实现低水平创新平衡和效率主导的创新不平衡的企业比例在四组中排名第三，分别为 61.3%和20.6%，而实现新颖主导的创新不平衡的企业最低，仅为5.2%；独裁型组织的企业中实现创新不平衡的企业比例最高，其中实现效率主导的创新不平衡的企业比例为30.8%，实现新颖主导的创新不平衡的企业比例为 15.4%，实现高水平创新平衡的企业比例为 9.2%，在四组中排名第三，而实现低水平创新平衡的企业比例在四组中垫底，为 44.6%。

表 5-7　企业商业模式创新平衡与组织正式结构

| 组织正式结构 | | 低水平创新平衡 | 高水平创新平衡 | 效率主导的创新不平衡 | 新颖主导的创新不平衡 | $\chi^2$ | $P$ 值 |
|---|---|---|---|---|---|---|---|
| 职能型组织 | 企业数量 | 52 | 7 | 17 | 5 | 17.774** | 0.038 |
| | 企业数量占比 | 64.2% | 8.6% | 21.0% | 6.2% | | |

续表

| 组织正式结构 | | 低水平创新平衡 | 高水平创新平衡 | 效率主导的创新不平衡 | 新颖主导的创新不平衡 | $\chi^2$ | $P$ 值 |
|---|---|---|---|---|---|---|---|
| 象征型组织 | 企业数量 | 145 | 25 | 45 | 12 | | |
| | 企业数量占比 | 63.9% | 11.0% | 19.8% | 5.3% | | |
| 专家型组织 | 企业数量 | 247 | 52 | 83 | 21 | 17.774** | 0.038 |
| | 企业数量占比 | 61.3% | 12.9% | 20.6% | 5.2% | | |
| 独裁型组织 | 企业数量 | 29 | 6 | 20 | 10 | | |
| | 企业数量占比 | 44.6% | 9.2% | 30.8% | 15.4% | | |

**表示在95%的置信水平下存在显著性

# 第 6 章

# 不同商业模式情境下组织架构的影响

## 6.1  商业模式效率维度创新与组织架构的交互影响

### 6.1.1  商业模式效率维度创新与高管团队职能型结构的交互影响

1. 商业模式效率维度创新与职能型高管设置的交互影响

（1）对企业经营业绩的影响。分析不同程度的商业模式效率维度创新下企业高管团队职能型高管设置对企业经营业绩的影响。结果显示（表 6-1），就 CTO 岗位而言，在效率维度进行高度创新的企业内，高管团队设置 CTO 职能岗位与企业挂牌当年年底的营业收入（相关系数为-0.156，$P = 0.014$）和营业收入增长率（相关系数为-0.125，$P = 0.049$）显著相关。按企业高管团队是否设置 CTO 这一职能进行分组，组间企业在营业收入指标上呈现出显著差异（$F = 6.112$，$P = 0.014$；$t = 2.749$，$P = 0.007$），而在营业收入增长率上未表现出显著差异。设置了 CTO 的企业在挂牌当年年底的营业收入均值为 0.59，显著低于未设置 CTO 的企业在挂牌当年年底的营业收入均值 1.06。在进行适度效率维度创新的企业内，高管团队设置 CTO 岗位与企业挂牌当年年底的业绩指标均未表现出显著的相关关系。然而，根据是否设置 CTO 进行分组，组间企业在总资产指标上呈现出显著差异（$t = 1.650$，$P = 0.100$），设置 CTO 的企业在挂牌当年年底的总资产均值为 0.88，显著高于没有设置 CTO 的企业在挂牌当年年底的总资产均值 0.74。在效率维度低创新的企业内，高管团队 CTO 岗位设置与企业挂牌当年年底的总资产（相关系数为 0.384，$P = 0.005$）、营业收入（相关系数为 0.369，$P = 0.008$）和净利润（相关系数为 0.314，$P = 0.025$）呈现出显著的正相关关系。ANOVA 和 $t$ 检验的结果显示，设置了 CTO 的企业在挂牌当年年底的总资产均值为 1.22，营业收入均值为 1.20、净利润均值为 0.16，显著高于没有设置 CTO 的企业在挂牌当年年底的总资产均值 0.51（$F = 8.500$，$P = 0.005$；$t = 2.777$，$P = 0.010$）、营业收入均值 0.50（$F = 7.707$，$P = 0.008$；$t = 2.645$，$P = 0.013$）和净利润均值 0.06（$F = 5.367$，$P = 0.025$；$t = 2.204$，$P = 0.036$）。

**表 6-1　商业模式效率维度创新程度与 CTO 设置对企业经营业绩的交互影响**

| 企业是否设置 CTO | | 总资产 | 营业收入 | 净利润 | 总资产增长率 | 营业收入增长率 | 净利润增长率 |
|---|---|---|---|---|---|---|---|
| 高度创新 | | | | | | | |
| 有 CTO | 平均值 | 0.97 | 0.59 | 0.04 | 0.78 | 0.50 | −0.14 |
| | 标准差 | 1.61 | 0.68 | 0.19 | 1.37 | 1.10 | 7.68 |
| 无 CTO | 平均值 | 1.00 | 1.06 | −0.02 | 0.99 | 0.90 | −0.41 |
| | 标准差 | 1.16 | 1.88 | 0.59 | 2.27 | 1.89 | 7.94 |
| 相关性分析 | 相关系数 | −0.013 | −0.156** | 0.058 | −0.053 | −0.125** | 0.017 |
| | $P$ 值 | 0.837 | 0.014 | 0.364 | 0.402 | 0.049 | 0.785 |
| ANOVA | $F$ 值 | 0.042 | 6.112** | 0.826 | 0.704 | 3.913 | 0.075 |
| | $P$ 值 | 0.837 | 0.014 | 0.364 | 0.402 | 0.049 | 0.785 |
| $t$ 检验 | $t$ 值 | 0.206 | 2.749*** | −0.909 | 0.895 | 2.117 | −0.273 |
| | $P$ 值 | 0.837 | 0.007 | 0.364 | 0.372 | 0.035 | 0.785 |
| 适度创新 | | | | | | | |
| 有 CTO | 平均值 | 0.88 | 0.69 | 0.08 | 0.65 | 0.50 | 0.77 |
| | 标准差 | 1.25 | 0.87 | 0.14 | 1.00 | 0.79 | 7.66 |
| 无 CTO | 平均值 | 0.74 | 0.65 | 0.07 | 0.62 | 0.55 | 0.40 |
| | 标准差 | 0.88 | 0.89 | 0.14 | 1.03 | 1.35 | 7.46 |
| 相关性分析 | 相关系数 | 0.064 | 0.019 | 0.028 | 0.015 | −0.021 | 0.024 |
| | $P$ 值 | 0.125 | 0.650 | 0.512 | 0.725 | 0.616 | 0.573 |
| ANOVA | $F$ 值 | 2.356 | 0.206 | 0.431 | 0.124 | 0.252 | 0.318 |
| | $P$ 值 | 0.125 | 0.650 | 0.512 | 0.725 | 0.616 | 0.573 |
| $t$ 检验 | $t$ 值 | 1.650* | 0.454 | 0.657 | 0.353 | −0.502 | 0.564 |
| | $P$ 值 | 0.100 | 0.650 | 0.512 | 0.725 | 0.616 | 0.573 |
| 低创新 | | | | | | | |
| 有 CTO | 平均值 | 1.22 | 1.20 | 0.16 | 0.37 | 0.54 | 1.26 |
| | 标准差 | 1.19 | 1.25 | 0.21 | 0.49 | 1.16 | 1.94 |
| 无 CTO | 平均值 | 0.51 | 0.50 | 0.06 | 0.43 | 0.55 | 0.73 |
| | 标准差 | 0.38 | 0.41 | 0.06 | 0.39 | 0.79 | 1.70 |
| 相关性分析 | 相关系数 | 0.384** | 0.369** | 0.314* | −0.069 | −0.009 | 0.145 |
| | $P$ 值 | 0.005 | 0.008 | 0.025 | 0.632 | 0.950 | 0.311 |
| ANOVA | $F$ 值 | 8.500*** | 7.707*** | 5.367** | 0.232 | 0.004 | 1.048 |
| | $P$ 值 | 0.005 | 0.008 | 0.025 | 0.632 | 0.950 | 0.311 |
| $t$ 检验 | $t$ 值 | 2.777*** | 2.645** | 2.204** | −0.481 | −0.063 | 1.024 |
| | $P$ 值 | 0.010 | 0.013 | 0.036 | 0.632 | 0.950 | 0.311 |

*、**、***分别表示在 90%、95%、99%的置信水平下存在显著性

相比之下，COO、CMO 和 CAO 岗位的设置仅在某一组商业模式效率维度创新企业内与其经营业绩存在显著相关关系。具体地，如表 6-2 所示，在效率维度进行适

度创新的企业内，高管团队设置 COO 与企业挂牌当年年底的净利润显著正相关（相关系数为 0.092，$P=0.028$）。根据企业高管团队是否设置 COO 这一职能进行分组，组间企业在净利润指标上呈现出显著差异（$F=4.843$，$P=0.028$；$t=1.756$，$P=0.081$），设置了 COO 的企业在挂牌当年年底的净利润均值为 0.10，显著高于未设置 COO 的企业在挂牌当年年底的净利润均值 0.07。

表 6-2　商业模式效率维度创新程度与 COO 设置对企业经营业绩的交互影响

| 企业是否设置 COO | | 总资产 | 营业收入 | 净利润 | 总资产增长率 | 营业收入增长率 | 净利润增长率 |
|---|---|---|---|---|---|---|---|
| 适度创新 | | | | | | | |
| 有 COO | 平均值 | 0.89 | 0.65 | 0.10 | 0.67 | 0.55 | −0.18 |
| | 标准差 | 1.34 | 0.77 | 0.19 | 1.02 | 1.42 | 7.82 |
| 无 COO | 平均值 | 0.81 | 0.68 | 0.07 | 0.63 | 0.51 | 0.88 |
| | 标准差 | 1.04 | 0.91 | 0.12 | 1.01 | 0.89 | 7.49 |
| 相关性分析 | 相关系数 | 0.031 | −0.014 | 0.092** | 0.019 | 0.019 | −0.060 |
| | $P$ 值 | 0.454 | 0.733 | 0.028 | 0.659 | 0.656 | 0.151 |
| ANOVA | $F$ 值 | 0.561 | 0.117 | 4.843** | 0.195 | 0.198 | 2.063 |
| | $P$ 值 | 0.454 | 0.733 | 0.028 | 0.659 | 0.656 | 0.151 |
| $t$ 检验 | $t$ 值 | 0.749 | −0.342 | 1.756* | 0.441 | 0.445 | −1.436 |
| | $P$ 值 | 0.454 | 0.733 | 0.081 | 0.659 | 0.656 | 0.151 |

*、**分别表示在 90%、95% 的置信水平下存在显著性

在进行高度创新的企业内，如表 6-3 所示，高管团队设置 CMO 与企业挂牌当年年底的净利润增长率显著正相关（相关系数为 0.158，$P=0.013$）。按企业高管团队是否设置 CMO 这一职能进行分组，组间企业在净利润增长率上呈现出显著差异（$F=6.279$，$P=0.013$；$t=-2.506$，$P=0.013$），设置了 CMO 的企业在挂牌当年年底的净利润增长率均值为 184%，显著高于未设置 CMO 的企业在挂牌当年年底的净利润增长率均值 −100%。

表 6-3　商业模式效率维度创新程度与 CMO 设置对企业经营业绩的交互影响

| 企业是否设置 CMO | | 总资产 | 营业收入 | 净利润 | 总资产增长率 | 营业收入增长率 | 净利润增长率 |
|---|---|---|---|---|---|---|---|
| 高度创新 | | | | | | | |
| 有 CMO | 平均值 | 0.91 | 0.70 | 0.04 | 0.83 | 0.57 | 1.84 |
| | 标准差 | 1.53 | 0.75 | 0.18 | 2.18 | 1.34 | 8.19 |

续表

| 企业是否设置 CMO | | 总资产 | 营业收入 | 净利润 | 总资产增长率 | 营业收入增长率 | 净利润增长率 |
|---|---|---|---|---|---|---|---|
| 无 CMO | 平均值 | 1.01 | 0.91 | 0.00 | 0.92 | 0.78 | −1.00 |
| | 标准差 | 1.31 | 1.68 | 0.52 | 1.85 | 1.69 | 7.58 |
| 相关性分析 | 相关系数 | −0.031 | −0.059 | 0.037 | −0.019 | −0.057 | 0.158** |
| | $P$ 值 | 0.622 | 0.353 | 0.563 | 0.768 | 0.368 | 0.013 |
| ANOVA | $F$ 值 | 0.244 | 0.868 | 0.335 | 0.087 | 0.812 | 6.279** |
| | $P$ 值 | 0.622 | 0.353 | 0.563 | 0.768 | 0.368 | 0.013 |
| $t$ 检验 | $t$ 值 | 0.494 | 0.931 | −0.579 | 0.295 | 0.901 | −2.506** |
| | $P$ 值 | 0.622 | 0.353 | 0.563 | 0.768 | 0.368 | 0.013 |

**表示在 95%的置信水平下存在显著性

同样地，如表 6-4 所示，在高度创新的企业内，高管团队设置 CAO 与企业挂牌当年年底的营业收入和净利润增长率均显著正相关（相关系数为 0.121，$P = 0.056$；相关系数为 0.152，$P = 0.017$）。根据是否设置 CAO 进行分组，组间企业在营业收入和净利润增长率指标上呈现出显著差异。设置 CAO 的企业在挂牌当年年底的营业收入均值为 1.18，净利润增长率均值为 185%，显著高于没有设置 CAO 的企业在挂牌当年年底的营业收入均值 0.76（$F = 3.681$，$P = 0.056$）和净利润增长率均值−95%（$F = 5.814$，$P = 0.017$；$t = −2.411$，$P = 0.017$）。

**表 6-4  商业模式效率维度创新程度与 CAO 设置对企业经营业绩的交互影响**

| 企业是否设置 CAO | | 总资产 | 营业收入 | 净利润 | 总资产增长率 | 营业收入增长率 | 净利润增长率 |
|---|---|---|---|---|---|---|---|
| 高度创新 | | | | | | | |
| 有 CAO | 平均值 | 1.04 | 1.18 | 0.05 | 1.09 | 0.72 | 1.85 |
| | 标准差 | 1.18 | 2.38 | 0.14 | 2.34 | 1.52 | 7.17 |
| 无 CAO | 平均值 | 0.97 | 0.76 | −0.01 | 0.84 | 0.73 | −0.95 |
| | 标准差 | 1.42 | 1.09 | 0.52 | 1.79 | 1.64 | 7.91 |
| 相关性分析 | 相关系数 | 0.021 | 0.121* | 0.057 | 0.055 | −0.002 | 0.152** |
| | $P$ 值 | 0.740 | 0.056 | 0.371 | 0.388 | 0.974 | 0.017 |
| ANOVA | $F$ 值 | 0.110 | 3.681* | 0.803 | 0.748 | 0.001 | 5.814** |
| | $P$ 值 | 0.740 | 0.056 | 0.371 | 0.388 | 0.974 | 0.017 |
| $t$ 检验 | $t$ 值 | −0.332 | −1.333 | −0.896 | −0.865 | 0.033 | −2.411** |
| | $P$ 值 | 0.740 | 0.187 | 0.371 | 0.388 | 0.974 | 0.017 |

*、**分别表示在 90%、95%的置信水平下存在显著性

（2）对企业创新的影响。进一步分析不同程度的商业模式效率维度创新下企业高管团队职能型高管设置对企业创新的影响。其中，针对 CTO 岗位设置，结果显示（表 6-5），无论是在适度创新的企业内还是低创新的企业内，高管团队设置 CTO 岗位都与企业挂牌当年年底的著作权数量（适度创新的相关系数为 0.184，$P = 0.000$；低创新的相关系数为 0.295，$P = 0.040$）和产品/服务创新得分（适度创新的相关系数为 0.141，$P = 0.001$；低创新的相关系数为 0.357，$P = 0.010$）呈现出显著的相关关系。其中，在适度创新的企业内，根据是否设置 CTO 进行分组，组间企业在著作权数量和产品/服务创新得分指标上呈现出显著差异。设置 CTO 的企业在挂牌当年年底的著作权数量均值为 23.75，产品/服务创新得分均值为 3.10，显著高于没有设置 CTO 的企业的挂牌当年年底的著作权数量均值 15.88（$F = 20.036$，$P = 0.000$；$t = 4.919$，$P = 0.000$）和产品/服务创新得分均值 2.89（$F = 11.677$，$P = 0.001$；$t = 3.300$，$P = 0.001$）。在低创新的企业内，ANOVA 和 $t$ 检验的结果显示，设置了 CTO 的企业在挂牌当年年底的著作权数量和产品/服务创新得分均值分别为 20.88 和 3.44，显著高于没有设置 CTO 的企业在挂牌当年年底的著作权数量均值 12.67（$t = 2.117$，$P = 0.041$）和产品/服务创新得分均值 2.91（$F = 7.161$，$P = 0.010$；$t = 2.676$，$P = 0.010$）。

表 6-5　商业模式效率维度创新程度与 CTO 设置对企业创新的交互影响

| 企业是否设置 CTO | | 著作权数量 | 专利数量 | 产品/服务创新得分 |
|---|---|---|---|---|
| 适度创新 | | | | |
| 有 CTO | 平均值 | 23.75 | 4.01 | 3.10 |
| | 标准差 | 23.58 | 8.81 | 0.67 |
| 无 CTO | 平均值 | 15.88 | 3.53 | 2.89 |
| | 标准差 | 14.78 | 9.07 | 0.79 |
| 相关性分析 | 相关系数 | 0.184[***] | 0.027 | 0.141[***] |
| | $P$ 值 | 0.000 | 0.524 | 0.001 |
| ANOVA | $F$ 值 | 20.036[***] | 0.407 | 11.677[***] |
| | $P$ 值 | 0.000 | 0.524 | 0.001 |
| $t$ 检验 | $T$ 值 | 4.919[***] | 0.638 | 3.300[***] |
| | $P$ 值 | 0.000 | 0.524 | 0.001 |
| 低创新 | | | | |
| 有 CTO | 平均值 | 20.88 | 6.25 | 3.44 |
| | 标准差 | 15.99 | 11.58 | 0.60 |
| 无 CTO | 平均值 | 12.67 | 5.41 | 2.91 |
| | 标准差 | 10.88 | 13.44 | 0.79 |

续表

| 企业是否设置CTO | | 著作权数量 | 专利数量 | 产品/服务创新得分 |
|---|---|---|---|---|
| 相关性分析 | 相关系数 | 0.295** | 0.030 | 0.357** |
| | $P$值 | 0.040 | 0.810 | 0.010 |
| ANOVA | $F$值 | 4.682 | 0.057 | 7.161** |
| | $P$值 | 0.035 | 0.813 | 0.010 |
| $t$检验 | $t$值 | 2.117** | 0.238 | 2.676** |
| | $P$值 | 0.041 | 0.813 | 0.010 |

**、***分别表示在95%、99%的置信水平下存在显著性

CMO 岗位设置则在效率维度高度创新和效率维度低创新的组内表现出与企业创新指标的显著相关关系。如表 6-6 所示，在高度创新的企业内，高管团队设置 CMO 岗位与企业挂牌当年年底的著作权数量显著正相关（相关系数为 0.116，$P = 0.063$）。按企业高管团队是否设置 CMO 这一职能进行分组，组间企业在著作权数量指标上呈现出显著差异（$F = 3.478$，$P = 0.063$），设置了 CMO 的企业在挂牌当年年底的著作权数量均值为 22.47，显著高于未设置 CMO 的企业在挂牌当年年底的著作权数量均值 17.48。在低创新的企业内，高管团队 CMO 设置与企业挂牌当年年底的产品/服务创新得分呈现出显著的正相关关系（相关系数为 0.272，$P = 0.053$）。ANOVA 和 $t$ 检验的结果显示，设置了 CMO 的企业在挂牌当年年底的产品/服务创新得分均值为 3.53，显著高于没有设置 CMO 的企业在挂牌当年年底的产品/服务创新得分均值 3.05（$F = 3.927$，$P = 0.053$；$t = 2.600$，$P = 0.014$）。

表 6-6　商业模式效率维度创新程度与 CMO 设置对企业创新的交互影响

| 企业是否设置CMO | | 著作权数量 | 专利数量 | 产品/服务创新得分 |
|---|---|---|---|---|
| 高度创新 | | | | |
| 有CMO | 平均值 | 22.47 | 2.15 | 3.20 |
| | 标准差 | 22.44 | 5.31 | 0.76 |
| 无CMO | 平均值 | 17.48 | 1.78 | 3.13 |
| | 标准差 | 17.23 | 4.96 | 0.75 |
| 相关性分析 | 相关系数 | 0.116* | 0.032 | 0.045 |
| | $P$值 | 0.063 | 0.610 | 0.476 |
| ANOVA | $F$值 | 3.478* | 0.260 | 0.508 |
| | $P$值 | 0.063 | 0.610 | 0.476 |
| $t$检验 | $t$值 | −1.644 | −0.510 | −0.713 |
| | $P$值 | 0.103 | 0.610 | 0.476 |

续表

| 企业是否设置 CMO | | 著作权数量 | 专利数量 | 产品/服务创新得分 |
|---|---|---|---|---|
| 低创新 | | | | |
| 有 CMO | 平均值 | 19.25 | 5.92 | 3.53 |
| | 标准差 | 13.71 | 9.88 | 0.46 |
| 无 CMO | 平均值 | 15.69 | 5.77 | 3.05 |
| | 标准差 | 14.17 | 13.30 | 0.79 |
| 相关性分析 | 相关系数 | 0.109 | 0.005 | 0.272* |
| | $P$ 值 | 0.447 | 0.972 | 0.053 |
| ANOVA | $F$ 值 | 0.587 | 0.001 | 3.927* |
| | $P$ 值 | 0.447 | 0.972 | 0.053 |
| $t$ 检验 | $t$ 值 | 0.766 | 0.035 | 2.600** |
| | $P$ 值 | 0.447 | 0.972 | 0.014 |

*、**分别表示在 90%、95%的置信水平下存在显著性

对于 CAO 岗位而言，在适度创新的企业内，高管团队是否设置 CAO 与企业挂牌当年年底的著作权数量呈显著的正相关关系（相关系数为 0.097，$P = 0.020$）。根据是否设置 CAO 进行分组，组间企业在著作权数量指标上也呈现出显著差异（$F = 5.432$，$P = 0.020$；$t = 2.078$，$P = 0.039$）。设置 CAO 的企业在挂牌当年年底的著作权数量均值为 23.91，显著高于没有设置 CAO 的企业的挂牌当年年底的著作权数量均值 19.40。在低创新的企业内，高管团队是否设置 CAO 与企业挂牌当年年底的专利数量显著正相关（相关系数为 0.424，$P = 0.002$）。高管团队设置 CAO 的企业在挂牌当年年底的专利数量均值为 17.11，显著高于没有设置 CAO 的企业的挂牌当年年底的专利数量均值 3.38。

相比之下，COO 岗位设置无论是在高度创新的企业内、适度创新的企业内还是在低创新的企业内，都未与企业创新指标表现出显著的相关关系。同时，根据是否设置 COO 进行分组，组间企业的该三项指标也未表现出显著性差异。

2. 商业模式效率维度创新与高管团队职能组合的交互影响

（1）对企业经营业绩的影响。分析效率维度创新程度不同的企业内高管团队职能组合设置对企业经营绩效的影响。结果显示（表 6-7），在效率维度高度创新的企业内，设置集中型职能结构、均衡型职能结构、分散型职能结构的企业在挂牌当年年底的净利润增长率均值上存在显著差异（$F = 2.556$，$P = 0.080$），设置分散型职能结构的企业在挂牌当年年底的净利润增长率均值最高，为 205%，设置均衡型职能结构的企业次之，净利润增长率均值为 103%，设置集中型职能结构的企业在挂牌当年年底

的净利润增长率均值最低，为–105%。在效率维度低创新的企业内，集中型职能结构、均衡型职能结构、分散型职能结构的企业在挂牌当年年底的营业收入增长率和净利润增长率上存在显著差异（$F = 7.186$，$P = 0.002$；$F = 6.087$，$P = 0.004$）。设置分散型职能结构的企业在挂牌当年年底的营业收入增长率和净利润增长率均值最高，分别为 269%和 478%，其次是设置集中型职能结构的企业，营业收入增长率和净利润增长率均值分别为57%和102%，设置均衡型职能结构的企业在挂牌当年年底的营业收入增长率和净利润增长率均值最低，为 24%和 47%。

表6-7　商业模式效率维度创新程度与职能组合设置对企业经营业绩的交互影响

| 企业职能组合设置 | | 总资产 | 营业收入 | 净利润 | 总资产增长率 | 营业收入增长率 | 净利润增长率 |
|---|---|---|---|---|---|---|---|
| 高度创新 | | | | | | | |
| 集中型职能结构 | 平均值 | 1.03 | 0.97 | 0.00 | 0.93 | 0.85 | –1.05 |
| | 标准差 | 1.35 | 1.76 | 0.55 | 1.86 | 1.74 | 7.83 |
| 均衡型职能结构 | 平均值 | 0.78 | 0.57 | –0.01 | 0.79 | 0.37 | 1.03 |
| | 标准差 | 0.94 | 0.63 | 0.18 | 2.08 | 1.03 | 8.23 |
| 分散型职能结构 | 平均值 | 1.29 | 0.76 | 0.11 | 0.96 | 0.78 | 2.05 |
| | 标准差 | 2.37 | 0.85 | 0.17 | 2.21 | 1.82 | 5.13 |
| ANOVA | $F$值 | 1.225 | 1.658 | 0.493 | 0.116 | 2.053 | 2.556* |
| | $P$值 | 0.296 | 0.193 | 0.611 | 0.890 | 0.131 | 0.080 |
| 低创新 | | | | | | | |
| 集中型职能结构 | 平均值 | 0.88 | 0.72 | 0.11 | 0.49 | 0.57 | 1.02 |
| | 标准差 | 1.08 | 0.90 | 0.13 | 0.41 | 0.77 | 1.91 |
| 均衡型职能结构 | 平均值 | 0.84 | 1.09 | 0.13 | 0.20 | 0.24 | 0.47 |
| | 标准差 | 0.62 | 1.09 | 0.21 | 0.33 | 0.41 | 1.07 |
| 分散型职能结构 | 平均值 | 0.28 | 0.31 | 0.03 | 0.65 | 2.69 | 4.78 |
| | 标准差 | 0.20 | 0.30 | 0.04 | 1.25 | 3.86 | 0.44 |
| ANOVA | $F$值 | 0.392 | 1.116 | 0.358 | 3.015* | 7.186*** | 6.087*** |
| | $P$值 | 0.678 | 0.336 | 0.701 | 0.058 | 0.002 | 0.004 |

*、***分别表示在90%、99%的置信水平下存在显著性

（2）对企业创新的影响。进一步分析效率维度创新程度不同的企业内高管团队职

能组合设置对企业创新的影响。结果显示（表 6-8），在高度创新的企业内，设置集中型职能结构、均衡型职能结构、分散型职能结构的企业在挂牌当年年底的著作权数量均值上差异显著（$F = 2.346$，$P = 0.098$），设置分散型职能结构、均衡型职能结构、集中型职能结构的企业在挂牌当年年底的著作权数量均值依次递减，分别为 27.45、18.31 和 17.93。在适度创新的企业内，不同职能结构的企业在挂牌当年年底的著作权数量和产品/服务创新得分均值上呈现出显著差异（$F = 8.205$，$P = 0.000$；$F = 2.583$，$P = 0.076$）。设置分散型职能结构的企业在挂牌当年年底的著作权数量和产品/服务创新得分均值最高，分别为 28.64 和 3.11，其次是设置均衡型职能结构的企业，著作权数量和产品/服务创新得分均值分别为 19.89 和 3.09，设置集中型职能结构的企业在挂牌当年年底的著作权数量和产品/服务创新得分均值最低，为 18.77 和 2.96。在低创新的企业内，集中型职能结构、均衡型职能结构、分散型职能结构的企业在挂牌当年年底的著作权数量、专利数量和产品/服务创新得分指标上均不存在显著差异。

表 6-8　商业模式效率维度创新程度与职能组合设置对企业创新的交互影响

| 企业职能组合设置 | | 著作权数量 | 专利数量 | 产品/服务创新得分 |
|---|---|---|---|---|
| 高度创新 | | | | |
| 集中型职能结构 | 平均值 | 17.93 | 1.89 | 3.14 |
| | 标准差 | 17.75 | 5.21 | 0.76 |
| 均衡型职能结构 | 平均值 | 18.31 | 1.66 | 3.15 |
| | 标准差 | 18.27 | 3.71 | 0.75 |
| 分散型职能结构 | 平均值 | 27.45 | 2.45 | 3.17 |
| | 标准差 | 26.65 | 7.22 | 0.76 |
| ANOVA | $F$ 值 | 2.346* | 0.188 | 0.018 |
| | $P$ 值 | 0.098 | 0.829 | 0.982 |
| 适度创新 | | | | |
| 集中型职能结构 | 平均值 | 18.77 | 4.16 | 2.96 |
| | 标准差 | 19.37 | 9.66 | 0.75 |
| 均衡型职能结构 | 平均值 | 19.89 | 3.75 | 3.09 |
| | 标准差 | 18.24 | 8.01 | 0.71 |
| 分散型职能结构 | 平均值 | 28.64 | 2.78 | 3.11 |
| | 标准差 | 28.03 | 7.73 | 0.68 |
| ANOVA | $F$ 值 | 8.205*** | 0.857 | 2.583* |
| | $P$ 值 | 0.000 | 0.425 | 0.076 |

*、***分别表示在 90%、99%的置信水平下存在显著性

### 6.1.2 商业模式效率维度创新与内部组织结构的交互影响

1. 商业模式效率维度创新与企业部门设置的交互影响

（1）对企业经营业绩的影响。分析不同程度的商业模式效率维度创新下企业部门设置偏好对企业经营业绩的影响。结果显示（表6-9），在高度创新的企业内，部门设置偏好不同的企业在挂牌当年年底的总资产和营业收入指标上均值差异显著（$F=9.052$，$P=0.000$；$F=4.740$，$P=0.010$）。复杂组织结构的企业在挂牌当年年底的总资产和营业收入均值最高，分别为 1.70 和 1.43，其次是相对复杂组织结构的企业，均值分别为 0.85 和 0.74，简单组织结构的企业在挂牌当年年底的总资产和营业收入均值最低，分别为 0.70 和 0.64。

表 6-9　商业模式效率维度创新程度与企业部门设置对企业经营业绩的交互影响

| 企业部门设置 | | 总资产 | 营业收入 | 净利润 | 总资产增长率 | 营业收入增长率 | 净利润增长率 |
|---|---|---|---|---|---|---|---|
| 高度创新 | | | | | | | |
| 复杂组织结构 | 平均值 | 1.70 | 1.43 | −0.04 | 1.02 | 0.92 | −0.54 |
| | 标准差 | 1.75 | 2.50 | 0.96 | 2.59 | 2.52 | 7.36 |
| 相对复杂组织结构 | 平均值 | 0.85 | 0.74 | 0.01 | 0.81 | 0.63 | −0.28 |
| | 标准差 | 1.24 | 1.16 | 0.22 | 1.79 | 1.20 | 7.58 |
| 简单组织结构 | 平均值 | 0.70 | 0.64 | 0.05 | 1.02 | 0.82 | −0.09 |
| | 标准差 | 1.07 | 0.90 | 0.15 | 1.60 | 1.54 | 8.97 |
| ANOVA | $F$ 值 | 9.052*** | 4.740*** | 0.512 | 0.332 | 0.717 | 0.043 |
| | $P$ 值 | 0.000 | 0.010 | 0.600 | 0.718 | 0.489 | 0.958 |
| 适度创新 | | | | | | | |
| 复杂组织结构 | 平均值 | 1.32 | 1.01 | 0.10 | 0.45 | 0.40 | 1.22 |
| | 标准差 | 1.54 | 1.01 | 0.16 | 0.59 | 0.67 | 4.82 |
| 相对复杂组织结构 | 平均值 | 0.71 | 0.61 | 0.07 | 0.72 | 0.48 | 0.59 |
| | 标准差 | 0.92 | 0.87 | 0.14 | 1.15 | 0.76 | 6.94 |
| 简单组织结构 | 平均值 | 0.54 | 0.43 | 0.06 | 0.63 | 0.78 | −0.04 |
| | 标准差 | 0.79 | 0.51 | 0.11 | 0.97 | 1.84 | 11.35 |
| ANOVA | $F$ 值 | 20.496*** | 15.869*** | 4.171** | 3.544** | 4.454** | 0.846 |
| | $P$ 值 | 0.000 | 0.000 | 0.016 | 0.030 | 0.012 | 0.430 |

续表

| 企业部门设置 | | 总资产 | 营业收入 | 净利润 | 总资产增长率 | 营业收入增长率 | 净利润增长率 |
|---|---|---|---|---|---|---|---|
| 低创新 | | | | | | | |
| 复杂组织结构 | 平均值 | 1.53 | 1.52 | 0.18 | 0.19 | 0.47 | 0.92 |
| | 标准差 | 1.68 | 1.50 | 0.16 | 0.29 | 0.46 | 1.83 |
| 相对复杂组织结构 | 平均值 | 0.83 | 0.83 | 0.11 | 0.39 | 0.53 | 0.98 |
| | 标准差 | 0.65 | 0.83 | 0.18 | 0.46 | 1.14 | 1.85 |
| 简单组织结构 | 平均值 | 0.32 | 0.26 | 0.06 | 0.61 | 0.65 | 1.02 |
| | 标准差 | 0.16 | 0.12 | 0.05 | 0.41 | 0.79 | 1.88 |
| ANOVA | $F$ 值 | 4.911** | 4.892** | 1.326 | 2.427* | 0.096 | 0.007 |
| | $P$ 值 | 0.011 | 0.012 | 0.275 | 0.099 | 0.908 | 0.993 |

*、**、***分别表示在 90%、95%、99%的置信水平下存在显著性

在适度创新的企业内，复杂组织结构、相对复杂组织结构和简单组织结构的企业在挂牌当年年底的总资产、营业收入、净利润、总资产增长率、营业收入增长率上存在显著差异（$F = 20.496$，$P = 0.000$；$F = 15.869$，$P = 0.000$；$F = 4.171$，$P = 0.016$；$F = 3.544$，$P = 0.030$；$F = 4.454$，$P = 0.012$），在挂牌当年年底的净利润增长率上未表现出显著差异。复杂组织结构的企业在挂牌当年年底的总资产、营业收入和净利润均值最高，分别为 1.32、1.01 和 0.10，而挂牌当年年底的总资产增长率和营业收入增长率最低，仅为 45%和 40%；相对复杂组织结构的企业挂牌当年年底的总资产、营业收入、净利润和营业收入增长率均值在三组中均排名第二，分别为 0.71、0.61、0.07 和 48%，挂牌当年年底的总资产增长率均值最高，为 72%，简单组织结构的企业挂牌当年年底的总资产、营业收入和净利润均值最低，分别为 0.54、0.43 和 0.06，而挂牌当年年底的总资产增长率均值在三组中排名第二，为 63%，挂牌当年年底的营业收入增长率均值最高，为 78%。

在低创新的企业内，部门设置偏好不同的企业在挂牌当年年底的总资产、营业收入和总资产增长率指标上存在显著差异（$F = 4.911$，$P = 0.011$；$F = 4.892$，$P = 0.012$；$F = 2.427$，$P = 0.099$）。复杂组织结构、相对复杂组织结构、简单组织结构的企业在挂牌当年年底的总资产和营业收入均值依次递减，而在挂牌当年年底的总资产增长率依次递增。

（2）对企业创新的影响。分析不同程度的商业模式效率维度创新下企业部门设置偏好对企业创新的影响。结果显示（表 6-10），在高度创新的企业内，部门设置偏

好不同的企业在挂牌当年年底的著作权数量指标上均值差异显著（$F = 7.278$，$P = 0.001$）。复杂组织结构、相对复杂组织结构、简单组织结构的企业在挂牌当年年底的著作权数量均值逐次降低，分别为 27.65、17.11 和 15.39。在适度创新的企业内，复杂组织结构、相对复杂组织结构和简单组织结构的企业在挂牌当年年底的著作权数量、专利数量和产品/服务创新得分三项创新指标上均存在显著差异（$F = 17.450$，$P = 0.000$；$F = 9.125$，$P = 0.000$；$F = 4.352$，$P = 0.013$）。复杂组织结构的企业在挂牌当年年底的著作权数量均值、专利数量和产品/服务创新得分均值最高，分别为 29.31、6.43 和 3.16，相对复杂组织结构的企业次之，均值分别为 18.57、3.33 和 3.00，简单组织结构的企业挂牌当年年底的著作权数量均值、专利数量和产品/服务创新得分均值最低，分别为 15.85、1.97 和 2.89。在低创新的企业内，部门设置偏好不同的企业在挂牌当年年底的产品/服务创新得分指标上存在显著差异（$F = 3.351$，$P = 0.043$）。相对复杂组织结构、复杂组织结构、简单组织结构的企业在挂牌当年年底的产品/服务创新得分均值依次递减，分别为 3.37、2.96 和 2.76。

表 6-10　商业模式效率维度创新程度与企业部门设置对企业创新的交互影响

| 企业部门设置 | | 著作权数量 | 专利数量 | 产品/服务创新得分 |
|---|---|---|---|---|
| 高度创新 | | | | |
| 复杂组织结构 | 平均值 | 27.65 | 3.08 | 3.26 |
| | 标准差 | 26.32 | 5.79 | 0.85 |
| 相对复杂组织结构 | 平均值 | 17.11 | 1.59 | 3.10 |
| | 标准差 | 15.96 | 5.16 | 0.72 |
| 简单组织结构 | 平均值 | 15.39 | 1.59 | 3.18 |
| | 标准差 | 15.77 | 3.76 | 0.76 |
| ANOVA | $F$ 值 | 7.278[***] | 1.735 | 0.928 |
| | $P$ 值 | 0.001 | 0.178 | 0.397 |
| 适度创新 | | | | |
| 复杂组织结构 | 平均值 | 29.31 | 6.43 | 3.16 |
| | 标准差 | 29.69 | 13.33 | 0.70 |
| 相对复杂组织结构 | 平均值 | 18.57 | 3.33 | 3.00 |
| | 标准差 | 15.94 | 7.37 | 0.71 |
| 简单组织结构 | 平均值 | 15.85 | 1.97 | 2.89 |
| | 标准差 | 17.19 | 4.15 | 0.80 |
| ANOVA | $F$ 值 | 17.450[***] | 9.125[***] | 4.352[**] |
| | $P$ 值 | 0.000 | 0.000 | 0.013 |

续表

| 企业部门设置 | | 著作权数量 | 专利数量 | 产品/服务创新得分 |
|---|---|---|---|---|
| 低创新 | | | | |
| 复杂组织结构 | 平均值 | 17.56 | 7.00 | 2.96 |
| | 标准差 | 14.51 | 14.88 | 0.87 |
| 相对复杂组织结构 | 平均值 | 18.39 | 7.35 | 3.37 |
| | 标准差 | 15.39 | 13.66 | 0.67 |
| 简单组织结构 | 平均值 | 10.45 | 0.45 | 2.76 |
| | 标准差 | 7.09 | 1.21 | 0.72 |
| ANOVA | $F$ 值 | 1.349 | 1.307 | 3.351[**] |
| | $P$ 值 | 0.269 | 0.280 | 0.043 |

**、\*\*\*分别表示在 95%、99%的置信水平下存在显著性

## 2. 商业模式效率维度创新与企业资源配置的交互影响

（1）对企业经营业绩的影响。分析不同程度的商业模式效率维度创新下企业资源配置倾向对企业经营绩效的影响。结果显示（表 6-11），在高度创新的企业内，资源配置倾向不同的企业在挂牌当年年底的营业收入、总资产增长率和营业收入增长率指标上均值差异显著（$F = 2.744, P = 0.044; F = 4.774, P = 0.003; F = 2.190, P = 0.090$）。销售主导组企业在挂牌当年年底的营业收入、总资产增长率和营业收入增长率均值最高，分别为 1.31、177%和 104%，生产主导组企业在挂牌当年年底的总资产增长率和营业收入增长率均值第二高，分别为 97%和 94%，挂牌当年年底的营业收入均值在四组中排名第三，为 0.73，均衡组企业在挂牌当年年底的营业收入均值第二高，为 0.92，挂牌当年年底的总资产增长率和营业收入增长率均值在四组中排名第三，分别为 79%和 72%，研发主导组企业在挂牌当年年底的营业收入、总资产增长率和营业收入增长率均值均表现垫底，分别为 0.46、32%和 28%。

**表 6-11 商业模式效率维度创新程度与企业资源配置对企业经营业绩的交互影响**

| 企业资源配置 | | 总资产 | 营业收入 | 净利润 | 总资产增长率 | 营业收入增长率 | 净利润增长率 |
|---|---|---|---|---|---|---|---|
| 高度创新 | | | | | | | |
| 研发主导组 | 平均值 | 0.85 | 0.46 | 0.00 | 0.32 | 0.28 | −1.61 |
| | 标准差 | 1.56 | 0.62 | 0.23 | 0.65 | 1.01 | 8.48 |
| 销售主导组 | 平均值 | 1.18 | 1.31 | −0.11 | 1.77 | 1.04 | 1.53 |
| | 标准差 | 1.07 | 1.54 | 1.01 | 2.80 | 1.41 | 12.67 |

续表

| 企业资源配置 | | 总资产 | 营业收入 | 净利润 | 总资产增长率 | 营业收入增长率 | 净利润增长率 |
|---|---|---|---|---|---|---|---|
| 生产主导组 | 平均值 | 1.16 | 0.73 | 0.02 | 0.97 | 0.94 | −0.58 |
| | 标准差 | 1.78 | 0.77 | 0.20 | 2.61 | 2.27 | 3.01 |
| 均衡组 | 平均值 | 0.90 | 0.92 | 0.05 | 0.79 | 0.72 | −0.27 |
| | 标准差 | 1.15 | 1.93 | 0.21 | 1.39 | 1.53 | 6.25 |
| ANOVA | $F$ 值 | 0.868 | 2.744** | 1.272 | 4.774*** | 2.190* | 1.286 |
| | $P$ 值 | 0.458 | 0.044 | 0.284 | 0.003 | 0.090 | 0.280 |
| 适度创新 | | | | | | | |
| 研发主导组 | 平均值 | 0.75 | 0.60 | 0.08 | 0.62 | 0.48 | 0.74 |
| | 标准差 | 0.93 | 0.69 | 0.14 | 1.06 | 1.01 | 5.81 |
| 销售主导组 | 平均值 | 0.69 | 0.64 | 0.09 | 0.83 | 0.66 | 2.83 |
| | 标准差 | 0.70 | 0.67 | 0.14 | 1.12 | 0.86 | 10.01 |
| 生产主导组 | 平均值 | 1.32 | 0.96 | 0.10 | 0.69 | 0.65 | 0.57 |
| | 标准差 | 1.88 | 1.13 | 0.15 | 0.90 | 1.78 | 7.95 |
| 均衡组 | 平均值 | 0.76 | 0.65 | 0.07 | 0.61 | 0.49 | 0.27 |
| | 标准差 | 0.97 | 0.92 | 0.14 | 1.00 | 0.81 | 8.02 |
| ANOVA | $F$ 值 | 5.638*** | 3.108** | 1.652 | 0.622 | 0.752 | 1.294 |
| | $P$ 值 | 0.001 | 0.026 | 0.176 | 0.601 | 0.521 | 0.275 |

*、**、***分别表示在90%、95%、99%的置信水平下存在显著性

在适度创新的企业内,资源配置倾向不同的企业在挂牌当年年底的总资产和营业收入上均存在显著差异($F = 5.638$,$P = 0.001$;$F = 3.108$,$P = 0.026$)。生产主导组企业在挂牌当年年底的总资产和营业收入均值最高,分别为 1.32 和 0.96,均衡组企业次之,均值分别为 0.76 和 0.65,销售主导组企业挂牌当年年底的总资产均值表现垫底,为 0.69,挂牌当年年底的营业收入均值在四组中排名第三,为 0.64,研发主导组企业挂牌当年年底的总资产均值在四组中排名第三,为 0.75,挂牌当年年底的营业收入均值表现最差,为 0.60。

（2）对企业创新的影响。如表 6-12 所示,无论是在高度创新的企业内还是在低创新的企业内,资源配置倾向不同的企业在挂牌当年年底的产品/服务创新得分指标上均存在显著差异(高度创新的 $F = 5.050$,$P = 0.002$;低创新的 $F = 4.344$,$P = 0.009$)。其中,在高度创新的企业内,研发主导组、均衡组、销售主导组、生产主导组企业在挂牌当年年底的产品/服务创新得分均值依次递减,分别为 3.46、3.14、3.04 和 2.92。

在低创新的企业内，生产主导组企业和均衡组企业在挂牌当年年底的产品/服务创新得分均值最高，均为 3.29，其次是研发主导组企业，均值为 3.12，销售主导组企业在挂牌当年年底的产品/服务创新得分均值最低，为 1.50。在适度创新的企业内，资源配置倾向不同的企业在挂牌当年年底的著作权数量和产品/服务创新得分指标上表现出显著差异（$F=4.275$，$P=0.005$；$F=2.619$，$P=0.050$）。研发主导组企业在挂牌当年年底的著作权数量和产品/服务创新得分均值最高，分别为 25.04 和 3.14，生产主导组企业在挂牌当年年底的著作权数量均值第二高，为 21.38，挂牌当年年底的产品/服务创新得分均值表现垫底，为 2.90，销售主导组企业在挂牌当年年底的著作权数量均值在四组中排名第三，为 19.03，挂牌当年年底的产品/服务创新得分均值也在四组中表现垫底，为 2.90，均衡组企业在挂牌当年年底的著作权数量均值表现最差，为 18.02，挂牌当年年底的产品/服务创新得分均值在四组中排名第二，为 2.99。

表 6-12 商业模式效率维度创新程度与企业资源配置对企业创新的交互影响

| 企业资源配置 | | 著作权数量 | 专利数量 | 产品/服务创新得分 |
|---|---|---|---|---|
| 高度创新 | | | | |
| 研发主导组 | 平均值 | 20.15 | 2.73 | 3.46 |
| | 标准差 | 20.45 | 5.81 | 0.67 |
| 销售主导组 | 平均值 | 14.58 | 2.49 | 3.04 |
| | 标准差 | 14.27 | 6.17 | 0.77 |
| 生产主导组 | 平均值 | 17.94 | 0.63 | 2.92 |
| | 标准差 | 16.60 | 2.65 | 0.71 |
| 均衡组 | 平均值 | 20.22 | 1.78 | 3.14 |
| | 标准差 | 20.44 | 4.90 | 0.76 |
| ANOVA | $F$ 值 | 1.089 | 1.740 | 5.050[***] |
| | $P$ 值 | 0.354 | 0.159 | 0.002 |
| 适度创新 | | | | |
| 研发主导组 | 平均值 | 25.04 | 3.02 | 3.14 |
| | 标准差 | 25.34 | 8.89 | 0.68 |
| 销售主导组 | 平均值 | 19.03 | 3.37 | 2.90 |
| | 标准差 | 17.55 | 7.72 | 0.82 |
| 生产主导组 | 平均值 | 21.38 | 3.20 | 2.90 |
| | 标准差 | 21.19 | 8.84 | 0.71 |
| 均衡组 | 平均值 | 18.02 | 4.53 | 2.99 |
| | 标准差 | 17.68 | 9.06 | 0.75 |

| 企业资源配置 | | 著作权数量 | 专利数量 | 产品/服务创新得分 |
|---|---|---|---|---|
| ANOVA | F 值 | 4.275* | 1.229 | 2.619* |
| | P 值 | 0.005 | 0.298 | 0.050 |
| 低创新 | | | | |
| 研发主导组 | 平均值 | 13.76 | 5.06 | 3.12 |
| | 标准差 | 12.13 | 11.85 | 0.64 |
| 销售主导组 | 平均值 | 5.50 | 0.50 | 1.50 |
| | 标准差 | 3.54 | 0.71 | 0.24 |
| 生产主导组 | 平均值 | 16.00 | 7.71 | 3.29 |
| | 标准差 | 10.77 | 16.10 | 0.85 |
| 均衡组 | 平均值 | 19.44 | 6.20 | 3.29 |
| | 标准差 | 16.03 | 12.74 | 0.68 |
| ANOVA | F 值 | 0.997 | 0.194 | 4.344*** |
| | P 值 | 0.403 | 0.900 | 0.009 |

\*、\*\*\*分别表示在 90%、99% 的置信水平下存在显著性

3. 商业模式效率维度创新与组织正式结构的交互影响

分析不同程度的商业模式效率维度创新下组织正式结构对企业经营业绩的影响。结果显示（表 6-13），在高度创新的企业内，组织正式结构不同的企业在挂牌当年年底的总资产和营业收入上存在显著差异（$F = 4.060$，$P = 0.008$；$F = 2.917$，$P = 0.035$）。象征型组织在挂牌当年年底的总资产和营业收入均值最高，分别为 1.46 和 1.23，职能型组织在挂牌当年年底的总资产均值第二高，为 1.01，挂牌当年年底的营业收入均值在四组中排名第三，为 0.74，独裁型组织挂牌当年年底的总资产均值表现垫底，为 0.78，挂牌当年年底的营业收入均值在四组中排名第二，为 1.15，专家型组织企业挂牌当年年底的总资产均值与营业收入均值均表现最差，分别为 0.78 和 0.62。

表 6-13　商业模式效率维度创新程度与组织正式结构对企业经营业绩的交互影响

| 组织正式结构 | | 总资产 | 营业收入 | 净利润 | 总资产增长率 | 营业收入增长率 | 净利润增长率 |
|---|---|---|---|---|---|---|---|
| 高度创新 | | | | | | | |
| 职能型组织 | 平均值 | 1.01 | 0.74 | 0.05 | 0.76 | 0.68 | 2.49 |
| | 标准差 | 0.93 | 0.60 | 0.18 | 1.32 | 1.32 | 9.92 |
| 象征型组织 | 平均值 | 1.46 | 1.23 | −0.04 | 0.96 | 0.70 | −1.05 |
| | 标准差 | 1.58 | 2.16 | 0.82 | 2.25 | 2.16 | 7.08 |

续表

| 组织正式结构 | | 总资产 | 营业收入 | 净利润 | 总资产增长率 | 营业收入增长率 | 净利润增长率 |
|---|---|---|---|---|---|---|---|
| 专家型组织 | 平均值 | 0.78 | 0.62 | 0.02 | 0.87 | 0.66 | −0.18 |
| | 标准差 | 1.34 | 0.83 | 0.17 | 1.77 | 1.27 | 7.63 |
| 独裁型组织 | 平均值 | 0.78 | 1.15 | 0.00 | 0.97 | 1.18 | −1.35 |
| | 标准差 | 0.90 | 2.26 | 0.32 | 2.35 | 1.70 | 8.40 |
| ANOVA | $F$ 值 | 4.060*** | 2.917** | 0.306 | 0.084 | 0.763 | 1.360 |
| | $P$ 值 | 0.008 | 0.035 | 0.821 | 0.969 | 0.516 | 0.256 |
| 适度创新 | | | | | | | |
| 职能型组织 | 平均值 | 1.22 | 0.90 | 0.11 | 0.70 | 0.48 | 0.46 |
| | 标准差 | 1.60 | 0.98 | 0.22 | 1.27 | 0.84 | 7.86 |
| 象征型组织 | 平均值 | 1.16 | 0.90 | 0.09 | 0.59 | 0.48 | 0.90 |
| | 标准差 | 1.34 | 0.97 | 0.15 | 0.84 | 0.74 | 6.66 |
| 专家型组织 | 平均值 | 0.59 | 0.51 | 0.07 | 0.69 | 0.58 | 0.49 |
| | 标准差 | 0.79 | 0.69 | 0.12 | 1.08 | 1.25 | 8.47 |
| 独裁型组织 | 平均值 | 0.56 | 0.55 | 0.03 | 0.40 | 0.31 | 0.68 |
| | 标准差 | 0.70 | 1.22 | 0.08 | 0.63 | 0.69 | 2.24 |
| ANOVA | $F$ 值 | 13.697*** | 9.013*** | 3.491** | 1.228 | 0.932 | 0.114 |
| | $P$ 值 | 0.000 | 0.000 | 0.016 | 0.299 | 0.425 | 0.952 |
| 低创新 | | | | | | | |
| 职能型组织 | 平均值 | 1.35 | 1.99 | 0.32 | 0.15 | 0.07 | 1.01 |
| | 标准差 | 0.78 | 1.28 | 0.41 | 0.26 | 0.25 | 1.60 |
| 象征型组织 | 平均值 | 1.62 | 1.41 | 0.15 | 0.23 | 0.48 | 1.33 |
| | 标准差 | 1.41 | 1.24 | 0.14 | 0.31 | 0.66 | 2.28 |
| 专家型组织 | 平均值 | 0.51 | 0.51 | 0.08 | 0.48 | 0.66 | 1.04 |
| | 标准差 | 0.38 | 0.57 | 0.10 | 0.47 | 1.14 | 1.78 |
| 独裁型组织 | 平均值 | 0.41 | 0.34 | 0.05 | 0.57 | 0.52 | 0.22 |
| | 标准差 | 0.19 | 0.25 | 0.06 | 0.50 | 1.07 | 1.18 |
| ANOVA | $F$ 值 | 7.041*** | 7.036*** | 3.816*** | 1.855 | 0.439 | 0.625 |
| | $P$ 值 | 0.001 | 0.001 | 0.016 | 0.150 | 0.726 | 0.602 |

**、***分别表示在95%、99%的置信水平下存在显著性

　　无论是在适度创新的企业内还是在低创新的企业内,组织正式结构不同的企业在

挂牌当年年底的总资产、营业收入和净利润指标上均存在显著差异（适度创新的 $F = 13.697$，$P = 0.000$；$F = 9.013$，$P = 0.000$；$F = 3.491$，$P = 0.016$；低创新的 $F = 7.041$，$P = 0.001$；$F = 7.036$，$P = 0.001$；$F = 3.816$，$P = 0.016$）。其中，在适度创新的企业内，职能型组织在挂牌当年年底的总资产、营业收入和净利润均值最高，分别为 1.22、0.90 和 0.11，象征型组织企业在挂牌当年年底的总资产和净利润均值第二高，分别为 1.16 和 0.09，在挂牌当年年底的营业收入均值与职能型组织并列最高，专家型组织在挂牌当年年底的总资产和净利润均值在四组中排名第三，分别为 0.59 和 0.07，挂牌当年年底的营业收入均值表现垫底，为 0.51，独裁型组织除了挂牌当年年底的营业收入均值为 0.55 在四组中排名第二外，其他两项指标均表现最差；在低创新的企业内，象征型组织在挂牌当年年底的总资产均值最高，为 1.62，挂牌当年年底的营业收入和净利润均值第二高，分别为 1.41 和 0.15，职能型组织在挂牌当年年底的总资产均值在四组中排名第二，为 1.35，挂牌当年年底的营业收入和净利润均值最高，分别为 1.99 和 0.32，专家型组织在挂牌当年年底的总资产、营业收入和净利润均值在四组中均排名第三，分别为 0.51、0.51 和 0.08，独裁型组织在挂牌当年年底的三项指标均值均表现最差，分别为 0.41、0.34 和 0.05。

进一步分析不同程度的商业模式效率维度创新下组织正式结构对企业创新的影响。结果显示（表 6-14），无论是在高度创新的企业内还是在低创新的企业内，组织正式结构不同的企业在挂牌当年年底的著作权数量指标上均存在显著差异（高度创新的 $F = 6.880$，$P = 0.000$；低创新的 $F = 2.464$，$P = 0.074$）。在高度创新的企业内，职能型组织结构、象征型组织结构、专家型组织结构、独裁型组织结构在挂牌当年年底的著作权数量均值依次降低，分别为 25.54、24.73、16.35 和 9.08。类似地，在低创新的企业内，职能型组织结构在挂牌当年年底的著作权数量均值最高，为 24.75，象征型组织次之，为 23.31，之后是专家型组织，均值为 13.54，独裁型组织在挂牌当年年底的著作权数量均值最低，为 11.13。

表 6-14　商业模式效率维度创新程度与组织正式结构对企业创新的交互影响

| 组织正式结构 | | 著作权数量 | 专利数量 | 产品/服务创新得分 |
|---|---|---|---|---|
| 高度创新 | | | | |
| 职能型组织 | 平均值 | 25.54 | 2.83 | 3.25 |
| | 标准差 | 18.52 | 6.75 | 0.78 |
| 象征型组织 | 平均值 | 24.73 | 2.57 | 3.25 |
| | 标准差 | 22.89 | 5.36 | 0.75 |
| 专家型组织 | 平均值 | 16.35 | 1.42 | 3.13 |
| | 标准差 | 16.42 | 3.75 | 0.76 |

续表

| 组织正式结构 | | 著作权数量 | 专利数量 | 产品/服务创新得分 |
|---|---|---|---|---|
| 独裁型组织 | 平均值 | 9.08 | 1.50 | 2.87 |
| | 标准差 | 10.50 | 7.65 | 0.63 |
| ANOVA | $F$ 值 | 6.880*** | 1.146 | 1.777 |
| | $P$ 值 | 0.000 | 0.331 | 0.152 |
| 适度创新 | | | | |
| 职能型组织 | 平均值 | 33.70 | 5.17 | 3.29 |
| | 标准差 | 33.21 | 11.39 | 0.57 |
| 象征型组织 | 平均值 | 23.17 | 6.04 | 3.05 |
| | 标准差 | 21.76 | 12.28 | 0.76 |
| 专家型组织 | 平均值 | 17.32 | 2.44 | 2.96 |
| | 标准差 | 16.40 | 5.65 | 0.73 |
| 独裁型组织 | 平均值 | 14.77 | 2.72 | 2.95 |
| | 标准差 | 11.44 | 4.84 | 0.80 |
| ANOVA | $F$ 值 | 13.629*** | 6.816*** | 3.875*** |
| | $P$ 值 | 0.000 | 0.000 | 0.009 |
| 低创新 | | | | |
| 职能型组织 | 平均值 | 24.75 | 6.50 | 3.25 |
| | 标准差 | 21.33 | 10.41 | 0.96 |
| 象征型组织 | 平均值 | 23.31 | 5.85 | 3.08 |
| | 标准差 | 18.05 | 12.37 | 0.91 |
| 专家型组织 | 平均值 | 13.54 | 5.15 | 3.19 |
| | 标准差 | 10.45 | 12.58 | 0.74 |
| 独裁型组织 | 平均值 | 11.13 | 7.50 | 3.17 |
| | 标准差 | 8.24 | 15.29 | 0.44 |
| ANOVA | $F$ 值 | 2.464* | 0.073 | 0.084 |
| | $P$ 值 | 0.074 | 0.974 | 0.969 |

*、***分别表示在 90%、99%的置信水平下存在显著性

在适度创新的企业内，组织正式结构不同的企业在挂牌当年年底的著作权数量、专利数量和产品/服务创新得分指标上均表现出显著差异（$F = 13.629$，$P = 0.000$；$F = 6.816$，$P = 0.000$；$F = 3.875$，$P = 0.009$）。职能型组织在挂牌当年年底的著作权数量和产品/服务创新得分均值最高，分别为 33.70 和 3.29，挂牌当年年底的专利数量均值第二高，为 5.17，象征型组织结构在挂牌当年年底的著作权数量和产品/服务创

新得分均值第二高，分别为 23.17 和 3.05，挂牌当年年底的专利数量均值最高，为 6.04，专家型组织在挂牌当年年底的著作权数量和产品/服务创新得分均值在四组中排名第三，分别为 17.32 和 2.96，挂牌当年年底的专利数量均值在四组中表现垫底，为 2.44，独裁型组织除了挂牌当年年底的专利数量为 2.72，在四组中排名第三外，其他两项指标均值均表现最差，分别为 14.77 和 2.95。

## 6.2　商业模式新颖维度创新与组织架构的交互影响

### 6.2.1　商业模式新颖维度创新与高管团队职能型结构的交互影响

1. 商业模式新颖维度创新与职能型高管设置的交互影响

（1）对企业经营业绩的影响。分析不同程度的商业模式新颖维度创新下企业高管团队职能型高管设置对企业经营业绩的影响。结果显示（表 6-15），就 CTO 岗位而言，仅在进行低创新的企业内，高管团队 CTO 设置与挂牌当年年底的净利润呈现出显著的正相关关系（相关系数为 0.256，$P = 0.024$）。同时，设置了 CTO 的企业在挂牌当年年底的净利润均值为 0.09，显著高于没有设置 CTO 的企业在挂牌当年年底的净利润均值 0.03（$F = 5.311$，$P = 0.024$；$t = 2.206$，$P = 0.032$）。

表 6-15　商业模式新颖维度创新程度与 CTO 设置对企业经营业绩的交互影响

| 企业是否设置CTO | | 总资产 | 营业收入 | 净利润 | 总资产增长率 | 营业收入增长率 | 净利润增长率 |
|---|---|---|---|---|---|---|---|
| 低创新 | | | | | | | |
| 有CTO | 平均值 | 0.81 | 0.73 | 0.09 | 0.96 | 0.52 | 0.72 |
| | 标准差 | 0.92 | 0.82 | 0.16 | 1.32 | 0.53 | 2.34 |
| 无CTO | 平均值 | 0.68 | 1.51 | 0.03 | 0.62 | 0.98 | 0.63 |
| | 标准差 | 0.89 | 3.24 | 0.09 | 1.04 | 2.48 | 3.93 |
| 相关性分析 | 相关系数 | 0.071 | −0.161 | 0.256** | 0.144 | −0.123 | 0.014 |
| | $P$ 值 | 0.540 | 0.160 | 0.024 | 0.208 | 0.282 | 0.905 |
| ANOVA | $F$ 值 | 0.380 | 2.016 | 5.311** | 1.613 | 1.176 | 0.014 |
| | $P$ 值 | 0.540 | 0.160 | 0.024 | 0.208 | 0.282 | 0.905 |
| $t$ 检验 | $t$ 值 | 0.616 | −1.521 | 2.206** | 1.247 | −1.165 | 0.119 |
| | $P$ 值 | 0.540 | 0.135 | 0.032 | 0.217 | 0.250 | 0.905 |

\*\*表示在95%的置信水平下存在显著性

同时，如表 6-16 所示，仅在进行适度创新的企业内，高管团队 COO 设置与挂牌当年年底的营业收入增长率呈现出显著的负相关关系（相关系数为 −0.081，

$P = 0.039$）。ANOVA 和 $t$ 检验的结果显示，设置了 COO 的企业在挂牌当年年底的营业收入增长率均值为 39%，显著低于没有设置 COO 的企业在挂牌当年年底的营业收入增长率均值 62%（$F = 4.290$，$P = 0.039$；$t = -2.655$，$P = 0.008$）。

表 6-16　商业模式新颖维度创新程度与 COO 设置对企业经营业绩的交互影响

| 企业是否设置 COO | | 总资产 | 营业收入 | 净利润 | 总资产增长率 | 营业收入增长率 | 净利润增长率 |
|---|---|---|---|---|---|---|---|
| 适度创新 | | | | | | | |
| 有 COO | 平均值 | 0.96 | 0.67 | 0.08 | 0.64 | 0.39 | −0.08 |
| | 标准差 | 1.55 | 0.78 | 0.21 | 1.07 | 0.77 | 7.79 |
| 无 COO | 平均值 | 0.86 | 0.71 | 0.06 | 0.70 | 0.62 | 0.58 |
| | 标准差 | 1.07 | 0.90 | 0.33 | 1.46 | 1.28 | 8.03 |
| 相关性分析 | 相关系数 | 0.037 | −0.020 | 0.033 | −0.019 | −0.081** | −0.036 |
| | $P$ 值 | 0.349 | 0.617 | 0.397 | 0.632 | 0.039 | 0.362 |
| ANOVA | $F$ 值 | 0.878 | 0.250 | 0.717 | 0.230 | 4.290** | 0.833 |
| | $P$ 值 | 0.349 | 0.617 | 0.397 | 0.632 | 0.039 | 0.362 |
| $t$ 检验 | $t$ 值 | 0.937 | −0.500 | 0.847 | −0.480 | −2.655*** | −0.913 |
| | $P$ 值 | 0.349 | 0.617 | 0.397 | 0.632 | 0.008 | 0.362 |

**、***分别表示在 95%、99% 的置信水平下存在显著性

类似地，如表 6-17 所示，在适度创新的企业内，高管团队 CMO 设置与挂牌当年年底的净利润增长率呈现出显著的正相关关系（相关系数为 0.065，$P = 0.100$）。ANOVA 和 $t$ 检验的结果显示，设置了 CMO 的企业在挂牌当年年底的净利润增长率均值为 122%，显著高于没有设置 CMO 的企业在挂牌当年年底的净利润增长率均值 9%（$F = 2.719$，$P = 0.100$；$t = 1.649$，$P = 0.100$）。

表 6-17　商业模式新颖维度创新程度与 CMO 设置对企业经营业绩的交互影响

| 企业是否设置 CMO | | 总资产 | 营业收入 | 净利润 | 总资产增长率 | 营业收入增长率 | 净利润增长率 |
|---|---|---|---|---|---|---|---|
| 适度创新 | | | | | | | |
| 有 CMO | 平均值 | 0.83 | 0.71 | 0.07 | 0.69 | 0.54 | 1.22 |
| | 标准差 | 1.19 | 0.88 | 0.13 | 1.53 | 1.05 | 8.04 |
| 无 CMO | 平均值 | 0.90 | 0.69 | 0.06 | 0.68 | 0.57 | 0.09 |
| | 标准差 | 1.21 | 0.87 | 0.35 | 1.31 | 1.23 | 7.93 |

| 企业是否设置CMO | | 总资产 | 营业收入 | 净利润 | 总资产增长率 | 营业收入增长率 | 净利润增长率 |
|---|---|---|---|---|---|---|---|
| 相关性分析 | 相关系数 | −0.026 | 0.008 | 0.016 | 0.002 | −0.011 | 0.065* |
| | P值 | 0.499 | 0.831 | 0.678 | 0.964 | 0.782 | 0.100 |
| ANOVA | F值 | 0.458 | 0.046 | 0.172 | 0.002 | 0.077 | 2.719* |
| | P值 | 0.499 | 0.831 | 0.678 | 0.964 | 0.782 | 0.100 |
| t检验 | t值 | −0.677 | 0.214 | 0.415 | 0.045 | −0.277 | 1.649* |
| | P值 | 0.499 | 0.831 | 0.678 | 0.964 | 0.782 | 0.100 |

*表示在90%的置信水平下存在显著性

针对CAO岗位设置的影响，结果显示（表6-18），在高度创新的企业内，高管团队是否设置CAO与企业挂牌当年年底的净利润增长率显著正相关（相关系数为0.172，$P=0.049$）。根据是否设置CAO这一职能岗位进行分组，组间企业在净利润增长率上呈现出显著差异（$F=3.940$，$P=0.049$；$t=1.985$，$P=0.049$），高管团队设置CAO的企业在挂牌当年年底的净利润增长率为229%，显著高于没有设置CAO的企业在挂牌当年年底的净利润增长率−51%。在低创新的企业内，高管团队CAO设置与挂牌当年年底的总资产（相关系数为0.204，$P=0.073$）和营业收入（相关系数为0.256，$P=0.024$）呈现出显著的正相关关系。ANOVA和t检验的结果显示，设置了CAO的企业在挂牌当年年底的总资产和营业收入均值分别1.05和2.22，显著高于没有设置CAO的企业在挂牌当年年底的总资产均值0.63（$F=3.304$，$P=0.073$）和营业收入均值0.78（$F=5.332$，$P=0.024$）。

**表6-18 商业模式新颖维度创新程度与CAO设置对企业经营业绩的交互影响**

| 企业是否设置CAO | | 总资产 | 营业收入 | 净利润 | 总资产增长率 | 营业收入增长率 | 净利润增长率 |
|---|---|---|---|---|---|---|---|
| 高度创新 | | | | | | | |
| 有CAO | 平均值 | 0.66 | 0.56 | 0.01 | 1.05 | 0.46 | 2.29 |
| | 标准差 | 0.65 | 0.59 | 0.15 | 1.67 | 0.74 | 5.41 |
| 无CAO | 平均值 | 0.95 | 0.69 | 0.03 | 0.66 | 0.57 | −0.51 |
| | 标准差 | 1.35 | 0.74 | 0.20 | 1.04 | 1.03 | 6.56 |
| 相关性分析 | 相关系数 | −0.092 | −0.075 | −0.043 | 0.129 | −0.041 | 0.172** |
| | P值 | 0.294 | 0.391 | 0.621 | 0.141 | 0.640 | 0.049 |
| ANOVA | F值 | 1.109 | 0.742 | 0.245 | 2.198 | 0.220 | 3.940** |
| | P值 | 0.294 | 0.391 | 0.621 | 0.141 | 0.640 | 0.049 |

续表

| 企业是否设置 CAO | | 总资产 | 营业收入 | 净利润 | 总资产增长率 | 营业收入增长率 | 净利润增长率 |
|---|---|---|---|---|---|---|---|
| t 检验 | t 值 | −1.053 | −0.861 | −0.495 | 1.112 | −0.469 | 1.985** |
| | P 值 | 0.294 | 0.391 | 0.621 | 0.275 | 0.640 | 0.049 |
| 低创新 | | | | | | | |
| 有 CAO | 平均值 | 1.05 | 2.22 | 0.08 | 0.57 | 0.63 | 1.53 |
| | 标准差 | 1.24 | 3.77 | 0.13 | 0.68 | 1.39 | 4.57 |
| 无 CAO | 平均值 | 0.63 | 0.78 | 0.05 | 0.85 | 0.82 | 0.37 |
| | 标准差 | 0.74 | 1.70 | 0.13 | 1.31 | 2.01 | 2.67 |
| 相关性分析 | 相关系数 | 0.204* | 0.256** | 0.087 | −0.102 | −0.045 | 0.155 |
| | P 值 | 0.073 | 0.024 | 0.446 | 0.372 | 0.695 | 0.176 |
| ANOVA | F 值 | 3.304* | 5.332** | 0.586 | 0.807 | 0.154 | 1.865 |
| | P 值 | 0.073 | 0.024 | 0.446 | 0.372 | 0.695 | 0.176 |
| t 检验 | t 值 | 1.432 | 1.643 | 0.766 | −0.898 | −0.393 | 1.366 |
| | P 值 | 0.165 | 0.115 | 0.446 | 0.372 | 0.695 | 0.176 |

*、**分别表示在 90%、95%的置信水平下存在显著性

（2）对企业创新的影响。进一步分析不同程度的商业模式新颖维度创新下企业高管团队职能型高管设置对企业创新的影响。其中，针对 CTO 岗位设置，结果显示（表 6-19），在高度创新的企业内，高管团队设置 CTO 岗位与企业挂牌当年年底的著作权数量和专利数量显著正相关（相关系数为 0.152，$P = 0.075$；相关系数为 0.196，$P = 0.021$）。按是否设置 CTO 这一职能岗位进行分组，组间企业在著作权数量和专利数量上均未表现出显著差异。高管团队设置 CTO 的企业在挂牌当年年底的著作权数量均值为 21.66，专利数量均值为 4.47，显著高于未设置 CTO 的企业在挂牌当年年底的著作权数量均值 16.93（$F = 3.220$，$P = 0.075$；$t = 1.741$，$P = 0.085$）和专利数量均值 2.08（$F = 5.431$，$P = 0.021$；$t = 2.182$，$P = 0.032$）。

表 6-19　商业模式新颖维度创新程度与 CTO 设置对企业创新的交互影响

| 企业是否设置 CTO | | 著作权数量 | 专利数量 | 产品/服务创新得分 |
|---|---|---|---|---|
| 高度创新 | | | | |
| 有 CTO | 平均值 | 21.66 | 4.47 | 3.22 |
| | 标准差 | 17.80 | 7.95 | 0.79 |
| 无 CTO | 平均值 | 16.93 | 2.08 | 3.29 |
| | 标准差 | 13.11 | 3.69 | 0.62 |

续表

| 企业是否设置 CTO | | 著作权数量 | 专利数量 | 产品/服务创新得分 |
|---|---|---|---|---|
| 相关性分析 | 相关系数 | 0.152* | 0.196** | −0.050 |
| | P 值 | 0.075 | 0.021 | 0.562 |
| ANOVA | F 值 | 3.220* | 5.431** | 0.338 |
| | P 值 | 0.075 | 0.021 | 0.562 |
| t 检验 | t 值 | 1.741* | 2.182** | −0.568 |
| | P 值 | 0.085 | 0.032 | 0.571 |
| 适度创新 | | | | |
| 有 CTO | 平均值 | 23.90 | 3.67 | 3.15 |
| | 标准差 | 23.92 | 8.46 | 0.65 |
| 无 CTO | 平均值 | 17.20 | 3.47 | 3.01 |
| | 标准差 | 16.11 | 9.28 | 0.74 |
| 相关性分析 | 相关系数 | 0.156*** | 0.011 | 0.100*** |
| | P 值 | 0.000 | 0.773 | 0.010 |
| ANOVA | F 值 | 16.558*** | 0.083 | 6.715*** |
| | P 值 | 0.000 | 0.773 | 0.010 |
| t 检验 | t 值 | 4.314*** | 0.288 | 2.541** |
| | P 值 | 0.000 | 0.773 | 0.011 |
| 低创新 | | | | |
| 有 CTO | 平均值 | 14.14 | 2.27 | 2.72 |
| | 标准差 | 15.64 | 7.64 | 0.83 |
| 无 CTO | 平均值 | 8.76 | 1.74 | 2.28 |
| | 标准差 | 10.18 | 6.90 | 0.89 |
| 相关性分析 | 相关系数 | 0.204* | 0.037 | 0.251** |
| | P 值 | 0.071 | 0.746 | 0.026 |
| ANOVA | F 值 | 3.350* | 0.106 | 5.175** |
| | P 值 | 0.071 | 0.746 | 0.026 |
| t 检验 | t 值 | 1.830* | 0.325 | 2.275** |
| | P 值 | 0.071 | 0.746 | 0.026 |

*、**、***分别表示在 90%、95%、99%的置信水平下存在显著性

无论是在适度创新的企业内还是在低创新的企业内，高管团队 CTO 设置与企业挂牌当年年底的著作权数量（适度创新的相关系数为 0.156，$P = 0.000$；低创新的相

关系数为 0.204，P = 0.071）和产品/服务创新得分（适度创新的相关系数为 0.100，P = 0.010；低创新的相关系数为 0.251，P = 0.026）均呈现出显著的正相关关系。在适度创新的企业内，设置了 CTO 的企业在挂牌当年年底的著作权数量和产品/服务创新得分均值分别为 23.90 和 3.15，显著高于没有设置 CTO 的企业在挂牌当年年底的著作权数量均值 17.20（F = 16.558，P = 0.000；t = 4.314，P = 0.000）和产品/服务创新得分均值 3.01（F = 6.715，P = 0.010；t = 2.541，P = 0.011）。在低创新的企业内，高管团队设置 CTO 的企业在挂牌当年年底的著作权数量均值为 14.14，产品/服务创新得分均值为 2.72，显著高于未设置 CTO 的企业在挂牌当年年底的著作权数量均值 8.76（F = 3.350，P = 0.071；t = 1.830，P = 0.071）和产品/服务创新得分均值 2.28（F = 5.175，P = 0.026；t = 2.275，P = 0.026）。

针对 COO 岗位设置，结果显示（表 6-20），在高度创新的企业内，高管团队设置 COO 岗位与企业挂牌当年年底的著作权数量、专利数量以及产品/服务创新得分三项创新指标均未表现出显著的相关关系。根据是否设置 COO 这一职能岗位进行分组，组间企业在著作权数量上呈现显著差异（t = −1.981，P = 0.054），即设置 COO 的企业在挂牌当年年底的著作权数量均值为 14.68，显著低于未设置 COO 的企业在挂牌当年年底的著作权数量均值 19.89。无论是在适度创新的企业内还是在低创新的企业内，高管团队设置 COO 岗位与企业挂牌当年年底的著作权数量均表现出显著的正相关关系（适度创新的相关系数为 0.068，P = 0.080；低创新的相关系数为 0.260，P = 0.020）。在进行适度创新的企业内，设置了 COO 的企业在挂牌当年年底的著作权数量均值为 23.62，显著高于没有设置 COO 的企业在挂牌当年年底的著作权数量均值 20.25（F = 3.081，P = 0.080）。在进行低创新的企业内，根据企业高管团队是否设置 COO 进行分组，组间企业在挂牌当年年底的著作权数量均值上差异显著（F = 5.598，P = 0.020；t = 1.730，P = 0.097），设置了 COO 的企业挂牌当年年底的著作权数量均值为 17.15，显著高于没有设置 COO 的企业挂牌当年年底的著作权数量均值 9.29。

表 6-20　商业模式新颖维度创新程度与 COO 设置对企业创新的交互影响

| 企业是否设置 COO | | 著作权数量 | 专利数量 | 产品/服务创新得分 |
|---|---|---|---|---|
| 高度创新 | | | | |
| 有 COO | 平均值 | 14.68 | 2.68 | 3.08 |
| | 标准差 | 10.09 | 6.11 | 0.84 |
| 无 COO | 平均值 | 19.89 | 3.24 | 3.29 |
| | 标准差 | 16.25 | 6.10 | 0.67 |
| 相关性分析 | 相关系数 | −0.123 | −0.034 | −0.111 |
| | P 值 | 0.150 | 0.694 | 0.196 |

续表

| 企业是否设置COO | | 著作权数量 | 专利数量 | 产品/服务创新得分 |
|---|---|---|---|---|
| ANOVA | F值 | 2.098 | 0.155 | 1.690 |
| | P值 | 0.150 | 0.694 | 0.196 |
| t检验 | t值 | −1.981* | −0.394 | −1.300 |
| | P值 | 0.054 | 0.694 | 0.196 |
| 适度创新 | | | | |
| 有COO | 平均值 | 23.62 | 3.20 | 3.09 |
| | 标准差 | 26.56 | 9.44 | 0.69 |
| 无COO | 平均值 | 20.25 | 3.71 | 3.10 |
| | 标准差 | 19.17 | 8.61 | 0.70 |
| 相关性分析 | 相关系数 | 0.068* | −0.024 | −0.005 |
| | P值 | 0.080 | 0.530 | 0.895 |
| ANOVA | F值 | 3.081* | 0.395 | 0.017 |
| | P值 | 0.080 | 0.530 | 0.895 |
| t检验 | t值 | 1.490 | −0.628 | −0.131 |
| | P值 | 0.138 | 0.530 | 0.895 |
| 低创新 | | | | |
| 有COO | 平均值 | 17.15 | 2.55 | 2.65 |
| | 标准差 | 19.52 | 9.13 | 0.97 |
| 无COO | 平均值 | 9.29 | 1.80 | 2.43 |
| | 标准差 | 9.70 | 6.52 | 0.86 |
| 相关性分析 | 相关系数 | 0.260** | 0.046 | 0.109 |
| | P值 | 0.020 | 0.689 | 0.339 |
| ANOVA | F值 | 5.598** | 0.161 | 0.924 |
| | P值 | 0.020 | 0.689 | 0.339 |
| t检验 | t值 | 1.730* | 0.401 | 0.961 |
| | P值 | 0.097 | 0.689 | 0.339 |

*、**分别表示在90%、95%的置信水平下存在显著性

如表 6-21 所示，CAO 岗位设置仅在高度创新的企业组内与企业挂牌当年年底的著作权数量显著正相关（相关系数为 0.152，$P = 0.076$）。根据是否设置 CAO 这一职能岗位进行分组，组间企业在著作权数量上呈现出显著差异（$F = 3.205$，$P = 0.076$；$t = 1.790$，$P = 0.076$），高管团队设置 CAO 的企业在挂牌当年年底的

著作权数量均值为 23.81，显著高于没有设置 CAO 的企业在挂牌当年年底的著作权数量均值 17.90。

表 6-21　商业模式新颖维度创新程度与 CAO 设置对企业创新的交互影响

| 企业是否设置 CAO | | 著作权数量 | 专利数量 | 产品/服务创新得分 |
|---|---|---|---|---|
| 高度创新 | | | | |
| 有 CAO | 平均值 | 23.81 | 3.00 | 3.31 |
| | 标准差 | 17.89 | 5.46 | 0.77 |
| 无 CAO | 平均值 | 17.90 | 3.19 | 3.24 |
| | 标准差 | 14.74 | 6.25 | 0.69 |
| 相关性分析 | 相关系数 | 0.152* | −0.012 | 0.039 |
| | $P$ 值 | 0.076 | 0.885 | 0.651 |
| ANOVA | $F$ 值 | 3.205* | 0.021 | 0.205 |
| | $P$ 值 | 0.076 | 0.885 | 0.651 |
| $t$ 检验 | $t$ 值 | 1.790* | −0.144 | 0.453 |
| | $P$ 值 | 0.076 | 0.885 | 0.651 |

*表示在 90%的置信水平下存在显著性

　　相比之下，CMO 岗位设置无论是在高度创新的企业内、适度创新的企业内还是在低创新的企业内，都未与企业创新指标表现出显著的相关关系。同时，根据是否设置 CMO 进行分组，组间企业的该三项指标也未表现出显著性差异。

　　2. 商业模式新颖维度创新与职能组合设置的交互影响

　　进一步分析新颖维度创新程度不同的企业内职能组合设置对企业经营业绩的影响。结果显示（表 6-22），仅在适度创新的企业内，设置不同职能结构的企业在挂牌当年年底的营业收入增长率指标上呈现出显著差异（$F = 2.343$，$P = 0.097$），集中型职能结构的企业和分散型职能结构的企业在挂牌当年年底的营业收入增长率均值最高，均为 63%，显著高于均衡型职能结构的企业在挂牌当年年底的营业收入增长率均值 41%。

表 6-22　商业模式新颖维度创新程度与职能组合设置对企业经营业绩的交互影响

| 职能组合设置 | | 总资产 | 营业收入 | 净利润 | 总资产增长率 | 营业收入增长率 | 净利润增长率 |
|---|---|---|---|---|---|---|---|
| 适度创新 | | | | | | | |
| 集中型职能结构 | 平均值 | 0.88 | 0.72 | 0.05 | 0.71 | 0.63 | 0.17 |
| | 标准差 | 1.07 | 0.89 | 0.38 | 1.40 | 1.33 | 8.17 |

续表

| 职能组合设置 | | 总资产 | 营业收入 | 净利润 | 总资产增长率 | 营业收入增长率 | 净利润增长率 |
|---|---|---|---|---|---|---|---|
| 均衡型职能结构 | 平均值 | 0.81 | 0.64 | 0.07 | 0.67 | 0.41 | 0.50 |
| | 标准差 | 1.20 | 0.87 | 0.17 | 1.43 | 0.75 | 7.57 |
| 分散型职能结构 | 平均值 | 1.05 | 0.74 | 0.10 | 0.61 | 0.63 | 1.28 |
| | 标准差 | 1.67 | 0.80 | 0.15 | 1.13 | 1.32 | 8.07 |
| ANOVA | $F$ 值 | 1.186 | 0.638 | 0.877 | 0.199 | 2.343* | 0.703 |
| | $P$ 值 | 0.306 | 0.529 | 0.416 | 0.820 | 0.097 | 0.495 |

*表示在90%的置信水平下存在显著性

考虑新颖维度创新程度不同的企业内职能组合设置对企业创新的影响。结果显示（表6-23），在适度创新的企业内，设置不同职能结构的企业在挂牌当年年底的著作权数量指标上呈现出显著差异（$F=10.014$，$P=0.000$），分散型职能结构、均衡型职能结构、集中型职能结构的企业在挂牌当年年底的著作权数量均值依次递减，分别为30.38、19.68和19.64。在低创新的企业内，设置不同职能结构的企业在挂牌当年年底的著作权数量和产品/服务创新得分指标上表现出显著差异（$F=4.446$，$P=0.015$；$F=2.800$，$P=0.067$），分散型职能结构在挂牌当年年底的著作权数量和产品/服务创新得分均值最高，分别为17.71和2.83，均衡型职能结构次之，均值分别为15.28和2.70，集中型职能结构在挂牌当年年底的著作权数量和产品/服务创新得分均值最低，分别为7.83和2.30。

**表6-23 商业模式新颖维度创新程度与职能组合设置对企业创新的交互影响**

| 企业职能组合设置 | | 著作权数量 | 专利数量 | 产品/服务创新得分 |
|---|---|---|---|---|
| 适度创新 | | | | |
| 集中型职能结构 | 平均值 | 19.64 | 3.66 | 3.05 |
| | 标准差 | 19.90 | 9.09 | 0.72 |
| 均衡型职能结构 | 平均值 | 19.68 | 3.74 | 3.12 |
| | 标准差 | 18.36 | 8.81 | 0.70 |
| 分散型职能结构 | 平均值 | 30.38 | 2.92 | 3.19 |
| | 标准差 | 29.29 | 7.59 | 0.59 |
| ANOVA | $F$ 值 | 10.014*** | 0.293 | 1.746 |
| | $P$ 值 | 0.000 | 0.746 | 0.175 |
| 低创新 | | | | |
| 集中型职能结构 | 平均值 | 7.83 | 1.47 | 2.30 |
| | 标准差 | 7.45 | 6.52 | 0.85 |

续表

| 企业职能组合设置 | | 著作权数量 | 专利数量 | 产品/服务创新得分 |
|---|---|---|---|---|
| 均衡型职能结构 | 平均值 | 15.28 | 2.33 | 2.70 |
| | 标准差 | 16.02 | 5.52 | 0.82 |
| 分散型职能结构 | 平均值 | 17.71 | 3.29 | 2.83 |
| | 标准差 | 20.15 | 10.91 | 0.98 |
| ANOVA | F 值 | 4.446** | 0.363 | 2.800* |
| | P 值 | 0.015 | 0.697 | 0.067 |

*、**、***分别表示在 90%、95%、99%的置信水平下存在显著性

### 6.2.2　商业模式新颖维度创新与内部组织结构的交互影响

1. 商业模式新颖维度创新与企业部门设置的交互影响

（1）分析不同程度的商业模式新颖维度创新下企业部门设置偏好对企业经营业绩的影响。结果显示（表 6-24），在高度创新的企业内，部门设置偏好不同的企业在挂牌当年年底的营业收入增长率上存在显著差异（$F = 3.913$，$P = 0.022$）。简单组织结构、相对复杂组织结构、复杂组织结构企业在挂牌当年年底的营业收入增长率均值依次递减，分别为 89%、55%和 17%。

表 6-24　商业模式新颖维度创新程度与企业部门设置对企业经营业绩的交互影响

| 企业部门设置 | | 总资产 | 营业收入 | 净利润 | 总资产增长率 | 营业收入增长率 | 净利润增长率 |
|---|---|---|---|---|---|---|---|
| 高度创新 | | | | | | | |
| 复杂组织结构 | 平均值 | 1.20 | 0.83 | 0.05 | 0.41 | 0.17 | 0.18 |
| | 标准差 | 1.11 | 0.79 | 0.22 | 0.49 | 0.47 | 8.89 |
| 相对复杂组织结构 | 平均值 | 0.86 | 0.60 | 0.01 | 0.77 | 0.55 | 0.04 |
| | 标准差 | 1.40 | 0.62 | 0.19 | 1.24 | 0.96 | 6.07 |
| 简单组织结构 | 平均值 | 0.69 | 0.69 | 0.05 | 0.93 | 0.89 | −0.20 |
| | 标准差 | 0.84 | 0.86 | 0.16 | 1.46 | 1.24 | 4.61 |
| ANOVA | F 值 | 1.247 | 1.094 | 0.658 | 1.426 | 3.913** | 0.025 |
| | P 值 | 0.291 | 0.338 | 0.520 | 0.244 | 0.022 | 0.976 |
| 适度创新 | | | | | | | |
| 复杂组织结构 | 平均值 | 1.44 | 1.03 | 0.07 | 0.60 | 0.54 | 0.85 |
| | 标准差 | 1.70 | 1.02 | 0.55 | 1.55 | 1.46 | 4.96 |

续表

| 企业部门设置 | | 总资产 | 营业收入 | 净利润 | 总资产增长率 | 营业收入增长率 | 净利润增长率 |
|---|---|---|---|---|---|---|---|
| 相对复杂组织结构 | 平均值 | 0.75 | 0.64 | 0.06 | 0.70 | 0.54 | 0.39 |
| | 标准差 | 0.94 | 0.84 | 0.17 | 1.39 | 0.97 | 7.43 |
| 简单组织结构 | 平均值 | 0.59 | 0.46 | 0.06 | 0.72 | 0.65 | 0.00 |
| | 标准差 | 0.91 | 0.61 | 0.11 | 1.09 | 1.36 | 11.66 |
| ANOVA | F值 | 24.620*** | 18.201*** | 0.061 | 0.345 | 0.436 | 0.405 |
| | P值 | 0.000 | 0.000 | 0.941 | 0.709 | 0.647 | 0.667 |
| 低创新 | | | | | | | |
| 复杂组织结构 | 平均值 | 1.71 | 3.01 | 0.10 | 0.65 | 1.20 | 1.04 |
| | 标准差 | 1.25 | 4.46 | 0.17 | 0.60 | 1.62 | 1.66 |
| 相对复杂组织结构 | 平均值 | 0.64 | 0.93 | 0.06 | 0.85 | 0.37 | 0.61 |
| | 标准差 | 0.74 | 1.85 | 0.13 | 1.23 | 0.49 | 3.76 |
| 简单组织结构 | 平均值 | 0.23 | 0.28 | 0.02 | 0.64 | 1.71 | 0.56 |
| | 标准差 | 0.17 | 0.25 | 0.05 | 1.41 | 3.78 | 2.63 |
| ANOVA | F值 | 13.453*** | 5.409*** | 1.268 | 0.284 | 3.635** | 0.099 |
| | P值 | 0.000 | 0.006 | 0.287 | 0.754 | 0.031 | 0.906 |

**、***分别表示在95%、99%的置信水平下存在显著性

　　在适度创新的企业内，部门设置偏好不同的企业在挂牌当年年底的总资产和营业收入指标上均存在显著差异（$F=24.620$，$P=0.000$；$F=18.201$，$P=0.000$）。复杂组织结构企业挂牌当年年底的总资产和营业收入均值最高，分别为1.44和1.03，相对复杂组织结构企业次之，均值分别为0.75和0.64，简单组织结构企业在挂牌当年年底的总资产和营业收入均值最低，分别为0.59和0.46。

　　在低创新的企业内，部门设置偏好不同的企业在挂牌当年年底的总资产、营业收入和营业收入增长率指标上均存在显著差异（$F=13.453$，$P=0.000$；$F=5.409$，$P=0.006$；$F=3.635$，$P=0.031$）。复杂组织结构企业在挂牌当年年底的总资产和营业收入均值最高，分别为1.71和3.01，挂牌当年年底的营业收入增长率均值第二高，为120%；相对复杂组织结构企业挂牌当年年底的总资产和营业收入均值第二高，分别为0.64和0.93，挂牌当年年底的营业收入增长率均值表现垫底，仅为37%；简单组织结构企业在挂牌当年年底的总资产和营业收入均值表现最差，分别为0.23和0.28，而在挂牌当年年底的营业收入增长率均值最高，为171%。

（2）分析不同程度的商业模式新颖维度创新下企业部门设置偏好对企业创新的影响。结果显示（表 6-25），在高度创新的企业内，部门设置偏好不同的企业在挂牌当年年底的产品/服务创新得分上存在显著差异（$F = 2.439$，$P = 0.091$）。复杂组织结构、相对复杂组织结构、简单组织结构企业在挂牌当年年底的产品/服务创新得分均值依次递减，分别为 3.51、3.19 和 3.17。在适度创新的企业内，部门设置偏好不同的企业在挂牌当年年底的著作权数量和专利数量指标上均存在显著差异（$F = 22.368$，$P = 0.000$；$F = 8.541$，$P = 0.000$）。复杂组织结构企业在挂牌当年年底的著作权数量和专利数量均值最高，分别为 30.52 和 5.85，相对复杂组织结构企业次之，均值分别为 18.77 和 3.29，简单组织结构企业在挂牌当年年底的著作权数量和专利数量均值最低，分别为 16.35 和 1.72。在低创新的企业内，复杂组织结构、相对复杂组织结构、简单组织结构企业在挂牌当年年底的著作权数量指标上存在显著差异（$F = 2.629$，$P = 0.079$）。复杂组织结构、相对复杂组织结构、简单组织结构企业在挂牌当年年底的著作权数量均值依次递减，分别为 18.38、10.56 和 7.75。

表 6-25　商业模式新颖维度创新程度与企业部门设置对企业创新的交互影响

| 企业部门设置 | | 著作权数量 | 专利数量 | 产品/服务创新得分 |
|---|---|---|---|---|
| 高度创新 | | | | |
| 复杂组织结构 | 平均值 | 20.93 | 5.18 | 3.51 |
| | 标准差 | 15.25 | 6.77 | 0.57 |
| 相对复杂组织结构 | 平均值 | 19.80 | 2.59 | 3.19 |
| | 标准差 | 16.45 | 6.24 | 0.72 |
| 简单组织结构 | 平均值 | 15.17 | 2.76 | 3.17 |
| | 标准差 | 12.65 | 4.53 | 0.72 |
| ANOVA | $F$ 值 | 1.209 | 1.983 | 2.439* |
| | $P$ 值 | 0.302 | 0.142 | 0.091 |
| 适度创新 | | | | |
| 复杂组织结构 | 平均值 | 30.52 | 5.85 | 3.15 |
| | 标准差 | 30.56 | 12.83 | 0.70 |
| 相对复杂组织结构 | 平均值 | 18.77 | 3.29 | 3.09 |
| | 标准差 | 15.85 | 7.73 | 0.67 |
| 简单组织结构 | 平均值 | 16.35 | 1.72 | 3.04 |
| | 标准差 | 17.55 | 3.95 | 0.75 |
| ANOVA | $F$ 值 | 22.368*** | 8.541*** | 0.985 |
| | $P$ 值 | 0.000 | 0.000 | 0.374 |

续表

| 企业部门设置 | | 著作权数量 | 专利数量 | 产品/服务创新得分 |
|---|---|---|---|---|
| 低创新 | | | | |
| 复杂组织结构 | 平均值 | 18.38 | 3.85 | 2.74 |
| | 标准差 | 16.18 | 11.26 | 1.20 |
| 相对复杂组织结构 | 平均值 | 10.56 | 2.04 | 2.54 |
| | 标准差 | 13.32 | 7.05 | 0.82 |
| 简单组织结构 | 平均值 | 7.75 | 0.31 | 2.10 |
| | 标准差 | 7.78 | 1.01 | 0.73 |
| ANOVA | $F$ 值 | 2.629* | 0.861 | 2.191 |
| | $P$ 值 | 0.079 | 0.427 | 0.119 |

*、***分别表示在 90%、99% 的置信水平下存在显著性

### 2. 商业模式新颖维度创新与企业资源配置的交互影响

分析不同程度的商业模式新颖维度创新下企业资源配置对企业经营业绩的影响。在高度创新的企业内，资源配置倾向不同的企业在挂牌当年年底的净利润上存在显著差异（$F = 2.574$，$P = 0.057$）。如表 6-26 所示，销售主导组、均衡组、生产主导组、研发主导组企业在挂牌当年年底的净利润均值依次递减，分别为 0.12、0.04、0.01 和 -0.04。在适度创新的企业内，资源配置倾向不同的企业在挂牌当年年底的总资产、营业收入、净利润、总资产增长率、营业收入增长率、净利润增长率六项经营业绩指标上均存在显著差异（$F = 4.342$，$P = 0.005$；$F = 4.131$，$P = 0.006$；$F = 3.923$，$P = 0.009$；$F = 5.675$，$P = 0.001$；$F = 2.799$，$P = 0.039$；$F = 2.615$，$P = 0.050$）。生产主导组企业在挂牌当年年底的总资产均值最高，为 1.29，挂牌当年年底的营业收入、净利润、总资产增长率和营业收入增长率均值第二高，分别为 0.91、0.08、79% 和 60%，挂牌当年年底的净利润增长率均值在四组中排名第三，为 9%；销售主导组企业在挂牌当年年底的总资产均值第二高，为 0.89，挂牌当年年底的营业收入、总资产增长率、营业收入增长率和净利润增长率均值最高，分别为 0.92、133%、95% 和 312%，挂牌当年年底的净利润均值表现垫底，为 -0.06；研发主导组企业在挂牌当年年底的总资产均值在四组中排名第三，为 0.83，挂牌当年年底的营业收入、总资产增长率、营业收入增长率均值表现垫底，分别为 0.62、55% 和 45%，挂牌当年年底的净利润均值最高，为 0.09，挂牌当年年底的净利润增长率均值第二高，为 37%；均衡组企业除了在挂牌当年年底的总资产均值为 0.80 和净利润增长率均值为 4% 表现最差外，其余四项指标表现在四组中均排名第三。

**表 6-26　商业模式新颖维度创新程度与企业资源配置对企业经营业绩的交互影响**

| 企业资源配置 | | 总资产 | 营业收入 | 净利润 | 总资产增长率 | 营业收入增长率 | 净利润增长率 |
|---|---|---|---|---|---|---|---|
| 高度创新 | | | | | | | |
| 研发主导组 | 平均值 | 0.68 | 0.46 | −0.04 | 0.40 | 0.32 | −0.55 |
| | 标准差 | 0.69 | 0.54 | 0.18 | 0.68 | 0.80 | 5.72 |
| 销售主导组 | 平均值 | 1.10 | 0.93 | 0.12 | 0.98 | 0.60 | −0.73 |
| | 标准差 | 1.01 | 0.75 | 0.15 | 1.12 | 0.65 | 7.47 |
| 生产主导组 | 平均值 | 1.31 | 0.84 | 0.01 | 0.79 | 0.70 | −0.17 |
| | 标准差 | 2.45 | 0.87 | 0.25 | 1.07 | 0.65 | 6.16 |
| 均衡组 | 平均值 | 0.83 | 0.66 | 0.04 | 0.82 | 0.60 | 0.52 |
| | 标准差 | 0.97 | 0.71 | 0.18 | 1.39 | 1.17 | 6.69 |
| ANOVA | $F$ 值 | 1.213 | 1.943 | 2.574* | 1.180 | 0.813 | 0.282 |
| | $P$ 值 | 0.308 | 0.126 | 0.057 | 0.320 | 0.489 | 0.838 |
| 适度创新 | | | | | | | |
| 研发主导组 | 平均值 | 0.83 | 0.62 | 0.09 | 0.55 | 0.45 | 0.37 |
| | 标准差 | 1.17 | 0.73 | 0.17 | 0.96 | 1.05 | 6.75 |
| 销售主导组 | 平均值 | 0.89 | 0.92 | −0.06 | 1.33 | 0.95 | 3.12 |
| | 标准差 | 0.88 | 1.07 | 0.86 | 2.43 | 1.34 | 12.65 |
| 生产主导组 | 平均值 | 1.29 | 0.91 | 0.08 | 0.79 | 0.60 | 0.09 |
| | 标准差 | 1.77 | 1.06 | 0.15 | 1.91 | 1.68 | 6.80 |
| 均衡组 | 平均值 | 0.80 | 0.64 | 0.07 | 0.61 | 0.54 | 0.04 |
| | 标准差 | 1.03 | 0.83 | 0.15 | 1.05 | 1.03 | 7.77 |
| ANOVA | $F$ 值 | 4.342*** | 4.131*** | 3.923*** | 5.675*** | 2.799** | 2.615* |
| | $P$ 值 | 0.005 | 0.006 | 0.009 | 0.001 | 0.039 | 0.050 |

*、**、***分别表示在 90%、95%、99%的置信水平下存在显著性

　　分析不同程度的商业模式新颖维度创新下企业资源配置倾向对企业创新的影响。如表 6-27 所示，在高度创新的企业内，资源配置倾向不同的企业在挂牌当年年底的产品/服务创新得分上存在显著差异（$F = 3.007$，$P = 0.033$）。研发主导组、均衡组、销售主导组、生产主导组企业在挂牌当年年底的产品/服务创新得分均值依次递减，分别为 3.53、3.24、3.08 和 3.00。在适度创新的企业内，资源配置倾向不同的企业在挂牌当年年底的著作权数量和产品/服务创新得分指标上表现出显著差异（$F = 3.178$，$P = 0.024$；$F = 3.135$，$P = 0.025$）。研发主导组企业在挂牌当年年底的著作权数量和

产品/服务创新得分均值最高，分别为 24.82 和 3.20，生产主导组企业在挂牌当年年底的著作权数量均值第二高，为 20.83，挂牌当年年底的产品/服务创新得分均值表现在四组中排名第三，为 3.00，均衡组企业在挂牌当年年底的著作权数量均值在四组中排名第三，为 19.59，挂牌当年年底的产品/服务创新得分均值在四组中排名第二，为 3.08，销售主导组企业在挂牌当年年底的著作权数量均值为 17.30，产品/服务创新得分均值为 2.94，均表现垫底。在低创新的企业内，资源配置倾向不同的企业在挂牌当年年底的著作权数量、专利数量和产品/服务创新得分三项创新指标上均未表现出显著差异。

表 6-27　商业模式新颖维度创新程度与企业资源配置对企业创新的交互影响

| 企业资源配置 | | 著作权数量 | 专利数量 | 产品/服务创新得分 |
|---|---|---|---|---|
| 高度创新 | | | | |
| 研发主导组 | 平均值 | 20.48 | 3.48 | 3.53 |
| | 标准差 | 15.41 | 5.70 | 0.62 |
| 销售主导组 | 平均值 | 15.29 | 5.47 | 3.08 |
| | 标准差 | 9.48 | 8.77 | 0.80 |
| 生产主导组 | 平均值 | 21.75 | 1.30 | 3.00 |
| | 标准差 | 16.93 | 4.07 | 0.70 |
| 均衡组 | 平均值 | 18.51 | 2.96 | 3.24 |
| | 标准差 | 16.41 | 5.89 | 0.68 |
| ANOVA | F 值 | 0.650 | 1.513 | 3.007** |
| | P 值 | 0.584 | 0.214 | 0.033 |
| 适度创新 | | | | |
| 研发主导组 | 平均值 | 24.82 | 3.28 | 3.20 |
| | 标准差 | 25.75 | 9.33 | 0.67 |
| 销售主导组 | 平均值 | 17.30 | 2.32 | 2.94 |
| | 标准差 | 17.35 | 6.49 | 0.80 |
| 生产主导组 | 平均值 | 20.83 | 2.37 | 3.00 |
| | 标准差 | 20.02 | 7.60 | 0.63 |
| 均衡组 | 平均值 | 19.59 | 4.37 | 3.08 |
| | 标准差 | 18.86 | 9.15 | 0.70 |
| ANOVA | F 值 | 3.178** | 1.947 | 3.135** |
| | P 值 | 0.024 | 0.121 | 0.025 |

**表示在95%的置信水平下存在显著性

3. 商业模式新颖维度创新与组织正式结构的交互影响

根据企业新颖维度创新程度将企业划分为高度创新、适度创新和低创新三组，分析不同程度的商业模式新颖维度创新下组织正式结构对企业经营业绩的影响。结果显示（表 6-28），在高度创新的企业内，组织正式结构不同的企业在挂牌当年年底的营业收入增长率指标上均值差异显著（$F = 2.564$，$P = 0.058$）。职能型组织、专家型组织、独裁型组织、象征型组织的企业在挂牌当年年底的营业收入增长率均值依次递减，分别为85%、69%、46%和19%。无论是在适度创新的企业内还是在低创新的企业内，组织正式结构不同的企业在挂牌当年年底的总资产和营业收入上均存在显著差异（适度创新的 $F = 14.855$，$P = 0.000$；$F = 10.103$，$P = 0.000$；低创新的 $F = 6.708$，$P = 0.000$；$F = 3.104$，$P = 0.032$）。具体而言，在适度创新的企业内，象征型组织的企业在挂牌当年年底的总资产和营业收入均值最高，分别为1.28 和0.94，职能型组织次之，均值分别为1.17 和0.85，第三是专家型组织，均值分别为0.65 和0.56，独裁型组织在挂牌当年年底的总资产均值为0.56 和营业收入均值为0.50，在四组中表现垫底。在低创新的企业内，职能型组织在挂牌当年年底的总资产均值最高，为1.33，挂牌当年年底的营业收入均值在四组中排名第三，为 1.36，象征型组织在挂牌当年年底的总资产均值为第二高，为 1.26，挂牌当年年底的营业收入均值最高，为2.20，独裁型组织挂牌当年年底的总资产均值在四组中排名第三，为0.89，挂牌当年年底的营业收入均值在四组中排名第二，为2.07，专家型组织在挂牌当年年底的总资产均值和营业收入均值均表现最差，分别为0.37 和0.42。

表 6-28 商业模式新颖维度创新程度与组织正式结构对企业经营业绩的交互影响

| 组织正式结构 | | 总资产 | 营业收入 | 净利润 | 总资产增长率 | 营业收入增长率 | 净利润增长率 |
|---|---|---|---|---|---|---|---|
| 高度创新 | | | | | | | |
| 职能型组织 | 平均值 | 1.09 | 1.04 | 0.03 | 0.33 | 0.85 | 0.07 |
| | 标准差 | 1.03 | 0.83 | 0.23 | 0.54 | 1.85 | 2.02 |
| 象征型组织 | 平均值 | 1.20 | 0.79 | 0.03 | 0.70 | 0.19 | −1.01 |
| | 标准差 | 1.11 | 0.75 | 0.24 | 1.12 | 0.50 | 9.18 |
| 专家型组织 | 平均值 | 0.77 | 0.57 | 0.03 | 0.90 | 0.69 | 0.04 |
| | 标准差 | 1.41 | 0.66 | 0.18 | 1.34 | 0.99 | 5.43 |
| 独裁型组织 | 平均值 | 0.62 | 0.60 | 0.04 | 0.30 | 0.46 | 2.29 |
| | 标准差 | 0.65 | 0.72 | 0.08 | 0.66 | 0.70 | 4.96 |

| 组织正式结构 | | 总资产 | 营业收入 | 净利润 | 总资产增长率 | 营业收入增长率 | 净利润增长率 |
|---|---|---|---|---|---|---|---|
| ANOVA | F 值 | 1.303 | 1.871 | 0.032 | 1.556 | 2.564* | 0.921 |
| | P 值 | 0.276 | 0.138 | 0.992 | 0.203 | 0.058 | 0.433 |
| 适度创新 | | | | | | | |
| 职能型组织 | 平均值 | 1.17 | 0.85 | 0.11 | 0.74 | 0.48 | 1.24 |
| | 标准差 | 1.50 | 0.91 | 0.22 | 1.35 | 0.82 | 9.17 |
| 象征型组织 | 平均值 | 1.28 | 0.94 | 0.06 | 0.66 | 0.57 | 0.57 |
| | 标准差 | 1.49 | 0.97 | 0.50 | 1.47 | 1.37 | 6.43 |
| 专家型组织 | 平均值 | 0.65 | 0.56 | 0.06 | 0.68 | 0.55 | 0.30 |
| | 标准差 | 0.90 | 0.76 | 0.13 | 1.28 | 1.10 | 8.79 |
| 独裁型组织 | 平均值 | 0.56 | 0.50 | 0.02 | 0.70 | 0.76 | −0.53 |
| | 标准差 | 0.69 | 0.88 | 0.23 | 1.66 | 1.41 | 5.38 |
| ANOVA | F 值 | 14.855*** | 10.103*** | 0.941 | 0.063 | 0.564 | 0.542 |
| | P 值 | 0.000 | 0.000 | 0.420 | 0.979 | 0.639 | 0.654 |
| 低创新 | | | | | | | |
| 职能型组织 | 平均值 | 1.33 | 1.36 | 0.12 | 0.70 | 0.29 | −0.02 |
| | 标准差 | 1.25 | 1.30 | 0.17 | 0.92 | 0.22 | 1.80 |
| 象征型组织 | 平均值 | 1.26 | 2.20 | 0.06 | 0.77 | 0.96 | 0.99 |
| | 标准差 | 1.13 | 3.86 | 0.15 | 0.75 | 1.41 | 1.83 |
| 专家型组织 | 平均值 | 0.37 | 0.42 | 0.06 | 0.84 | 0.89 | 1.06 |
| | 标准差 | 0.40 | 0.53 | 0.11 | 1.39 | 2.33 | 3.80 |
| 独裁型组织 | 平均值 | 0.89 | 2.07 | 0.01 | 0.58 | 0.23 | −1.12 |
| | 标准差 | 1.08 | 3.72 | 0.12 | 1.18 | 0.51 | 3.45 |
| ANOVA | F 值 | 6.708*** | 3.104** | 1.125 | 0.140 | 0.546 | 1.395 |
| | P 值 | 0.000 | 0.032 | 0.344 | 0.936 | 0.652 | 0.251 |

*、**、***分别表示在 90%、95%、99% 的置信水平下存在显著性

　　进一步分析不同程度的商业模式新颖维度创新下组织正式结构对企业创新的影响。结果显示（表 6-29），在高度创新的企业内，组织正式结构不同的企业在挂牌当年年底的专利数量和产品/服务创新得分指标上表现出显著差异（$F = 2.611$，$P = 0.054$；$F = 2.339$，$P = 0.076$）。职能型组织在挂牌当年年底的专利数量和产品/服务创新得分均值最高，分别为 5.75 和 3.64，象征型组织次之，均值分别为 4.62 和

3.38，第三是专家型组织，均值分别为 2.49 和 3.16，独裁型组织挂牌当年年底的专利数量均值为 0.81 和产品/服务创新得分均值为 3.10，在四组中表现垫底。

**表 6-29　商业模式新颖维度创新程度与组织正式结构对企业创新的交互影响**

| 组织正式结构 | | 著作权数量 | 专利数量 | 产品/服务创新得分 |
|---|---|---|---|---|
| 高度创新 | | | | |
| 职能型组织 | 平均值 | 24.83 | 5.75 | 3.64 |
| | 标准差 | 19.22 | 10.08 | 0.58 |
| 象征型组织 | 平均值 | 19.95 | 4.62 | 3.38 |
| | 标准差 | 14.17 | 6.96 | 0.58 |
| 专家型组织 | 平均值 | 18.75 | 2.49 | 3.16 |
| | 标准差 | 16.42 | 5.08 | 0.76 |
| 独裁型组织 | 平均值 | 14.06 | 0.81 | 3.10 |
| | 标准差 | 9.85 | 2.26 | 0.67 |
| ANOVA | $F$ 值 | 1.161 | 2.611[*] | 2.339[*] |
| | $P$ 值 | 0.327 | 0.054 | 0.076 |
| 适度创新 | | | | |
| 职能型组织 | 平均值 | 33.04 | 4.45 | 3.22 |
| | 标准差 | 31.32 | 10.60 | 0.63 |
| 象征型组织 | 平均值 | 25.19 | 5.39 | 3.11 |
| | 标准差 | 23.34 | 11.62 | 0.73 |
| 专家型组织 | 平均值 | 17.44 | 2.45 | 3.08 |
| | 标准差 | 16.47 | 6.28 | 0.69 |
| 独裁型组织 | 平均值 | 12.65 | 3.06 | 2.96 |
| | 标准差 | 11.74 | 6.94 | 0.67 |
| ANOVA | $F$ 值 | 17.463[***] | 5.040[***] | 1.563 |
| | $P$ 值 | 0.000 | 0.002 | 0.197 |
| 低创新 | | | | |
| 职能型组织 | 平均值 | 22.71 | 4.43 | 3.19 |
| | 标准差 | 26.34 | 8.40 | 0.66 |
| 象征型组织 | 平均值 | 14.37 | 2.58 | 2.54 |
| | 标准差 | 14.17 | 9.35 | 1.12 |
| 专家型组织 | 平均值 | 8.58 | 0.70 | 2.32 |
| | 标准差 | 9.29 | 1.88 | 0.75 |

| 组织正式结构 | | 著作权数量 | 专利数量 | 产品/服务创新得分 |
|---|---|---|---|---|
| 独裁型组织 | 平均值 | 9.00 | 4.70 | 2.60 |
| | 标准差 | 9.18 | 13.82 | 0.94 |
| ANOVA | $F$ 值 | 3.005** | 1.251 | 2.165* |
| | $P$ 值 | 0.036 | 0.298 | 0.099 |

*、**、***分别表示在90%、95%、99%的置信水平下存在显著性

在适度创新的企业内，组织正式结构不同的企业在挂牌当年年底的著作权数量和专利数量指标上均存在显著差异（$F = 17.463$，$P = 0.000$；$F = 5.040$，$P = 0.002$）。职能型组织企业在挂牌当年年底的著作权数量均值最高，为 33.04，挂牌当年年底的专利数量均值第二高，为 4.45，象征型组织企业在挂牌当年年底的著作权数量均值第二高，为 25.19，挂牌当年年底的专利数量均值最高，为 5.39，专家型组织企业在挂牌当年年底的著作权数量均值为 17.44，在四组中排名第三，挂牌当年年底的专利数量均值为 2.45，表现垫底，独裁型组织企业在挂牌当年年底的著作权数量均值表现最差，为 12.65，挂牌当年年底的专利数量均值为 3.06，在四组中排名第三。

在低创新的企业内，职能型组织、象征型组织、专家型组织、独裁型组织企业在挂牌当年年底的著作权数量和产品/服务创新得分指标上均表现出显著差异（$F = 3.005$，$P = 0.036$；$F = 2.165$，$P = 0.099$）。职能型组织企业在挂牌当年年底的著作权数量和产品/服务创新得分均值最高，分别为 22.71 和 3.19，象征型组织企业在挂牌当年年底的著作权数量均值第二高，为 14.37，挂牌当年年底的产品/服务创新得分均值在四组中排名第三，为 2.54，独裁型组织企业在挂牌当年年底的著作权数量均值为 9.00，在四组中排名第三，挂牌当年年底的产品/服务创新得分均值为 2.60，在四组中排名第二，专家型组织企业在挂牌当年年底的著作权数量均值为 8.58，产品/服务创新得分均值为 2.32，均在四组中表现垫底。

## 6.3　商业模式创新平衡与组织架构的交互影响

### 6.3.1　商业模式创新平衡与高管团队职能型结构的交互影响

1. 商业模式创新平衡与职能型高管设置的交互影响

（1）对企业经营业绩的影响。分析商业模式创新平衡程度不同的企业内高管团队职能型高管设置对企业经营业绩的影响。结果显示（表 6-30），就 CTO 岗位设置而言，仅在效率主导的创新不平衡组内，高管团队设置 CTO 与企业挂牌当年年底的营

业收入（相关系数为-0.171，$P = 0.030$）和营业收入增长率（相关系数为-0.152，$P = 0.054$）显著负相关。根据是否设置 CTO 进行分组，组间企业在营业收入和营业收入增长率指标上呈现出显著差异。设置 CTO 的企业在挂牌当年年底的营业收入均值为 0.59，营业收入增长率均值为 43%，显著低于没有设置 CTO 的企业在挂牌当年年底的营业收入均值 1.20（$F = 4.782$，$P = 0.030$；$t = -2.483$，$P = 0.014$）和营业收入增长率均值 99%（$F = 3.778$，$P = 0.054$，$t = -2.098$，$P = 0.038$）。

表 6-30　商业模式创新平衡程度与 CTO 设置对企业经营业绩的交互影响

| 企业是否设置 CTO | | 总资产 | 营业收入 | 净利润 | 总资产增长率 | 营业收入增长率 | 净利润增长率 |
|---|---|---|---|---|---|---|---|
| 效率主导的创新不平衡 | | | | | | | |
| 有 CTO | 平均值 | 0.92 | 0.59 | 0.05 | 0.66 | 0.43 | 0.18 |
| | 标准差 | 1.47 | 0.72 | 0.15 | 1.26 | 1.25 | 8.01 |
| 无 CTO | 平均值 | 1.05 | 1.20 | -0.03 | 1.09 | 0.99 | -0.50 |
| | 标准差 | 1.23 | 2.22 | 0.71 | 2.66 | 2.12 | 8.67 |
| 相关性分析 | 相关系数 | -0.047 | -0.171** | 0.076 | -0.098 | -0.152* | 0.040 |
| | $P$ 值 | 0.551 | 0.030 | 0.341 | 0.214 | 0.054 | 0.614 |
| ANOVA | $F$ 值 | 0.358 | 4.782** | 0.913 | 1.554 | 3.778* | 0.255 |
| | $P$ 值 | 0.551 | 0.030 | 0.341 | 0.214 | 0.054 | 0.614 |
| $t$ 检验 | $t$ 值 | -0.598 | -2.483** | 0.955 | -1.376 | -2.098** | 0.505 |
| | $P$ 值 | 0.551 | 0.014 | 0.341 | 0.171 | 0.038 | 0.614 |

*、**分别表示在 90%、95% 的置信水平下存在显著性

类似地，如表 6-31 所示，仅在效率主导的创新不平衡组内，高管团队设置 COO 岗位与企业挂牌当年年底的营业收入增长率呈显著负相关（相关系数为-0.147，$P = 0.063$）。根据是否设置 COO 进行分组，组间企业在营业收入增长率指标上呈现出显著差异（$F = 3.518$，$P = 0.063$；$t = -2.757$，$P = 0.007$）。高管团队设置 COO 的企业在挂牌当年年底的营业收入增长率均值为 27%，显著低于没有设置 COO 的企业在挂牌当年年底的营业收入增长率均值 90%。

表 6-31　商业模式创新平衡程度与 COO 设置对企业经营业绩的交互影响

| 企业是否设置 COO | | 总资产 | 营业收入 | 净利润 | 总资产增长率 | 营业收入增长率 | 净利润增长率 |
|---|---|---|---|---|---|---|---|
| 效率主导的创新不平衡 | | | | | | | |
| 有 COO | 平均值 | 1.17 | 0.72 | 0.00 | 0.65 | 0.27 | 0.37 |
| | 标准差 | 1.98 | 0.86 | 0.21 | 1.38 | 0.85 | 5.38 |

续表

| 企业是否设置COO | | 总资产 | 营业收入 | 净利润 | 总资产增长率 | 营业收入增长率 | 净利润增长率 |
|---|---|---|---|---|---|---|---|
| 无COO | 平均值 | 0.94 | 1.02 | 0.00 | 0.99 | 0.90 | −0.39 |
| | 标准差 | 1.07 | 1.97 | 0.62 | 2.38 | 2.01 | 9.12 |
| 相关性分析 | 相关系数 | 0.073 | −0.073 | 0.002 | −0.067 | −0.147* | 0.038 |
| | $P$值 | 0.357 | 0.360 | 0.982 | 0.401 | 0.063 | 0.629 |
| ANOVA | $F$值 | 0.854 | 0.844 | 0.001 | 0.709 | 3.518* | 0.235 |
| | $P$值 | 0.357 | 0.360 | 0.982 | 0.401 | 0.063 | 0.629 |
| $t$检验 | $t$值 | 0.924 | −0.919 | 0.023 | −0.842 | −2.757*** | 0.484 |
| | $P$值 | 0.357 | 0.360 | 0.982 | 0.401 | 0.007 | 0.629 |

*、***分别表示在90%、99%的置信水平下存在显著性

在效率主导的创新不平衡组内，如表6-32所示，高管团队设置CMO岗位与企业挂牌当年年底的净利润增长率显著正相关（相关系数为0.190，$P=0.016$）。根据是否设置CMO进行分组，组间企业在净利润增长率指标上呈现出显著差异（$F=5.987$，$P=0.016$；$t=2.447$，$P=0.016$）。设置CMO的企业在挂牌当年年底的净利润增长率均值为247%，显著高于没有设置CMO的企业在挂牌当年年底的净利润增长率均值–116%。

表6-32　商业模式创新平衡程度与CMO设置对企业经营业绩的交互影响

| 企业是否设置CMO | | 总资产 | 营业收入 | 净利润 | 总资产增长率 | 营业收入增长率 | 净利润增长率 |
|---|---|---|---|---|---|---|---|
| 效率主导的创新不平衡 | | | | | | | |
| 有CMO | 平均值 | 0.99 | 0.70 | 0.05 | 0.92 | 0.47 | 2.47 |
| | 标准差 | 1.75 | 0.77 | 0.18 | 2.42 | 1.27 | 9.54 |
| 无CMO | 平均值 | 1.00 | 1.03 | −0.02 | 0.90 | 0.85 | −1.16 |
| | 标准差 | 1.16 | 2.00 | 0.63 | 2.11 | 1.97 | 7.76 |
| 相关性分析 | 相关系数 | −0.004 | −0.082 | 0.053 | 0.003 | −0.092 | 0.190** |
| | $P$值 | 0.961 | 0.300 | 0.507 | 0.969 | 0.247 | 0.016 |
| ANOVA | $F$值 | 0.002 | 1.081 | 0.442 | 0.002 | 1.352 | 5.987** |
| | $P$值 | 0.961 | 0.300 | 0.507 | 0.969 | 0.247 | 0.016 |
| $t$检验 | $t$值 | −0.049 | −1.509 | 0.665 | 0.039 | −1.424 | 2.447** |
| | $P$值 | 0.961 | 0.133 | 0.507 | 0.969 | 0.157 | 0.016 |

**表示在95%的置信水平下存在显著性

就 CAO 岗位设置而言，如表 6-33 所示，在高水平创新平衡组内，高管团队是否设置 CAO 与企业挂牌当年年底的净利润增长率显著正相关（相关系数为 0.199，$P = 0.065$）。根据是否设置 CAO 进行分组，组间企业在净利润增长率指标上呈现出显著差异（$F = 3.489$，$P = 0.065$；$t = 1.868$，$P = 0.065$）。设置 CAO 的企业在挂牌当年年底的净利润增长率均值为 257%，显著高于没有设置 CAO 的企业在挂牌当年年底的净利润增长率均值–102%。在效率主导的创新不平衡组内，高管团队是否设置 CAO 与企业挂牌当年年底的营业收入和净利润增长率均显著正相关（相关系数为 0.150，$P = 0.057$；相关系数为 0.135，$P = 0.089$）。高管团队设置 CAO 的企业在挂牌当年年底的营业收入均值为 1.38，净利润增长率均值为 162%，显著高于没有设置 CAO 的企业在挂牌当年年底的营业收入均值 0.78 和净利润增长率均值–90%。

表 6-33　商业模式创新平衡程度与 CAO 设置对企业经营业绩的交互影响

| 企业是否设置 CAO | | 总资产 | 营业收入 | 净利润 | 总资产增长率 | 营业收入增长率 | 净利润增长率 |
|---|---|---|---|---|---|---|---|
| 高水平创新平衡 | | | | | | | |
| 有 CAO | 平均值 | 0.71 | 0.57 | −0.04 | 1.32 | 0.64 | 2.57 |
| | 标准差 | 0.77 | 0.65 | 0.16 | 2.09 | 0.90 | 5.43 |
| 无 CAO | 平均值 | 1.02 | 0.71 | 0.02 | 0.79 | 0.69 | −1.02 |
| | 标准差 | 1.53 | 0.79 | 0.23 | 1.17 | 1.16 | 6.79 |
| 相关性分析 | 相关系数 | −0.080 | −0.065 | −0.107 | 0.143 | −0.017 | 0.199* |
| | P 值 | 0.461 | 0.547 | 0.326 | 0.186 | 0.878 | 0.065 |
| ANOVA | F 值 | 0.549 | 0.365 | 0.977 | 1.777 | 0.024 | 3.489* |
| | P 值 | 0.461 | 0.547 | 0.326 | 0.186 | 0.878 | 0.065 |
| t 检验 | t 值 | −0.741 | −0.604 | −0.988 | 0.912 | −0.154 | 1.868* |
| | P 值 | 0.461 | 0.547 | 0.326 | 0.377 | 0.878 | 0.065 |
| 效率主导的创新不平衡 | | | | | | | |
| 有 CAO | 平均值 | 1.15 | 1.38 | 0.08 | 1.02 | 0.75 | 1.62 |
| | 标准差 | 1.27 | 2.69 | 0.12 | 2.43 | 1.68 | 7.69 |
| 无 CAO | 平均值 | 0.94 | 0.78 | −0.03 | 0.87 | 0.75 | −0.90 |
| | 标准差 | 1.36 | 1.25 | 0.64 | 2.10 | 1.88 | 8.56 |
| 相关性分析 | 相关系数 | 0.069 | 0.150* | 0.091 | 0.031 | −0.002 | 0.135* |
| | P 值 | 0.388 | 0.057 | 0.251 | 0.700 | 0.982 | 0.089 |
| ANOVA | F 值 | 0.750 | 3.674* | 1.326 | 0.149 | 0.001 | 2.936* |
| | P 值 | 0.388 | 0.057 | 0.251 | 0.700 | 0.982 | 0.089 |
| t 检验 | t 值 | 0.866 | 1.414 | 1.151 | 0.385 | −0.022 | 1.714* |
| | P 值 | 0.388 | 0.163 | 0.251 | 0.700 | 0.982 | 0.089 |

*表示在 90%的置信水平下存在显著性

（2）对企业创新的影响。分析商业模式创新平衡程度不同的企业的高管团队职能型高管的设置对企业创新的影响。结果显示（表6-34），针对CTO岗位设置，在低水平创新平衡组内，高管团队设置CTO与企业挂牌当年年底的著作权数量（相关系数为0.163，$P=0.000$）和产品/服务创新得分（相关系数为0.103，$P=0.025$）显著正相关。根据是否设置CTO进行分组，组间企业在挂牌当年年底的著作权数量和产品/服务创新得分指标上表现出显著差异（$F=12.904$，$P=0.000$；$t=4.001$，$P=0.000$；$F=5.074$，$P=0.025$；$t=2.253$，$P=0.025$），高管团队设置CTO的企业在挂牌当年年底的著作权数量和产品/服务创新得分均值分别为24.38和3.11，显著高于没有设置CTO的企业在挂牌当年年底的著作权数量均值16.99和产品/服务创新得分均值2.97。

表6-34　商业模式创新平衡程度与CTO设置对企业创新的交互影响

| 企业是否设置CTO | | 著作权数量 | 专利数量 | 产品/服务创新得分 |
|---|---|---|---|---|
| 低水平创新平衡 | | | | |
| 有CTO | 平均值 | 24.38 | 3.99 | 3.11 |
| | 标准差 | 24.55 | 8.83 | 0.65 |
| 无CTO | 平均值 | 16.99 | 4.06 | 2.97 |
| | 标准差 | 15.58 | 10.05 | 0.74 |
| 相关性分析 | 相关系数 | 0.163*** | −0.003 | 0.103** |
| | $P$值 | 0.000 | 0.940 | 0.025 |
| ANOVA | $F$值 | 12.904*** | 0.006 | 5.074** |
| | $P$值 | 0.000 | 0.940 | 0.025 |
| $t$检验 | $t$值 | 4.001*** | −0.075 | 2.253** |
| | $P$值 | 0.000 | 0.940 | 0.025 |
| 新颖主导的创新不平衡 | | | | |
| 有CTO | 平均值 | 26.64 | 6.41 | 3.33 |
| | 标准差 | 17.15 | 9.25 | 0.68 |
| 无CTO | 平均值 | 14.23 | 2.38 | 3.17 |
| | 标准差 | 8.92 | 3.93 | 0.63 |
| 相关性分析 | 相关系数 | 0.428*** | 0.285** | 0.128 |
| | $P$值 | 0.002 | 0.050 | 0.385 |
| ANOVA | $F$值 | 10.326*** | 4.066** | 0.768 |
| | $P$值 | 0.002 | 0.050 | 0.385 |
| $t$检验 | $t$值 | 3.060*** | 1.900* | 0.876 |
| | $P$值 | 0.005 | 0.068 | 0.385 |

*、**、***分别表示在90%、95%、99%的置信水平下存在显著性

在新颖主导的创新不平衡组内，高管团队是否设置 CTO 与企业挂牌当年年底的著作权数量（相关系数为 0.428，$P = 0.002$）和专利数量（相关系数为 0.285，$P = 0.050$）呈现出显著的正相关关系。设置 CTO 的企业在挂牌当年年底的著作权数量均值为 26.64，专利数量均值为 6.41，显著高于未设置 CTO 的企业的著作权数量均值 14.23（$F = 10.326$，$P = 0.002$；$t = 3.060$，$P = 0.005$）和专利数量均值 2.38（$F = 4.066$，$P = 0.050$；$t = 1.900$，$P = 0.068$）。

针对 COO 岗位设置而言（表 6-35），仅在高水平创新平衡组内，是否设置 COO 会在著作权数量指标上呈现出显著差异（$t = -2.274$，$P = 0.028$）。高管团队设置 COO 的企业在挂牌当年年底的著作权数量均值为 13.07，显著低于没有设置 COO 的企业在挂牌当年年底的著作权数量均值 19.71。

表 6-35　商业模式创新平衡程度与 COO 设置对企业创新的交互影响

| 企业是否设置 COO | | 著作权数量 | 专利数量 | 产品/服务创新得分 |
|---|---|---|---|---|
| 高水平创新平衡 | | | | |
| 有 COO | 平均值 | 13.07 | 2.20 | 3.09 |
| | 标准差 | 8.37 | 6.56 | 0.88 |
| 无 COO | 平均值 | 19.71 | 2.65 | 3.29 |
| | 标准差 | 17.01 | 5.21 | 0.70 |
| 相关性分析 | 相关系数 | −0.155 | −0.031 | −0.105 |
| | $P$ 值 | 0.145 | 0.769 | 0.324 |
| ANOVA | $F$ 值 | 2.167 | 0.087 | 0.983 |
| | $P$ 值 | 0.145 | 0.769 | 0.324 |
| $t$ 检验 | $t$ 值 | −2.274** | −0.294 | −0.992 |
| | $P$ 值 | 0.028 | 0.769 | 0.324 |

**表示在 95% 的置信水平下存在显著性

如表 6-36 所示，在效率主导的创新不平衡组内，CMO 岗位设置仅与企业挂牌当年年底的著作权数量呈现显著的正相关关系（相关系数为 0.174，$P = 0.025$）。根据是否设置 CMO 进行分组，组间企业在著作权数量指标上呈现出显著差异（$F = 5.093$，$P = 0.025$；$t = 1.909$，$P = 0.061$）。高管团队设置 CMO 的企业挂牌当年年底的著作权数量均值为 24.77，显著高于没有设置 CMO 的企业的著作权数量均值 16.79。

**表 6-36　商业模式创新平衡程度与 CMO 设置对企业创新的交互影响**

| 企业是否设置 CMO | | 著作权数量 | 专利数量 | 产品/服务创新得分 |
|---|---|---|---|---|
| 效率主导的创新不平衡 | | | | |
| 有 CMO | 平均值 | 24.77 | 2.00 | 3.11 |
| | 标准差 | 25.32 | 5.00 | 0.82 |
| 无 CMO | 平均值 | 16.79 | 1.32 | 3.07 |
| | 标准差 | 17.69 | 4.74 | 0.74 |
| 相关性分析 | 相关系数 | 0.174** | 0.062 | 0.020 |
| | P 值 | 0.025 | 0.426 | 0.797 |
| ANOVA | F 值 | 5.093** | 0.636 | 0.066 |
| | P 值 | 0.025 | 0.426 | 0.797 |
| t 检验 | t 值 | 1.909* | 0.798 | 0.257 |
| | P 值 | 0.061 | 0.426 | 0.797 |

*、**分别表示在 90%、95%的置信水平下存在显著性

　　就 CAO 岗位设置而言，在低水平创新平衡组内，高管团队设置 CAO 与企业挂牌当年年底的著作权数量呈现显著的正相关关系（相关系数为 0.096，$P=0.037$）。根据是否设置 CAO 进行分组，组间企业在著作权数量指标上呈现出显著差异（$F=4.397$，$P=0.037$；$t=1.877$，$P=0.062$）。高管团队设置 CAO 的企业在挂牌当年年底的著作权数量均值为 25.02，显著高于没有设置 CAO 的企业的著作权数量均值 20.31。类似地，如表 6-37 所示，在新颖主导的创新不平衡组内，高管团队设置 CAO 也与企业挂牌当年年底的著作权数量呈现出显著的正相关关系（相关系数为 0.333，$P=0.021$），且组间企业在著作权数量和专利数量上存在显著差异。设置 CAO 的企业在挂牌当年年底的著作权数量均值为 28.25，显著高于未设置 CAO 的企业的著作权数量均值 17.14（$F=5.748$，$P=0.021$；$t=2.397$，$P=0.021$）；设置 CAO 的企业在挂牌当年年底的专利数量均值为 2.08，显著低于未设置 CAO 的企业的专利数量均值 4.94（$t=-1.707$，$P=0.095$）。

**表 6-37　商业模式创新平衡程度与 CAO 设置对企业创新的交互影响**

| 企业是否设置 CAO | | 著作权数量 | 专利数量 | 产品/服务创新得分 |
|---|---|---|---|---|
| 低水平创新平衡 | | | | |
| 有 CAO | 平均值 | 25.02 | 4.08 | 3.13 |
| | 标准差 | 25.83 | 9.36 | 0.59 |

续表

| 企业是否设置 CAO | | 著作权数量 | 专利数量 | 产品/服务创新得分 |
|---|---|---|---|---|
| 无 CAO | 平均值 | 20.31 | 3.99 | 3.03 |
| | 标准差 | 20.09 | 9.28 | 0.72 |
| 相关性分析 | 相关系数 | 0.096** | 0.004 | 0.063 |
| | $P$ 值 | 0.037 | 0.929 | 0.173 |
| ANOVA | $F$ 值 | 4.397** | 0.008 | 1.866 |
| | $P$ 值 | 0.037 | 0.929 | 0.173 |
| $t$ 检验 | $t$ 值 | 1.877* | 0.089 | 1.500 |
| | $P$ 值 | 0.062 | 0.929 | 0.135 |
| 新颖主导的创新不平衡 | | | | |
| 有 CAO | 平均值 | 28.25 | 2.08 | 3.33 |
| | 标准差 | 17.71 | 3.63 | 0.85 |
| 无 CAO | 平均值 | 17.14 | 4.94 | 3.21 |
| | 标准差 | 12.47 | 7.85 | 0.59 |
| 相关性分析 | 相关系数 | 0.333** | −0.176 | 0.080 |
| | $P$ 值 | 0.021 | 0.231 | 0.587 |
| ANOVA | $F$ 值 | 5.748** | 1.472 | 0.299 |
| | $P$ 值 | 0.021 | 0.231 | 0.587 |
| $t$ 检验 | $t$ 值 | 2.397** | −1.707* | 0.547 |
| | $P$ 值 | 0.021 | 0.095 | 0.587 |

*、**分别表示在 90%、95%的置信水平下存在显著性

### 2. 商业模式创新平衡与职能组合设置的交互影响

考虑商业模式创新平衡不同的企业内高管团队职能组合设置对企业经营业绩的影响。结果显示（表 6-38），仅在效率主导的创新不平衡组内，集中型职能结构、均衡型职能结构、分散型职能结构在挂牌当年年底的营业收入增长率指标上呈现出显著差异（$F = 2.805$，$P = 0.064$）。设置集中型职能结构的企业在挂牌当年年底的营业收入增长率均值最高，为 99%，分散型职能结构的企业次之，均值为 72%，均衡型职能结构的企业在挂牌当年年底的营业收入增长率均值最低，为 21%。而在新颖主导的创新不平衡组内，职能组合设置不同的企业在挂牌当年年底的净利润上呈现出显著差异（$F = 2.979$，$P = 0.062$）。均衡型职能结构、分散型职能结构、集中型职能结构的企业挂牌当年年底的净利润均值依次递减，分别为 0.12、0.07 和 0.03。

表 6-38 商业模式创新平衡程度与职能组合设置对企业经营业绩的交互影响

| 职能组合设置 | | 总资产 | 营业收入 | 净利润 | 总资产增长率 | 营业收入增长率 | 净利润增长率 |
|---|---|---|---|---|---|---|---|
| 效率主导的创新不平衡 | | | | | | | |
| 集中型职能结构 | 平均值 | 1.04 | 1.15 | −0.02 | 0.98 | 0.99 | −1.05 |
| | 标准差 | 1.20 | 2.14 | 0.68 | 2.20 | 2.08 | 8.25 |
| 均衡型职能结构 | 平均值 | 0.73 | 0.50 | −0.01 | 0.79 | 0.21 | 0.93 |
| | 标准差 | 0.91 | 0.58 | 0.16 | 2.33 | 0.68 | 9.37 |
| 分散型职能结构 | 平均值 | 1.48 | 0.86 | 0.14 | 0.74 | 0.72 | 2.05 |
| | 标准差 | 2.54 | 0.88 | 0.13 | 1.79 | 1.94 | 5.56 |
| ANOVA | $F$ 值 | 2.015 | 2.032 | 0.542 | 0.161 | 2.805[*] | 1.492 |
| | $P$ 值 | 0.137 | 0.134 | 0.583 | 0.851 | 0.064 | 0.228 |
| 新颖主导的创新不平衡 | | | | | | | |
| 集中型职能结构 | 平均值 | 0.67 | 0.54 | 0.03 | 0.40 | 0.28 | 0.60 |
| | 标准差 | 0.75 | 0.56 | 0.11 | 0.65 | 0.56 | 6.62 |
| 均衡型职能结构 | 平均值 | 1.02 | 0.93 | 0.12 | 0.37 | 0.33 | 0.44 |
| | 标准差 | 0.83 | 0.64 | 0.12 | 0.36 | 0.53 | 0.99 |
| 分散型职能结构 | 平均值 | 0.57 | 0.49 | 0.07 | 0.86 | 0.28 | 3.22 |
| | 标准差 | 0.48 | 0.62 | 0.11 | 1.12 | 0.48 | 7.62 |
| ANOVA | $F$ 值 | 1.057 | 1.988 | 2.979[*] | 1.272 | 0.033 | 0.526 |
| | $P$ 值 | 0.356 | 0.150 | 0.062 | 0.291 | 0.967 | 0.595 |

*表示在 90%的置信水平下存在显著性

　　进一步分析商业模式创新平衡不同的企业内高管团队职能组合设置对企业创新的影响。结果显示（表 6-39），在低水平创新平衡组和效率主导的创新不平衡组内，职能组合设置不同的企业在挂牌当年年底的著作权数量指标上均呈现出显著差异（$F = 6.956$，$P = 0.001$；$F = 3.605$，$P = 0.029$）。在低水平的创新平衡组内，分散型职能结构的企业在挂牌当年年底的著作权数量均值最高，为 30.44，集中型职能结构次之，均值为 20.17，均衡型职能结构的企业在挂牌当年年底的著作权数量均值最低，为 19.85；在效率主导的创新不平衡组内，分散型职能结构、均衡型职能结构、集中型职能结构的企业在挂牌当年年底的著作权数量均值依次递减，分别为 31.44、18.38 和 17.14。在新颖主导的创新不平衡组内，集中型职能结构、均衡型职能结构、分散型职能结构在挂牌当年年底的著作权数量和产品/服务创新得分指标上表现出显著差异（$F = 3.472$，$P = 0.040$；$F = 2.712$，$P = 0.077$）。分散型职能结构的企业在挂牌当年年底的著作权数量均值最高，为 28.14，而产品/服务创新得分均值表现垫底，仅为

2.95，均衡型职能结构的企业在挂牌当年年底的著作权数量均值第二高，为 25.73，在挂牌当年年底的产品/服务创新得分均值最高，为 3.61，集中型职能结构的企业在挂牌当年年底的著作权数量均值最低，为 15.87，挂牌当年年底的产品/服务创新得分均值在三组中排名第二，为 3.18。

表 6-39　商业模式创新平衡程度与职能组合设置对企业创新的交互影响

| 企业职能组合设置 | | 著作权数量 | 专利数量 | 产品/服务创新得分 |
|---|---|---|---|---|
| 低水平创新平衡 | | | | |
| 集中型职能结构 | 平均值 | 20.17 | 4.53 | 3.02 |
| | 标准差 | 20.57 | 10.30 | 0.72 |
| 均衡型职能结构 | 平均值 | 19.85 | 3.67 | 3.08 |
| | 标准差 | 18.48 | 8.16 | 0.69 |
| 分散型职能结构 | 平均值 | 30.44 | 2.86 | 3.16 |
| | 标准差 | 29.86 | 7.37 | 0.57 |
| ANOVA | F 值 | 6.956*** | 1.042 | 1.375 |
| | P 值 | 0.001 | 0.353 | 0.254 |
| 效率主导的创新不平衡 | | | | |
| 集中型职能结构 | 平均值 | 17.14 | 1.38 | 3.04 |
| | 标准差 | 18.56 | 5.02 | 0.78 |
| 均衡型职能结构 | 平均值 | 18.38 | 1.76 | 3.13 |
| | 标准差 | 19.49 | 4.07 | 0.74 |
| 分散型职能结构 | 平均值 | 31.44 | 1.50 | 3.19 |
| | 标准差 | 28.02 | 5.48 | 0.73 |
| ANOVA | F 值 | 3.605** | 0.093 | 0.378 |
| | P 值 | 0.029 | 0.912 | 0.686 |
| 新颖主导的创新不平衡 | | | | |
| 集中型职能结构 | 平均值 | 15.87 | 4.17 | 3.18 |
| | 标准差 | 11.21 | 7.13 | 0.60 |
| 均衡型职能结构 | 平均值 | 25.73 | 6.73 | 3.61 |
| | 标准差 | 17.45 | 8.57 | 0.36 |
| 分散型职能结构 | 平均值 | 28.14 | 0.57 | 2.95 |
| | 标准差 | 18.15 | 0.98 | 1.03 |
| ANOVA | F 值 | 3.472** | 1.651 | 2.712* |
| | P 值 | 0.040 | 0.203 | 0.077 |

*、**、***分别表示在 90%、95%、99%的置信水平下存在显著性

### 6.3.2 商业模式创新平衡与内部组织结构的交互影响

1. 商业模式创新平衡与企业部门设置的交互影响

在将企业划分为低水平创新平衡、高水平创新平衡、效率主导的创新不平衡、新颖主导的创新不平衡四组的情况下，分析不同商业模式创新平衡下企业部门设置偏好对企业经营业绩的影响。结果显示（表 6-40），在低水平创新平衡组内，部门设置偏好不同的企业在挂牌当年年底的总资产、营业收入、净利润、总资产增长率、营业收入增长率指标上均存在显著差异（$F = 16.449$，$P = 0.000$；$F = 14.972$，$P = 0.000$；$F = 3.009$，$P = 0.050$；$F = 2.882$，$P = 0.057$；$F = 2.664$，$P = 0.071$）。复杂组织结构企业在挂牌当年年底的总资产、营业收入和净利润均值最高，分别为 1.35、0.99 和 0.11，挂牌当年年底的总资产增长率和营业收入增长率均值在三组中表现垫底，分别为 46% 和 38%；相对复杂组织结构企业在挂牌当年年底的总资产、营业收入、净利润和营业收入增长率均值第二高，分别为 0.72、0.60、0.07 和 51%；简单组织结构企业在挂牌当年年底的总资产、营业收入和净利润均值在四组中表现最差分别为 0.55、0.42 和 0.06，挂牌当年年底的总资产增长率均值第二高，为 63%，挂牌当年年底的营业收入增长率均值最高，为 67%。在高水平创新平衡组内，部门设置偏好不同的企业在挂牌当年年底的营业收入增长率指标上存在显著差异（$F = 3.735$，$P = 0.028$）。简单组织结构、相对复杂组织结构、复杂组织结构的企业在挂牌当年年底的营业收入增长率均值依次递减，分别为 110%、67% 和 10%。

表 6-40 商业模式创新平衡程度与企业部门设置对企业经营业绩的交互影响

| 企业部门设置 | | 总资产 | 营业收入 | 净利润 | 总资产增长率 | 营业收入增长率 | 净利润增长率 |
|---|---|---|---|---|---|---|---|
| 低水平创新平衡 | | | | | | | |
| 复杂组织结构 | 平均值 | 1.35 | 0.99 | 0.11 | 0.46 | 0.38 | 1.07 |
| | 标准差 | 1.62 | 1.01 | 0.16 | 0.61 | 0.69 | 4.55 |
| 相对复杂组织结构 | 平均值 | 0.72 | 0.60 | 0.07 | 0.72 | 0.51 | 0.49 |
| | 标准差 | 0.94 | 0.79 | 0.15 | 1.17 | 0.80 | 7.47 |
| 简单组织结构 | 平均值 | 0.55 | 0.42 | 0.06 | 0.63 | 0.67 | 0.11 |
| | 标准差 | 0.83 | 0.51 | 0.11 | 0.88 | 1.30 | 12.16 |
| ANOVA | $F$ 值 | 16.449*** | 14.972*** | 3.009* | 2.882* | 2.664* | 0.388 |
| | $P$ 值 | 0.000 | 0.000 | 0.050 | 0.057 | 0.071 | 0.679 |

续表

| 企业部门设置 | | 总资产 | 营业收入 | 净利润 | 总资产增长率 | 营业收入增长率 | 净利润增长率 |
|---|---|---|---|---|---|---|---|
| 高水平创新平衡 | | | | | | | |
| 复杂组织结构 | 平均值 | 1.59 | 0.97 | 0.04 | 0.49 | 0.10 | −2.03 |
| | 标准差 | 1.32 | 1.01 | 0.29 | 0.55 | 0.50 | 9.08 |
| 相对复杂组织结构 | 平均值 | 0.91 | 0.60 | −0.01 | 0.92 | 0.67 | −0.35 |
| | 标准差 | 1.61 | 0.58 | 0.22 | 1.40 | 1.09 | 6.83 |
| 简单组织结构 | 平均值 | 0.68 | 0.70 | 0.05 | 1.04 | 1.10 | 0.45 |
| | 标准差 | 0.92 | 0.94 | 0.16 | 1.63 | 1.34 | 3.95 |
| ANOVA | $F$ 值 | 1.922 | 1.368 | 0.663 | 0.780 | 3.735** | 0.612 |
| | $P$ 值 | 0.153 | 0.260 | 0.518 | 0.462 | 0.028 | 0.545 |
| 效率主导的创新不平衡 | | | | | | | |
| 复杂组织结构 | 平均值 | 1.75 | 1.64 | −0.08 | 1.25 | 1.28 | 0.11 |
| | 标准差 | 1.93 | 2.92 | 1.14 | 3.08 | 2.95 | 6.51 |
| 相对复杂组织结构 | 平均值 | 0.83 | 0.82 | 0.02 | 0.76 | 0.60 | −0.25 |
| | 标准差 | 1.00 | 1.36 | 0.22 | 1.97 | 1.25 | 7.98 |
| 简单组织结构 | 平均值 | 0.71 | 0.59 | 0.05 | 1.00 | 0.63 | −0.46 |
| | 标准差 | 1.18 | 0.88 | 0.14 | 1.60 | 1.65 | 11.23 |
| ANOVA | $F$ 值 | 7.442*** | 3.555** | 0.531 | 0.674 | 1.832 | 0.039 |
| | $P$ 值 | 0.001 | 0.031 | 0.589 | 0.511 | 0.164 | 0.962 |

*、**、***分别表示在 90%、95%、99% 的置信水平下存在显著性

在效率主导的创新不平衡组内，部门设置偏好不同的企业在挂牌当年年底的总资产和营业收入上均存在显著差异（$F = 7.442$，$P = 0.001$；$F = 3.555$，$P = 0.031$）。复杂组织结构企业在挂牌当年年底的总资产和营业收入均值最高，分别为 1.75 和 1.64，相对复杂组织结构企业次之，均值分别为 0.83 和 0.82，简单组织结构企业在挂牌当年年底的总资产和营业收入均值表现最差，分别为 0.71 和 0.59。

进一步分析不同商业模式创新平衡下企业部门设置偏好对企业创新的影响。结果显示（表 6-41），在低水平创新平衡组内，部门设置偏好不同的企业在挂牌当年年底的著作权数量和专利数量指标上存在显著差异（$F = 15.382$，$P = 0.000$；$F = 7.881$，$P = 0.000$）。复杂组织结构企业在挂牌当年年底的著作权数量和专利数

量均值最高,分别为 30.82 和 6.76,相对复杂组织结构企业次之,均值分别为 19.32 和 3.47,简单组织结构企业在挂牌当年年底的著作权数量和专利数量均值最低,分别为 16.40 和 2.06。

表 6-41　商业模式创新平衡程度与企业部门设置对企业创新的交互影响

| 企业部门设置 | | 著作权数量 | 专利数量 | 产品/服务创新得分 |
|---|---|---|---|---|
| 低水平创新平衡 | | | | |
| 复杂组织结构 | 平均值 | 30.82 | 6.76 | 3.16 |
| | 标准差 | 31.54 | 13.97 | 0.67 |
| 相对复杂组织结构 | 平均值 | 19.32 | 3.47 | 3.05 |
| | 标准差 | 16.08 | 7.56 | 0.67 |
| 简单组织结构 | 平均值 | 16.40 | 2.06 | 2.97 |
| | 标准差 | 17.65 | 4.28 | 0.75 |
| ANOVA | $F$ 值 | 15.382*** | 7.881*** | 1.892 |
| | $P$ 值 | 0.000 | 0.000 | 0.152 |
| 高水平创新平衡 | | | | |
| 复杂组织结构 | 平均值 | 22.93 | 6.20 | 3.69 |
| | 标准差 | 16.35 | 7.91 | 0.44 |
| 相对复杂组织结构 | 平均值 | 19.55 | 1.58 | 3.21 |
| | 标准差 | 17.50 | 4.50 | 0.75 |
| 简单组织结构 | 平均值 | 13.36 | 2.50 | 3.09 |
| | 标准差 | 10.52 | 4.54 | 0.76 |
| ANOVA | $F$ 值 | 1.844 | 4.588** | 3.514** |
| | $P$ 值 | 0.164 | 0.013 | 0.034 |
| 效率主导的创新不平衡 | | | | |
| 复杂组织结构 | 平均值 | 29.74 | 1.71 | 3.07 |
| | 标准差 | 29.66 | 3.99 | 0.91 |
| 相对复杂组织结构 | 平均值 | 15.81 | 1.60 | 3.04 |
| | 标准差 | 14.99 | 5.50 | 0.70 |
| 简单组织结构 | 平均值 | 16.78 | 0.97 | 3.24 |
| | 标准差 | 18.57 | 3.04 | 0.77 |
| ANOVA | $F$ 值 | 6.666*** | 0.244 | 0.865 |
| | $P$ 值 | 0.002 | 0.783 | 0.423 |

**、***分别表示在 95%、99%的置信水平下存在显著性

在高水平创新平衡组内,部门设置偏好不同的企业在挂牌当年年底的专利数量和产品/服务创新得分指标上表现出显著差异($F = 4.588$,$P = 0.013$;$F = 3.514$,$P = 0.034$)。复杂组织结构企业在挂牌当年年底的专利数量和产品/服务创新得分均

值最高，分别为 6.20 和 3.69，简单组织结构企业在挂牌当年年底的专利数量均值第二高，为 2.50，挂牌当年年底的产品/服务创新得分均值在三组中表现垫底，为 3.09，相对复杂组织结构企业在挂牌当年年底的专利数量均值在三组中表现最差，为 1.58，挂牌当年年底的产品/服务创新得分均值在三组中表现第二，为 3.21。相对而言，在效率主导的创新不平衡组内，部门设置偏好不同的企业则是在挂牌当年年底的著作权数量指标上存在显著差异（$F = 6.666$，$P = 0.002$）。复杂组织结构、简单组织结构、相对复杂组织结构的企业在挂牌当年年底的著作权数量均值依次递减，分别为 29.74、16.78 和 15.81。

2. 商业模式创新平衡与企业资源配置的交互影响

分析不同商业模式创新平衡下企业资源配置倾向对企业经营业绩的影响。结果显示（表 6-42），在低水平创新平衡组内，资源配置倾向不同的企业在挂牌当年年底的总资产和营业收入上均存在显著差异（$F = 6.193$，$P = 0.000$；$F = 3.624$，$P = 0.013$）。生产主导组企业在挂牌当年年底的总资产和营业收入均值最高，分别为 1.44 和 0.99，研发主导组企业挂牌当年年底的总资产均值第二高，为 0.80，挂牌当年年底的营业收入均值在四组中排名第三，为 0.62，销售主导组企业挂牌当年年底的总资产均值表现垫底，为 0.73，挂牌当年年底的营业收入均值在四组中排名第二，为 0.66，均衡组企业挂牌当年年底的总资产均值 0.73 和营业收入均值 0.60 均在四组中表现最差。

**表 6-42  商业模式创新平衡程度与企业资源配置对企业经营业绩的交互影响**

| 企业资源配置 | | 总资产 | 营业收入 | 净利润 | 总资产增长率 | 营业收入增长率 | 净利润增长率 |
|---|---|---|---|---|---|---|---|
| 低水平创新平衡 | | | | | | | |
| 研发主导组 | 平均值 | 0.80 | 0.62 | 0.09 | 0.63 | 0.51 | 0.81 |
| | 标准差 | 0.98 | 0.71 | 0.16 | 1.05 | 1.07 | 6.32 |
| 销售主导组 | 平均值 | 0.73 | 0.66 | 0.10 | 0.69 | 0.72 | 3.70 |
| | 标准差 | 0.76 | 0.72 | 0.15 | 0.86 | 0.94 | 11.09 |
| 生产主导组 | 平均值 | 1.44 | 0.99 | 0.11 | 0.64 | 0.38 | 0.36 |
| | 标准差 | 2.06 | 1.17 | 0.14 | 0.78 | 0.59 | 8.26 |
| 均衡组 | 平均值 | 0.73 | 0.60 | 0.06 | 0.63 | 0.51 | 0.06 |
| | 标准差 | 0.95 | 0.80 | 0.14 | 1.05 | 0.84 | 8.45 |
| ANOVA | $F$ 值 | 6.193*** | 3.624** | 2.011 | 0.029 | 0.925 | 1.901 |
| | $P$ 值 | 0.000 | 0.013 | 0.112 | 0.993 | 0.429 | 0.129 |
| 高水平创新平衡 | | | | | | | |
| 研发主导组 | 平均值 | 0.74 | 0.41 | −0.10 | 0.44 | 0.25 | −1.24 |
| | 标准差 | 0.71 | 0.43 | 0.23 | 0.75 | 0.90 | 7.50 |

续表

| 企业资源配置 | | 总资产 | 营业收入 | 净利润 | 总资产增长率 | 营业收入增长率 | 净利润增长率 |
|---|---|---|---|---|---|---|---|
| 销售主导组 | 平均值 | 1.22 | 1.01 | 0.13 | 1.16 | 0.73 | −1.15 |
| | 标准差 | 1.15 | 0.83 | 0.17 | 1.26 | 0.72 | 8.78 |
| 生产主导组 | 平均值 | 1.53 | 0.95 | 0.03 | 0.64 | 0.68 | −0.51 |
| | 标准差 | 2.73 | 0.93 | 0.27 | 1.00 | 0.72 | 2.29 |
| 均衡组 | 平均值 | 0.81 | 0.63 | 0.02 | 1.07 | 0.84 | 0.09 |
| | 标准差 | 1.03 | 0.76 | 0.20 | 1.63 | 1.36 | 6.94 |
| ANOVA | $F$ 值 | 1.196 | 2.208* | 2.631* | 1.215 | 1.188 | 0.211 |
| | $P$ 值 | 0.316 | 0.093 | 0.055 | 0.309 | 0.319 | 0.889 |
| 效率主导的创新不平衡 | | | | | | | |
| 研发主导组 | 平均值 | 0.90 | 0.49 | 0.05 | 0.25 | 0.29 | −1.82 |
| | 标准差 | 1.88 | 0.71 | 0.22 | 0.59 | 1.08 | 9.07 |
| 销售主导组 | 平均值 | 1.17 | 1.41 | −0.19 | 1.98 | 1.15 | 2.44 |
| | 标准差 | 1.06 | 1.72 | 1.16 | 3.15 | 1.58 | 13.75 |
| 生产主导组 | 平均值 | 0.99 | 0.62 | 0.01 | 1.12 | 1.06 | −0.62 |
| | 标准差 | 1.14 | 0.67 | 0.15 | 3.08 | 2.70 | 3.31 |
| 均衡组 | 平均值 | 0.96 | 1.12 | 0.07 | 0.60 | 0.63 | −0.51 |
| | 标准差 | 1.23 | 2.41 | 0.22 | 1.16 | 1.64 | 5.78 |
| ANOVA | $F$ 值 | 0.239 | 2.087 | 1.761 | 4.322*** | 1.637 | 1.542 |
| | $P$ 值 | 0.869 | 0.104 | 0.157 | 0.006 | 0.183 | 0.206 |
| 新颖主导的创新不平衡 | | | | | | | |
| 研发主导组 | 平均值 | 0.60 | 0.53 | 0.04 | 0.35 | 0.41 | 0.34 |
| | 标准差 | 0.68 | 0.66 | 0.06 | 0.60 | 0.68 | 1.74 |
| 销售主导组 | 平均值 | 0.75 | 0.70 | 0.11 | 0.49 | 0.24 | 0.42 |
| | 标准差 | 0.44 | 0.51 | 0.11 | 0.36 | 0.18 | 1.04 |
| 生产主导组 | 平均值 | 0.49 | 0.41 | −0.05 | 1.34 | 0.80 | 1.08 |
| | 标准差 | 0.30 | 0.42 | 0.13 | 1.29 | 0.27 | 14.17 |
| 均衡组 | 平均值 | 0.88 | 0.71 | 0.08 | 0.35 | 0.15 | 1.31 |
| | 标准差 | 0.86 | 0.62 | 0.13 | 0.55 | 0.44 | 6.28 |
| ANOVA | $F$ 值 | 0.566 | 0.452 | 1.894 | 2.885** | 2.218 | 0.084 |
| | $P$ 值 | 0.641 | 0.717 | 0.146 | 0.047 | 0.100 | 0.968 |

*、**、***分别表示在90%、95%、99%的置信水平下存在显著性

在高水平创新平衡组内，资源配置倾向不同的企业在挂牌当年年底的营业收入和净利润上均存在显著差异（$F = 2.208$，$P = 0.093$；$F = 2.631$，$P = 0.055$）。销售主导

组企业在挂牌当年年底的营业收入和净利润均值最高，分别为 1.01 和 0.13，生产主导组企业次之，均值分别为 0.95 和 0.03，第三是均衡组企业，均值分别为 0.63 和 0.02，研发主导组企业挂牌当年年底的营业收入均值为 0.41 和净利润均值为−0.10，在四组中表现垫底。

在效率主导的创新不平衡组内和新颖主导的创新不平衡组内，资源配置不同的企业在挂牌当年年底的总资产增长率上均存在显著差异（$F=4.322$，$P=0.066$；$F=2.885$，$P=0.047$）。在效率主导的创新不平衡组内，销售主导组、生产主导组、均衡组、研发主导组的企业在挂牌当年年底的总资产增长率均值依次递减，分别为 198%、112%、60% 和 25%；在新颖主导的创新不平衡组内，生产主导组企业在挂牌当年年底的总资产增长率均值最高，为 134%，销售主导组企业次之，均值为 49%，研发主导组企业和均衡组企业在挂牌当年年底的总资产增长率均值最低，均为 35%。

进一步分析不同商业模式创新平衡下企业资源配置倾向对企业创新的影响。结果显示（表 6-43），在低水平创新平衡组内，资源配置倾向不同的企业在挂牌当年年底的著作权数量指标上存在显著差异（$F=4.713$，$P=0.003$）。研发主导组企业在挂牌当年年底的著作权数量均值最高，为 26.73，生产主导组企业次之，均值为 23.25，第三是销售主导组企业，均值为 18.83，均衡组企业在挂牌当年年底的著作权数量均值最低，为 18.42。

表 6-43　商业模式创新平衡程度与企业资源配置对企业创新的交互影响

| 企业资源配置 | | 著作权数量 | 专利数量 | 产品/服务创新得分 |
|---|---|---|---|---|
| 低水平创新平衡 | | | | |
| 研发主导组 | 平均值 | 26.73 | 3.12 | 3.16 |
| | 标准差 | 26.82 | 9.42 | 0.66 |
| 销售主导组 | 平均值 | 18.83 | 3.33 | 2.86 |
| | 标准差 | 18.22 | 8.41 | 0.85 |
| 生产主导组 | 平均值 | 23.25 | 3.56 | 3.03 |
| | 标准差 | 22.45 | 9.45 | 0.59 |
| 均衡组 | 平均值 | 18.42 | 4.76 | 3.03 |
| | 标准差 | 17.99 | 9.27 | 0.70 |
| ANOVA | $F$ 值 | 4.713[***] | 1.073 | 2.086 |
| | $P$ 值 | 0.003 | 0.360 | 0.101 |

| 企业资源配置 | | 著作权数量 | 专利数量 | 产品/服务创新得分 |
|---|---|---|---|---|
| 效率主导的创新不平衡 | | | | |
| 研发主导组 | 平均值 | 20.88 | 2.74 | 3.42 |
| | 标准差 | 23.03 | 6.66 | 0.65 |
| 销售主导组 | 平均值 | 15.09 | 1.22 | 3.04 |
| | 标准差 | 16.31 | 3.46 | 0.76 |
| 生产主导组 | 平均值 | 15.61 | 0.15 | 2.81 |
| | 标准差 | 15.42 | 0.51 | 0.72 |
| 均衡组 | 平均值 | 21.29 | 1.67 | 3.07 |
| | 标准差 | 22.24 | 5.30 | 0.78 |
| ANOVA | $F$ 值 | 1.091 | 1.701 | 3.930[***] |
| | $P$ 值 | 0.355 | 0.169 | 0.010 |
| 新颖主导的创新不平衡 | | | | |
| 研发主导组 | 平均值 | 22.53 | 4.40 | 3.51 |
| | 标准差 | 16.30 | 7.36 | 0.53 |
| 销售主导组 | 平均值 | 21.75 | 5.00 | 3.17 |
| | 标准差 | 13.40 | 5.83 | 0.79 |
| 生产主导组 | 平均值 | 17.75 | 0.00 | 2.42 |
| | 标准差 | 10.05 | 0.00 | 0.74 |
| 均衡组 | 平均值 | 18.40 | 4.68 | 3.23 |
| | 标准差 | 14.79 | 7.74 | 0.61 |
| ANOVA | $F$ 值 | 0.288 | 0.507 | 3.450[**] |
| | $P$ 值 | 0.834 | 0.679 | 0.024 |

**、***分别表示在95%、99%的置信水平下存在显著性

　　在效率主导的创新不平衡组内和新颖主导的创新不平衡组内，资源配置倾向不同的企业在挂牌当年年底的产品/服务创新得分上均存在显著差异（$F=3.930$，$P=0.010$；$F=3.450$，$P=0.024$）。其中，在效率主导的创新不平衡组内，研发主导组、均衡组、销售主导组、生产主导组的企业在挂牌当年年底的产品/服务创新得分均值依次递减，分别为3.42、3.07、3.04和2.81。在新颖主导的创新不平衡组内，研发主导组企业在挂牌当年年底的产品/服务创新得分均值最高，为3.51，均衡组企业

次之，均值为 3.23，第三是销售主导组企业，均值为 3.17，生产主导组企业在挂牌当年年底的产品/服务创新得分均值最低，为 2.42。

3. 商业模式创新平衡与组织正式结构的交互影响

分析不同商业模式创新平衡下组织正式结构对企业经营业绩的影响。结果显示（表 6-44），在低水平创新平衡组内，组织正式结构不同的企业在挂牌当年年底的总资产、营业收入和净利润指标上存在显著差异（$F = 9.589$，$P = 0.000$；$F = 7.730$，$P = 0.000$；$F = 2.255$，$P = 0.081$）。职能型组织企业在挂牌当年年底的总资产和净利润均值最高，分别为 1.22 和 0.11，挂牌当年年底的营业收入均值第二高，为 0.83；象征型组织企业在挂牌当年年底的总资产和净利润均值第二高，分别为 1.16 和 0.09，在挂牌当年年底的营业收入均值最高，为 0.88；专家型组织企业在挂牌当年年底的总资产、营业收入和净利润均值在四组中均排名第三，分别为 0.62、0.53 和 0.07；独裁型组织企业三项指标均表现最差，均值分别为 0.51、0.35 和 0.04。在高水平创新平衡组内，组织正式结构不同的企业在挂牌当年年底的营业收入增长率指标上存在显著差异（$F = 2.398$，$P = 0.074$）。职能型组织、专家型组织、独裁型组织、象征型组织企业在挂牌当年年底的营业收入增长率均值依次递减，分别为 110%、86%、74% 和 18%。

表 6-44　商业模式创新平衡程度与组织正式结构对企业经营业绩的交互影响

| 组织正式结构 | | 总资产 | 营业收入 | 净利润 | 总资产增长率 | 营业收入增长率 | 净利润增长率 |
|---|---|---|---|---|---|---|---|
| 低水平创新平衡 | | | | | | | |
| 职能型组织 | 平均值 | 1.22 | 0.83 | 0.11 | 0.72 | 0.50 | 0.52 |
| | 标准差 | 1.69 | 0.94 | 0.23 | 1.37 | 0.91 | 8.70 |
| 象征型组织 | 平均值 | 1.16 | 0.88 | 0.09 | 0.61 | 0.48 | 0.78 |
| | 标准差 | 1.38 | 0.96 | 0.15 | 0.88 | 0.78 | 6.73 |
| 专家型组织 | 平均值 | 0.62 | 0.53 | 0.07 | 0.65 | 0.55 | 0.42 |
| | 标准差 | 0.84 | 0.73 | 0.12 | 1.02 | 0.98 | 9.05 |
| 独裁型组织 | 平均值 | 0.51 | 0.35 | 0.04 | 0.51 | 0.32 | 0.70 |
| | 标准差 | 0.62 | 0.40 | 0.08 | 0.68 | 0.72 | 2.40 |
| ANOVA | $F$ 值 | 9.589*** | 7.730*** | 2.255* | 0.343 | 0.624 | 0.063 |
| | $P$ 值 | 0.000 | 0.000 | 0.081 | 0.794 | 0.600 | 0.979 |
| 高水平创新平衡 | | | | | | | |
| 职能型组织 | 平均值 | 1.12 | 1.04 | −0.05 | 0.22 | 1.10 | −0.35 |
| | 标准差 | 1.01 | 0.82 | 0.27 | 0.59 | 2.51 | 2.62 |

续表

| 组织正式结构 | | 总资产 | 营业收入 | 净利润 | 总资产增长率 | 营业收入增长率 | 净利润增长率 |
|---|---|---|---|---|---|---|---|
| 象征型组织 | 平均值 | 1.31 | 0.83 | 0.01 | 0.87 | 0.18 | −2.57 |
| | 标准差 | 1.18 | 0.87 | 0.29 | 1.30 | 0.58 | 8.99 |
| 专家型组织 | 平均值 | 0.83 | 0.58 | 0.02 | 0.99 | 0.86 | −0.03 |
| | 标准差 | 1.64 | 0.72 | 0.19 | 1.48 | 1.08 | 5.35 |
| 独裁型组织 | 平均值 | 0.64 | 0.66 | 0.07 | 0.59 | 0.74 | 4.42 |
| | 标准差 | 0.59 | 0.67 | 0.04 | 0.87 | 0.54 | 7.30 |
| ANOVA | $F$ 值 | 0.710 | 1.000 | 0.289 | 0.654 | $2.398^{*}$ | 1.993 |
| | $P$ 值 | 0.549 | 0.397 | 0.833 | 0.583 | 0.074 | 0.121 |
| 效率主导的创新不平衡 | | | | | | | |
| 职能型组织 | 平均值 | 0.97 | 0.63 | 0.08 | 0.95 | 0.53 | 3.50 |
| | 标准差 | 0.93 | 0.49 | 0.12 | 1.46 | 0.59 | 11.36 |
| 象征型组织 | 平均值 | 1.54 | 1.44 | −0.06 | 1.01 | 0.98 | −0.24 |
| | 标准差 | 1.76 | 2.58 | 0.99 | 2.63 | 2.60 | 5.77 |
| 专家型组织 | 平均值 | 0.74 | 0.65 | 0.02 | 0.80 | 0.53 | −0.28 |
| | 标准差 | 1.12 | 0.90 | 0.16 | 1.94 | 1.36 | 8.81 |
| 独裁型组织 | 平均值 | 0.82 | 1.31 | −0.02 | 1.09 | 1.32 | −3.17 |
| | 标准差 | 0.98 | 2.56 | 0.37 | 2.66 | 1.92 | 8.05 |
| ANOVA | $F$ 值 | $3.707^{**}$ | $2.457^{*}$ | 0.368 | 0.141 | 1.348 | 1.936 |
| | $P$ 值 | 0.013 | 0.065 | 0.777 | 0.935 | 0.261 | 0.126 |

*、**、***分别表示在90%、95%、99%的置信水平下存在显著性

在效率主导的创新不平衡组内,组织正式结构不同的企业在挂牌当年年底的总资产和营业收入上均存在显著差异($F = 3.707$,$P = 0.013$;$F = 2.457$,$P = 0.065$)。象征型组织企业在挂牌当年年底的总资产和营业收入均值最高,分别为1.54和1.44,职能型组织挂牌当年年底的总资产均值第二高,为0.97,挂牌当年年底的营业收入均值在四组中表现垫底,为0.63,独裁型组织企业在挂牌当年年底的总资产均值为0.82,在四组中排名第三,挂牌当年年底的营业收入均值为1.31,在四组中排名第二,专家型组织挂牌当年年底的总资产均值表现最差,为0.74,挂牌当年年底的营业收入均值在四组中排名第三,为0.65。

进一步分析不同商业模式创新平衡下组织正式结构对企业创新的影响。结果显示(表6-45),在低水平创新平衡组内,组织正式结构不同的企业在挂牌当年年底的著

作权数量和专利数量指标上均存在显著差异（$F=12.348$，$P=0.000$；$F=5.167$，$P=0.002$）。职能型组织企业在挂牌当年年底的著作权数量均值最高，为 36.15，挂牌当年年底的专利数量均值第二高，为 5.00，象征型组织企业在挂牌当年年底的著作权数量均值第二高，为 24.10，挂牌当年年底的专利数量均值最高，为 6.24，专家型组织企业在挂牌当年年底的著作权数量均值为 17.84，在四组中排名第三，挂牌当年年底的专利数量均值为 2.55，表现垫底，独裁型组织企业在挂牌当年年底的著作权数量均值表现最差，为 15.28，挂牌当年年底的专利数量均值为 3.59，在四组中排名第三。在高水平创新平衡组内，组织正式结构不同的企业在挂牌当年年底的产品/服务创新得分上均值差异显著（$F=2.658$，$P=0.053$）。职能型组织、象征型组织、专家型组织、独裁型组织企业在挂牌当年年底的产品/服务创新得分均值依次递减，分别为 3.57、3.52、3.13、2.89。在效率主导的创新不平衡组内，组织正式结构不同的企业在挂牌当年年底的著作权数量指标上存在显著差异（$F=5.334$，$P=0.002$）。象征型组织企业在挂牌当年年底的著作权数量均值最高，为 26.22，职能型组织企业次之，均值为 25.47，第三是专家型组织企业，均值为 16.06，独裁型组织企业在挂牌当年年底的著作权数量均值最低，为 8.35。

表 6-45　商业模式创新平衡程度与组织正式结构对企业创新的交互影响

| 组织正式结构 | | 著作权数量 | 专利数量 | 产品/服务创新得分 |
|---|---|---|---|---|
| 低水平创新平衡 | | | | |
| 职能型组织 | 平均值 | 36.15 | 5.00 | 3.26 |
| | 标准差 | 34.98 | 11.84 | 0.56 |
| 象征型组织 | 平均值 | 24.10 | 6.24 | 3.07 |
| | 标准差 | 22.82 | 12.67 | 0.73 |
| 专家型组织 | 平均值 | 17.84 | 2.55 | 3.03 |
| | 标准差 | 16.64 | 5.82 | 0.67 |
| 独裁型组织 | 平均值 | 15.28 | 3.59 | 2.93 |
| | 标准差 | 12.51 | 5.49 | 0.75 |
| ANOVA | $F$ 值 | 12.348*** | 5.167*** | 1.982 |
| | $P$ 值 | 0.000 | 0.002 | 0.116 |
| 高水平创新平衡 | | | | |
| 职能型组织 | 平均值 | 25.71 | 4.14 | 3.57 |
| | 标准差 | 21.61 | 9.32 | 0.69 |
| 象征型组织 | 平均值 | 22.04 | 4.12 | 3.52 |
| | 标准差 | 15.49 | 6.69 | 0.55 |

续表

| 组织正式结构 | | 著作权数量 | 专利数量 | 产品/服务创新得分 |
|---|---|---|---|---|
| 专家型组织 | 平均值 | 16.81 | 1.92 | 3.13 |
| | 标准差 | 15.73 | 4.15 | 0.79 |
| 独裁型组织 | 平均值 | 11.50 | 0.00 | 2.89 |
| | 标准差 | 11.20 | 0.00 | 0.46 |
| ANOVA | $F$ 值 | 1.471 | 1.608 | 2.658* |
| | $P$ 值 | 0.228 | 0.193 | 0.053 |
| 效率主导的创新不平衡 | | | | |
| 职能型组织 | 平均值 | 25.47 | 2.29 | 3.12 |
| | 标准差 | 17.83 | 5.64 | 0.79 |
| 象征型组织 | 平均值 | 26.22 | 1.71 | 3.10 |
| | 标准差 | 26.16 | 4.31 | 0.81 |
| 专家型组织 | 平均值 | 16.06 | 1.11 | 3.12 |
| | 标准差 | 16.93 | 3.46 | 0.75 |
| 独裁型组织 | 平均值 | 8.35 | 1.95 | 2.87 |
| | 标准差 | 10.47 | 8.72 | 0.68 |
| ANOVA | $F$ 值 | 5.334*** | 0.422 | 0.619 |
| | $P$ 值 | 0.002 | 0.738 | 0.603 |

*、***分别表示在 90%、99%的置信水平下存在显著性

# 第 7 章

# 主要结论与管理启示

我们利用 969 家企业的编码数据以及其中 101 家企业的调查数据,重点分析了企业高管团队职能型结构与内部组织结构所形成的组织架构为服务企业经营战略所发挥的作用,以及对于新三板 IT 企业经营业绩和创新的影响,基于数据分析结果,可以提炼出一些重要的结论和启示。

## 7.1 企业组织架构是导致企业经营业绩和创新差异的重要原因

### 7.1.1 企业高管团队职能型结构影响企业经营业绩和创新成果

第一,基于企业职能型高管的设置的分析,发现其影响企业经营业绩和创新成果的效应。将企业挂牌当年年底总资产、营业收入、净利润、总资产增长率、营业收入增长率及净利润增长率六项指标作为衡量企业经营业绩的指标,结果发现,不同的职能型高管的设置对企业经营业绩的影响不同,并在不同地区、行业、年龄与规模的企业中表现出不同的影响效果。高管团队是否设置 CTO、CMO 或 CAO 与企业经营业绩显著相关,并在不同的地区、行业、年龄与规模的企业中表现出异质性;高管团队是否设置 COO 则与企业经营业绩无显著相关关系,但在不同地区、行业、年龄与规模的企业分组中表现出经营业绩的差异。

以企业挂牌当年年底著作权数量、专利数量和产品/服务创新得分作为衡量企业创新的指标,结果发现,高管团队是否设置 CTO、COO 或 CAO 与企业创新显著相关。更进一步地,是否设置 CTO 的影响效果在不同的地区、行业、年龄与规模的企业中均表现出异质性,而高管团队是否设置 COO 的影响效果在不同地区、行业和年龄的企业中未表现出显著差异,是否设置 CAO 的影响效果在不同行业和规模的企业中未表现出显著差异;高管团队是否设置 CMO 则与企业创新无显著相关关系,但在不同年龄与规模的企业分组中表现出创新成果的差异。

第二，基于企业职能型高管组合设置的分析，发现其影响企业经营业绩和创新成果的效应。结果发现，高管团队职能组合设置对企业经营业绩无明显影响，但在不同经济发展程度的地区和行业中表现出企业经营业绩的显著差异。对于企业创新成果，高管团队职能组合设置与企业创新显著相关，并在不同地区、行业、年龄与规模的企业分组中表现出异质性。

### 7.1.2　企业高管团队职能型结构影响企业内部组织结构

以企业部门设置、资源分配刻画企业的内部组织结构，分析高管团队职能型结构对企业内部组织结构的影响，即设置不同职能型高管和职能组合的企业倾向于设置何种复杂程度的部门以及将资源配置到何种业务中。结果发现，高管团队设置 COO 的企业部门更偏好于设置简单组织结构或复杂组织结构，设置 CMO 的企业则更倾向于将企业资源均衡配置或是将资源配置到销售业务中；高管团队无论是集中型、均衡型或分散型职能结构，均没有明显的部门设置偏好和资源配置倾向的差异。

### 7.1.3　企业内部组织结构影响企业经营业绩和创新成果

第一，基于企业部门设置情况的分析，发现其影响企业经营业绩和创新成果的效应。结果发现，企业部门设置数量越多，组织结构越复杂，企业的经营业绩和创新表现相对较好，并且这一效应在不同地区、行业、年龄与规模的企业分组中表现出异质性。

第二，基于企业资源配置情况的分析，发现其影响企业经营业绩和创新成果的效应。结果发现，不同的资源配置倾向对企业经营业绩和创新的影响不同，并在不同地区、行业、年龄与规模的企业中表现出不同的影响效果。按照企业资源配置倾向进行分组，企业资源配置越向生产方向倾斜，企业的经济业绩越好，而越向研发方向倾斜，企业的创新表现就越好，并且这种效应在不同地区、行业、年龄与规模的企业分组中表现出异质性。

## 7.2　企业组织架构是企业组织战略实施的重要前提

### 7.2.1　企业高管团队职能型结构影响企业商业模式创新

以商业模式效率维度创新、新颖维度创新和创新平衡刻画企业商业模式创新，考察了新三板 IT 企业高管团队职能型结构对商业模式创新的影响，从而回答设置不同高管团队职能型结构的企业倾向于进行效率维度创新、新颖维度创新还是在两个方向上同时进行高度或适度创新的问题。结果发现，高管团队设置 CTO 的企业更偏好于进行适度的效率维度创新和新颖维度创新;设置集中型职能结构的企业更倾向于进行高度的效率维度创新和新颖维度创新。

### 7.2.2　企业内部组织结构影响企业商业模式创新

基于企业内部组织结构的分析,发现其影响企业商业模式创新的效应。结果发现,部门设置倾向不同的企业在企业商业模式效率维度创新和新颖维度创新方面均未表现出显著差异,而更多地将资源配置于研发业务中的企业倾向于在商业模式效率维度方面进行适度创新和低创新。

## 7.3　不同商业模式情境下企业组织架构对企业经营业绩和创新的影响存在差异

不同的组织架构因其在职能型高管设置、职能组合设置、部门设置、资源配置和组织正式结构等方面的差异,造就了新三板 IT 企业在不同商业模式情境下经营业绩和创新方面的差异。本书报告了在不同商业模式效率维度创新、新颖维度创新和创新平衡方面新三板 IT 企业的组织架构对企业经营业绩和创新的影响。

### 7.3.1　企业高管团队职能型结构影响不同效率维度商业模式情境下企业经营业绩和创新表现

第一,基于企业职能型高管设置的分析,发现其在不同商业模式效率维度创新下对企业经营业绩和创新的效应。根据商业模式效率维度创新程度将企业分为高度创新、适度创新和低创新三组,结果发现,高管团队是否设置 CTO 在三组商业模式效度维度创新企业内与其经营业绩存在显著相关关系,而是否设置 COO 仅在适度创新的企业内与其经营业绩存在显著相关关系,高管团队是否设置 CMO 或 CAO 仅在高度创新的企业内与其经营业绩存在显著相关关系;对于企业创新表现,高管团队 CTO 岗位设置在适度效率维度创新和低效率维度创新的组内表现出与企业创新指标的显著相关关系,CMO 和 CAO 岗位设置则在高度效率维度创新和低效率维度创新的组内表现出与企业创新指标的显著相关关系,而 COO 岗位设置在三组商业模式效率维度创新企业内均未与企业创新指标表现出显著的相关关系。

第二,基于高管团队职能组合设置的分析,发现其在不同商业模式效率维度创新下对企业经营业绩和创新的效应。结果发现,对企业经营业绩而言,高管团队职能组合设置在高度效率维度创新和低效率维度创新的组内表现出与企业经营业绩指标的显著相关关系;对企业创新表现而言,高管团队职能组合设置在高度效率维度创新和适度效率维度创新的组内表现出与企业创新指标的显著相关关系。

### 7.3.2    企业内部组织结构影响不同效率维度商业模式情境下企业经营业绩和创新表现

第一，基于企业部门设置的分析，发现其在不同商业模式效率维度创新下对企业经营业绩和创新的效应。结果发现，不同部门设置偏好的企业在三组商业模式效度维度创新企业内与其经营业绩和创新表现均存在显著相关关系。

第二，基于企业资源配置的分析，发现其在不同商业模式效率维度创新下对企业经营业绩和创新的效应。结果发现，不同资源配置倾向的企业在高度效率维度创新和适度效率维度创新的组内表现出与企业经营业绩指标的显著相关关系，而在三组商业模式效率维度创新企业内与其创新表现均存在显著相关关系。

### 7.3.3    企业高管团队职能型结构影响不同新颖维度商业模式情境下企业经营业绩和创新表现

第一，基于企业职能型高管设置的分析，发现其在不同商业模式新颖维度创新下对企业经营业绩和创新的效应。根据商业模式新颖维度创新程度将企业分为高度创新、适度创新和低创新三组，结果发现，高管团队是否设置 CTO 仅在低创新的企业内与其经营业绩存在显著相关关系，而是否设置 COO 或 CMO 仅在适度创新的企业内与其经营业绩存在显著相关关系，高管团队是否设置 CAO 则在高度创新和低创新的企业内与其经营业绩存在显著相关关系；对于企业创新表现，高管团队 CTO 和 COO 岗位设置在三组商业模式新颖维度创新企业内与其创新表现均存在显著相关关系，CAO 岗位设置则仅在高度效率维度创新的组内表现出与企业创新指标的显著相关关系，而 CMO 岗位设置在三组商业模式效率维度创新企业内均未与企业创新指标表现出显著的相关关系。

第二，基于高管团队职能组合设置的分析，发现其在不同商业模式新颖维度创新下对企业经营业绩和创新的效应。结果发现，对企业经营业绩而言，高管团队职能组合设置仅在适度新颖维度创新的组内表现出与企业经营业绩指标的显著相关关系；对企业创新表现而言，高管团队职能组合设置在适度新颖维度创新和低新颖维度创新的组内表现出与企业创新指标的显著相关关系。

### 7.3.4    企业内部组织结构影响不同新颖维度商业模式情境下企业经营业绩和创新表现

第一，基于企业部门设置的分析，发现其在不同商业模式新颖维度创新下对企业经营业绩和创新的效应。结果发现，不同部门设置偏好的企业在三组商业模式新颖维度创新企业内与其经营业绩和创新表现均存在显著相关关系。

第二，基于企业资源配置的分析，发现其在不同商业模式新颖维度创新下对企业经营业绩和创新的效应。结果发现，不同资源配置倾向的企业在高度新颖维度创新和适度新颖维度创新的组内表现出与企业经营业绩和创新表现的显著相关关系。

### 7.3.5　企业高管团队职能型结构影响不同商业模式创新平衡情境下企业经营业绩和创新表现

第一，基于企业职能型高管设置的分析，发现其在不同商业模式创新平衡下对企业经营业绩和创新的效应。根据商业模式效率维度得分和新颖维度得分将企业分为高水平创新平衡、低水平创新平衡、效率主导的创新不平衡和新颖主导的创新不平衡四组，结果发现，高管团队是否设置 CTO、COO 或 CMO 仅在效率主导的创新不平衡组的企业内与其经营业绩存在显著相关关系，而高管团队是否设置 CAO 则在高水平创新平衡组和效率主导的创新不平衡组的企业内与其经营业绩存在显著相关关系；对于企业创新表现，高管团队 CTO 岗位设置在低水平创新平衡组和新颖主导的创新不平衡组的企业内与其创新表现均存在显著相关关系，COO 岗位设置仅在高水平创新平衡组的企业内表现出与企业创新指标的显著相关关系，CMO 岗位设置仅在效率主导的创新不平衡组内表现出与企业创新指标的显著相关关系，而 CAO 岗位设置则在低水平创新平衡和新颖主导的创新不平衡组内表现出与企业创新指标的显著相关关系。

第二，基于高管团队职能组合设置的分析，发现其在不同商业模式创新平衡下对企业经营业绩和创新的效应。结果发现，对企业经营业绩而言，高管团队职能组合设置仅在效率主导的创新不平衡组和新颖主导的创新不平衡组内表现出与企业经营业绩指标的显著相关关系；对企业创新表现而言，高管团队职能组合设置在低水平创新平衡组、效率主导的创新不平衡组和新颖主导的创新不平衡组内均表现出与企业创新指标的显著相关关系。

### 7.3.6　企业内部组织结构影响不同商业模式创新平衡情境下企业经营业绩和创新表现

第一，基于企业部门设置的分析，发现其在不同商业模式创新平衡下对企业经营业绩和创新的效应。结果发现，不同部门设置偏好的企业在低水平创新平衡、高水平创新平衡以及效率主导的创新不平衡组内与其经营业绩和创新表现均存在显著相关关系。

第二，基于企业资源配置的分析，发现其在不同商业模式创新平衡下对企业经营业绩和创新的效应。结果发现，不同资源配置倾向的企业在四组商业模式创新平衡组内与其经营业绩均存在显著相关关系，而在低水平创新平衡组、效率主导的创新不平衡组和新颖主导的创新不平衡组内表现出与企业创新指标的显著相关关系。

## 7.4　关于促进新三板 IT 企业经营成果和商业模式不同维度创新的对策建议

### 7.4.1　高管团队职能型结构的合理设计是新创 IT 企业实现成长的重要来源

由于具有以外部合法性不足和资源缺乏为特点的新生劣势，新创企业往往面临着低成长率的困境。一方面，企业经营绩效的增长既是获取内外利益相关者的支持与资源的基础，又是企业持续发展的根本；另一方面，创新是企业成长的内生要素，新创企业要在复杂多变的环境中谋求生存和发展，更加需要通过创新以寻求长久竞争优势。企业高管团队职能型结构能够影响企业经营业绩和创新成果，企业应根据成长需求合理选择设置不同的职能型高管以及职能型高管组合。此外，由于职能型高管和职能型高管组合在不同地区、行业、企业年龄与规模的影响效果不同，新创企业在结合自身发展需要和战略规划的同时，还需要考虑外部环境和企业特征的影响。

### 7.4.2　商业模式不同维度的创新源于企业组织架构的差异

商业模式创新是一种跨组织边界的组织设计，表现为一种重要的战略行动，是相对于既有商业模式跨组织边界关系，创新性地设计包含多种利益相关者的"成本—价值"框架，存在两个可以并行的战略方向。一个是效率维度创新，采用更高效的方式执行与在位企业相似的行动，挑战行业内的成本规则；一个是新颖维度创新，采用新的行动方式进行经济交换，如联结原本没有关联的参与者、以新的方式联结交易主体或设计新的交易方式等，挑战行业内的价值规则。企业内部组织结构，尤其是高管团队的职能型结构会影响企业商业模式不同维度创新，如设置集中型职能结构的企业倾向于实现效率维度创新，而设置分散型职能结构的企业倾向于实现新颖维度创新，因此企业可以根据其商业模式创新诉求，有针对性地设计组建职能型高管团队和搭建组织架构。

### 7.4.3　不同组织架构的企业经营结果依赖于不同的商业模式情境

商业模式创新是企业构建组织能力、制定企业战略的根基，是组织获取成功的关键路径。由于商业模式创新会影响高管团队职能型结构和企业内部组织结构对企业经营业绩和创新的作用效果，新创企业可以根据组织结构现状，对商业模式创新做出相应安排。新创企业在进行商业模式创新时，应充分考虑现有的高管团队职能型结构和企业内部组织结构对企业经营成果的影响，进而设计出有助于企业成长的商业模式创新。

# 参 考 文 献

杜胜利，张杰. 2004. 独立董事薪酬影响因素的实证研究. 会计研究，（9）：82-88.

李慧聪，汪敏达，张庆芝. 2019. 研发背景高管、职业成长路径与高技术企业成长性研究. 管理科学，（5）：23-36.

秦志华. 2003. 企业变革是如何实现的? ——一个国有企业制度变迁的个案分析. 管理世界,（10）：121-129.

王靖宇，张文珂，李慧聪. 2020. 国有企业冗员与企业创新. 经济经纬，37（3）：117-124.

吴彦俊，皱海亮，杨莎莎. 2014. CTO 外部社会资本、CTO-CEO 信任关系与 CTO 技术战略决策影响力关系研究. 工业工程与管理，19（5）：64-70.

薛红志. 2011. 创业团队、正式结构与新企业绩效. 管理科学，24（1）：1-10.

Aaker D A. 2008. Marketing in a silo world: the new CMO challenge. California Management Review, 51（1）：144-156.

Abraham R, Aier S, Winter R. 2015. Crossing the line: overcoming knowledge boundaries in enterprise transformation. Business & Information Systems Engineering, 57（1）：3-13.

Adler P S, Ferdows K. 1990. The chief technology officer. California Management Review, 32（3）：55-62.

Angwin D, Paroutis S, Mitson S. 2009. Connecting up strategy: are senior strategy directors a missing link?. California Management Review, 51（3）：74-94.

Avolio B J, Yammarino F J. 1990. Operationalizing charismatic leadership using a levels-of-analysis framework. The Leadership Quarterly, 1（3）：193-208.

Barber B R. 2001. The uncertainty of digital politics: democracy's uneasy relationship with information technology. Harvard International Review, 23（1）：42-47.

Bass B M, Avolio B J. 1990. Developing transformational leadership: 1992 and beyond. Journal of European Industrial Training, 14（5）：21-27.

Battistella C, de Toni A F, de Zan G, et al. 2017. Cultivating business model agility through focused capabilities: a multiple case study. Journal of Business Research, 73：65-82.

Beckman C M. 2006. The influence of founding team company affiliations on firm behavior. Academy of Management Journal, 49（4）：741-758.

Beckman C M, Burton M D. 2008. Founding the future: path dependence in the evolution of top management teams from founding to IPO. Organization Science, 19（1）：3-24.

Beckman C M, Burton M D. 2011. Bringing organizational demography back in: time, change and structure in top management team research//Carpenter M. Handbook of Top Management Team Research. Northampton: Edward Elgar: 49-70.

Benjamin R I, Dickinson C, Rockart J F. 1985. Changing role of the corporate information systems officer. MIS Quarterly, 9（3）: 177-188.

Bennett N, Miles S A. 2006. Second in command: the misunderstood role of the chief operating officer. Harvard Business Review, 84（5）: 70-78, 154.

Cetindamar D, Pala O. 2011. Chief technology officer roles and performance. Technology Analysis & Strategic Management, 23（10）: 1031-1046.

Davis G F, Greve H R. 1997. Corporate elite networks and governance changes in the 1980s. American Journal of Sociology, 103（1）: 1-37.

Delmar F, Davidsson P, Gartner W B. 2003. Arriving at the high-growth firm. Journal of Business Venturing, 18（2）: 189-216.

Doz Y L, M Kosonen. 2010. Embedding strategic agility: a leadership agenda for accelerating business model renewal. Long Range Planning, 43（2）: 370-382.

Drazin R, Rao H. 1999. Managerial power and succession: SBU managers of mutual funds. Organization Studies, 20（2）: 167-196.

Earl M J, Scott I A. 1999. Opinion: what is a chief knowledge officer?. Sloan Management Review, 40（2）: 29-38.

Enns H G, Huff S L, Higgins C A. 2003. CIO lateral influence behaviors: gaining peers' commitment to strategic information systems. MIS Quarterly, 27（1）: 155-176.

Finkelstein S, Hambrick D C, Cannella A A. 2009. Strategic Leadership: Theory and Research on Executives, Top Management Teams, and Boards. Oxford: Oxford University Press.

Geiger M A, North D S. 2006. Does hiring a new CFO change things? an investigation of changes in discretionary accruals. The Accounting Review, 81（4）: 781-809.

Gerstner L V, Anderson M H. 1976. Chief financial officer as activist. Harvard Business Review, 54（5）: 100-106.

Graham C, Nikolova M. 2013. Does access to information technology make people happier? insights from well-being surveys from around the world. The Journal of Socio-Economics, 44: 126-139.

Hambrick D C, Cannella Jr A A. 2004. CEOs who have COOs: contingency analysis of an unexplored structural form. Strategic Management Journal, 25（10）: 959-979.

Hambrick D C, Mason P A. 1984. Upper echelons: the organization as a reflection of its top managers. The Academy of Management Review, 9（2）: 193-206.

Hopkins D S, Bailey E L. 1984. Organizing Corporate Marketing. New York: Conference Board.

Indjejikian R, Matějka M. 2009. CFO fiduciary responsibilities and annual bonus incentives. Journal of Accounting Research, 47（4）: 1061-1093.

Karahanna E, Watson R T. 2006. Information systems leadership. IEEE Transactions on Engineering Management, 53（2）: 171-176.

Kor Y Y, Sundaramurthy C. 2009. Experience-based human capital and social capital of outside directors. Journal of Management, 35（4）: 981-1006.

Martins L L, Rindova V P, Greenbaum B E. 2015. Unlocking the hidden value of concepts: a cognitive approach to business model innovation. Strategic Entrepreneurship Journal, 9（1）: 99-117.

Marvel M R, Lumpkin G T. 2007. Technology entrepreneurs' human capital and its effects on innovation radicalness. Entrepreneurship Theory and Practice, 31（6）: 807-828.

Medcof J W. 2008. The organizational influence of the chief technology officer. R&D Management, 38（4）: 406-420.

Medcof J W, Lee T E. 2017. The effects of the chief technology officer and firm and industry R&D intensity on organizational performance. R&D Management, 47（5）: 767-781.

Menz M. 2012. Functional top management team members. Journal of Management, 38（1）: 45-80.

Menz M, Scheef C. 2014. Chief strategy officers: contingency analysis of their presence in top management teams. Strategic Management Journal, 35（3）: 461-471.

Mezger F. 2014. Toward a capability-based conceptualization of business model innovation: insights from an explorative study. R & D Management, 44（5）: 429-449.

Mian S. 2001. On the choice and replacement of chief financial officers. Journal of Financial Economics, 60（1）: 143-175.

Modise J. 2018. Changing role of the chief human resources officer. HR Future, （11）: 8-9.

Nath P, Mahajan V. 2008. Chief marketing officers: a study of their presence in firms'top management teams. Journal of Marketing, 72（1）: 65-81.

Perri S T, Farrington T, Johnson S, et al. 2019. Today's innovation leaders: in a changing environment, innovation leaders need a wide range of skills to succeed and take varied paths to the role. Research-Technology Management, 62（1）: 20-29.

Preston D S, Karahanna E, Rowe F. 2006. Development of shared understanding between the chief information officer and top management team in U.S. and French organizations: a cross-cultural comparison. IEEE Transactions on Engineering Management, 53（2）: 191-206.

Probert D, Tietze F. 2009. Open innovation and the CTO. Creativity and Innovation Management, 18（4）: 335-337.

Sandberg W R, Hofer C W. 1987. Improving new venture performance: the role of strategy, industry structure, and the entrepreneur. Journal of Business Venturing, 2（1）: 5-28.

Scott J. 2011. Social network analysis: developments, advances, and prospects. Social Network Analysis and Mining, 1（1）: 21-26.

Sine W D, Mitsuhashi H, Kirsch D A. 2006. Revisiting burns and stalker: formal structure and new venture performance in emerging economic sectors. Academy of Management Journal, 49（1）: 121-132.

Smith R D. 2003. The chief technology officer: strategic responsibilities and relationships. Research-Technology Management, 46（4）: 28-36.

Stephens C S, Ledbetter W N, Mitra A, et al. 1992. Executive or functional manager? the nature of the CIO's job. MIS Quarterly, 16（4）: 449-467.

Stevens J M, Kevin Steensma H, Harrison D A, et al. 2005. Symbolic or substantive document? the influence of ethics codes on financial executives' decisions. Strategic Management Journal, 26（2）: 181-195.

Teece D J. 2018. Business models and dynamic capabilities. Long Range Planning, 51（1）: 40-49.

Uttal B, Kantrow A, Linden L H, et al. 1992. Building R&D leadership and credibility. Research-Technology Management, 35（3）: 15-24.

Vorhies D W, Morgan N A. 2005. Benchmarking marketing capabilities for sustainable competitive advantage. Journal of Marketing, 69（1）: 80-94.

Walther T, Johansson H. 1996. Reinventing the CFO: Moving from Financial Management to Strategic Management. New York: McGraw-Hill.

Zhang X F. 2006. Information uncertainty and analyst forecast behavior. Contemporary Accounting Research, 23（2）: 565-590.

Zott C, Amit R. 2007. The fit between product market strategy and business model: implications for firm performance. Strategic Management Journal, 29（1）: 1-26.

Zott C, Amit R, Massa L. 2011. The business model: recent developments and future research. Journal of Management, 37（4）: 1019-1042.

Zuckerman A A S. 1994. Quality and economy in civil procedure: the case for commuting correct judgments for timely judgments. Oxford Journal of Legal Studies, 14（3）: 353-387.

# 附录  基于 CPSED Ⅱ 数据库的研究成果

跨校学术团队联合开发 CPSED Ⅱ 数据库，产出了丰富的合作研究成果，在《管理世界》《管理科学学报》《南开管理评论》等刊物发表论文 15 篇；在 *Strategic Entrepreneurship Journal* 等国际学术期刊审稿论文 3 篇。部分代表性成果如下所示。

Tang J T，Yang J，Ye W P，et al. 2022. Speaking of opportunities：the effect of language on entrepreneurial alertness. Academy of Management Proceedings，2022（1）.

杨俊，张玉利，韩炜，等. 2020. 高管团队能通过商业模式创新塑造新企业竞争优势吗？——基于 CPSED Ⅱ 数据库的实证研究. 管理世界，36（7）：55-77，88.

马鸿佳等，"创新驱动的互联网新企业成长路径研究"，《管理科学学报》，已录用。

叶文平，杨赛楠，杨俊，等. 2022. 企业风险投资、商业模式塑造与企业绩效：基于 CPSED Ⅱ 的实证分析. 管理科学学报，25（12）：1-20.

买忆媛，古钰，叶竹馨. 2023. 最优区分视角下新手创业者设立 CTO 的影响因素研究. 南开管理评论，26（2）：166-176，187.

韩炜，高宇. 2022. 高管团队内部非正式社会网络联结与新创企业绩效：基于商业模式创新的中介作用. 南开管理评论，25（5）：65-76，106.

韩炜，宋朗. 2023. 新创企业团队断裂带与效率型商业模式创新：基于 CPSED Ⅱ 数据库的实证研究. 管理评论，35（8）：144-156.

韩炜，高宇. 2022. 什么样的高管团队能够做出商业模式创新？. 外国经济与管理，44（3）：136-152.